TARÔ DE MARSELHA:
A Jornada do Autoconhecimento

Florian Parisse

TARÔ DE MARSELHA:
A Jornada do Autoconhecimento

— Guia do Usuário para Tiragens e Interpretações —

Tradução
Karina Jannini

Editora Pensamento
SÃO PAULO

Título do original: *Tarot de Marseille – Guide de L'Utilisateur*.
Copyright © 2014 Éditions Trajectoire. Uma marca do Grupo Editorial Piktos.
Copyright da edição brasileira © 2020 Editora Pensamento-Cultrix Ltda.
1ª edição 2020.
Todos os direitos reservados. Nenhuma parte deste livro pode ser reproduzida ou usada de qualquer forma ou por qualquer meio, eletrônico ou mecânico, inclusive fotocópias, gravações ou sistema de armazenamento em banco de dados, sem permissão por escrito, exceto nos casos de trechos curtos citados em resenhas críticas ou artigos de revista.

A Editora Pensamento não se responsabiliza por eventuais mudanças ocorridas nos endereços convencionais ou eletrônicos citados neste livro.

O editor agradece à empresa France Cartes por ter autorizado a reprodução nesta obra das lâminas do Tarô de Marselha de Grimaud.

Editor: Adilson Silva Ramachandra
Gerente editorial: Roseli de S. Ferraz
Preparação de originais: Karina Gercke
Gerente de produção editorial: Indiara Faria Kayo
Editoração eletrônica: Join Bureau
Revisão: Luciana Soares da Silva

Dados Internacionais de Catalogação na Publicação (CIP)
(Câmara Brasileira do Livro, SP, Brasil)

Parisse, Florian
   Tarô de Marselha: a jornada do autoconhecimento: guia do usuário para tiragens e Interpretações/ Florian Parisse; tradução Karina Jannini. – São Paulo: Editora Pensamento Cultrix, 2020.

   Título original: Tarot de Marseille: guide de l'utilisateur
   ISBN 978-65-87236-11-7

   1. Tarô I. Título.

20-40104   CDD-133.32424

Índices para catálogo sistemático:
1. Tarô de Marselha: Artes divinatórias 133.32424
Cibele Maria Dias – Bibliotecária – CRB-8/9427

Direitos de tradução para o Brasil adquiridos com exclusividade pela
EDITORA PENSAMENTO-CULTRIX LTDA., que se reserva a
propriedade literária desta tradução.
Rua Dr. Mário Vicente, 368 – 04270-000 – São Paulo – SP
Fone: (11) 2066-9000
http://www.editorapensamento.com.br
E-mail: atendimento@editorapensamento.com.br
Foi feito o depósito legal.

À minha mãe, Marie-Claude, pela incrível luta travada contra a esclerose múltipla há mais de quarenta anos.

Sumário

Ao longo do tempo...	9
Introdução	11
CAPÍTULO 1 – RETRATO DOS 22 ARCANOS MAIORES	**13**
O Mago	15
A Papisa	21
A Imperatriz	29
O Imperador	37
O Papa	45
O Enamorado	53
O Carro	61
A Justiça	67
O Eremita	75
A Roda da Fortuna	83
A Força	91
O Pendurado	99
O Arcano sem Nome	107
A Temperança	115
O Diabo	125
A Casa de Deus	137
A Estrela	147

A Lua 157
O Sol 167
O Julgamento 175
O Mundo 185
O Louco 195

CAPÍTULO 2 – A TIRAGEM EM CRUZ: MANUAL DE INSTRUÇÕES 205
Tiragem em cruz: técnica e leitura 207
Fórum dos iniciantes: perguntas e respostas 225
A caixa de ferramentas 233
Casos práticos 239

Apêndice 324
Agradecimentos 328

AO LONGO DO TEMPO...

A origem do Tarô de Marselha sempre intrigou tanto os praticantes das artes divinatórias quanto os historiadores. Esse extraordinário baralho de tarô com motivos medievais conseguiu atravessar os séculos, as civilizações e as culturas sem nunca perder sua identidade nem sua mensagem original. Apresentado em inúmeras versões, mais ou menos coloridas ao longo de sua história, ainda hoje o Tarô de Marselha é uma ferramenta divinatória única em seu gênero. Enquanto sua iconografia medieval varia sensivelmente segundo as influências culturais, as imagens alegóricas às quais ele se refere encerram a mesma simbologia universal. Se é de conhecimento público que o Tarô de Marselha continua atual, o que dizer de seu "big bang"?

Embora sua trajetória histórica ainda cause polêmica entre os pesquisadores e ninguém saiba datar com precisão sua origem, há evidências que permitem descobrir várias pistas confiáveis. Supõe-se que o Tarô nasceu com o advento da impressão no século XV e, sobretudo, com o desenvolvimento da xilogravura. Segundo os historiadores, teria surgido há cerca de quinhentos anos e, portanto, em teoria, remontaria à época do Renascimento. Embora os baralhos de tarô europeus tenham se inspirado nas cartas dos mamelucos islâmicos, das quais seriam primos distantes, o Tarô teria aparecido, de fato, na Lombardia do século XV, por volta de 1420, antes de ultrapassar a fronteira francesa no século XVI, na região de Lyon. A iconografia do Tarô de Marselha, que teria sido elaborada pelos criadores de iluminuras da Idade Média, remete ao célebre Tarô de Visconti, que na época era utilizado pela nobreza no norte da Itália. A numeração romana não deixa dúvidas a respeito de suas origens italianas.

Para dizer a verdade, o Tarô dito "de Marselha" foi revelado por Nicolas Conver em 1760, na cidade de mesmo nome. Na época, os fabricantes de baralhos comuns o imprimiam no papelão de que dispunham. Por certo havia representações grosseiras, mas em tudo fiéis à sua versão atual. Também foi nessa mesma época que o Tarô se desviou de sua principal função para ser utilizado exclusivamente para fins divinatórios. Entrava-se, então, na era da taromancia. Ainda hoje, a ideia segundo a qual o Tarô de Marselha seria monopólio dessa cidade é reconhecida entre alguns usuários aguerridos. Embora muito provavelmente a origem do tarô remonte a tempos imemoriais, bem mais distantes do que imaginamos, o mais antigo baralho de tarô francês, conservado na atualidade, é o de Catelin Geoffroy, surgido em 1557.

INTRODUÇÃO

Os 22 arcanos maiores formam a espinha dorsal do Tarô de Marselha; cada arcano é parte integrante de seu DNA. Tal como o alfabeto que nos convém dominar para falarmos corretamente, cabe a quem quer aprender o Tarô de Marselha começar a decifrar suas 22 preciosidades para poder ter acesso às mensagens ancestrais, contidas nesse magnífico suporte divinatório.

Para facilitar a assimilação desses 22 arcanos pelo neófito, tomei o cuidado de traçar seus perfis em forma de fichas de dados. Nessa ocasião, estudo em particular seus universos profissionais, suas contas bancárias, seus amores e sua saúde, retomando as palavras-chave ao final de cada tópico.

Encorajo o aprendiz a iniciar o estudo dos arcanos maiores na ordem que lhe convier, em função de suas necessidades e afinidades.

É inútil querer decorar todos; somente a prática constante das tiragens permitirá dominá-los. De fato, se por um lado me parece fundamental poder decodificar os segredos subjacentes a cada lâmina, por outro, apenas a alquimia dos 22 arcanos maiores em contato uns com os outros permite revelar toda a riqueza divinatória dessa bela ferramenta que é o Tarô de Marselha.

Graças à experiência obtida por meio de minhas consultas particulares e ao retorno de experiências oriundas de oficinas que realizo em Paris, logo percebi que o sucesso de uma boa interpretação repousa principalmente no visual. De fato, a contemplação das lâminas de tarô ativa nosso subconsciente e desencadeia o fenômeno da clarividência. Percorra as tiragens de tarô com o olhar e deixe sua percepção e sua intuição tomarem a palavra. Por mais simplista que isso possa parecer, eu diria que, para ver, basta olhar e observar... Ler o tarô é como ler uma história em quadrinhos; a trama da história se tece à medida que você avança na leitura. Cada arcano vive, existe e exprime sua quintessência por meio de seu grafismo. As imagens alegóricas, pintadas nas lâminas de tarô, retraçam as cenas da vida cotidiana; simbolizam as desventuras e as felicidades que se sucedem na vida de todo ser humano.

Admire o Tarô como você o faria diante do quadro de um mestre da pintura. Reserve um tempo para deixar-se impregnar pelas imagens... Talvez o filme de sua vida passe diante de seus olhos!

CAPÍTULO I

RETRATO DOS 22 ARCANOS MAIORES

O MAGO

FICHA DE DADOS

IMAGEM. Representado por um jovem louro, com um largo chapéu em forma de oito, o Mago apresenta-se em pé, com uma vareta na mão, diante de uma mesa contendo múltiplos objetos (uma faca, dados, um alforje, moedas...). A cena se passa em ambiente externo, conforme sugere a vegetação circundante.

PERFIL. Símbolo de frescor e juventude, o Mago encarna o nascimento, a origem das coisas. Ora é o recém-nascido que descobre o mundo no qual acaba de cair de paraquedas, ora o jovem que se inicia na vida e cujas possibilidades são infinitas (em referência ao chapéu que reproduz a lemniscata, símbolo do infinito na matemática). Esse jovem personagem de mãos hábeis terá de utilizar todas as ferramentas à sua disposição para construir seu futuro.

Portanto, nosso Mago materializa um recomeço na vida; costuma encarnar um jovem que possui várias cartas na manga. Segundo os tarôs, muitas vezes nosso Mago mudou de identidade ao longo dos séculos. Assim, teria sido chamado de "Mago" ou "Feiticeiro", sem distinção, por terem-lhe atribuído os talentos de mágico e ilusionista.

FORÇAS. Sua juventude, seu dinamismo, seu arrebatamento, seu espírito de iniciativa, sua necessidade de ação, sua versatilidade, sua habilidade, sua agilidade, sua astúcia.

FRAQUEZAS. Sua credulidade, sua falsidade, sua imaturidade, sua inexperiência, sua juventude.

IDADE. Dependendo do contexto, o Mago representa um bebê, uma criança pequena (de 0 a 4 anos, no máximo) ou até mesmo um adolescente. Costuma ser o último dos irmãos. Como regra geral, encarna um jovem de 20 a 30 anos no máximo.

NÚMERO DE IDENTIFICAÇÃO. 1. Esse algarismo simboliza o início, a iniciação, o começo de todo empreendimento, de todo edifício material e imaterial. O "1" é o único número que permanece indivisível; é a unidade absoluta.

UNIVERSO PROFISSIONAL

Como regra geral, o Mago vaticina um recomeço ou uma retomada de atividade. Vetor de renovação, materializa o lançamento de um projeto, a criação de uma *startup*, o começo de um novo trabalho. Sua presença em uma tiragem prenuncia quase sistematicamente o início de uma atividade ou o retorno ao emprego. O Mago faz a apologia do trabalho como valor; é animado por um dinamismo contagioso e possui esse espírito de iniciativa tão caro aos jovens empreendedores. Também simboliza os estágios práticos e as orientações acadêmicas de toda espécie. Além disso, representa todos os empregos de jovens e os contratos de aprendizagem. Em contrapartida, pode ser prejudicado por sua falta de conhecimento e experiência, bem como por sua lendária impaciência, parâmetros que lhe conviria integrar à evolução de sua carreira.

Sem nenhuma dúvida, o Mago é um dos personagens mais versáteis do Tarô de Marselha. O grafismo da carta sugere de imediato as profissões manuais, como a dos **artesãos** e dos **técnicos**... O Mago, que exibe várias mercadorias sobre a mesa à sua frente, lembra os feirantes; portanto, costuma assumir o papel do **comerciante**, do **vendedor ambulante** etc. Tradicionalmente, encarna um jogador, é o bufão do rei. Com frequência é visto como um **mágico**, um **ilusionista** que faz truques de prestidigitação (em referência aos dados sobre a mesa e à vareta que tem na mão). Também representa os **artistas** e os **criadores** de todos os gêneros, a exemplo dos **escritores** (especialmente perto da Papisa). Por fim, a mesa evoca com nitidez as profissões relativas à alimentação, como a dos **cozinheiros**, *sommeliers*, **garçons**...

Bem aspectado. Novo emprego; missão benéfica; *startup*; empreendedor individual; aprendizagem; estágio positivo; início promissor; retomada de atividade; período de teste bem-sucedido.

Mal aspectado. Projeto imaturo ou malconduzido; problema com um funcionário jovem; experiência ruim em estágio; prejuízo por falta de conhecimento ou de experiência; temperamento colérico.

CONTA BANCÁRIA

Jovem e jogador por definição, nem sempre o Mago administra suas finanças com seriedade. É mais esbanjador do que poupador e tem uma nítida tendência a viver um dia após o outro, sem se preocupar com o futuro. Raramente seu orçamento é o principal tópico de seus projetos. Tem o perfil típico de um estudante que mora em república. Gasta seu dinheiro sobretudo com o lazer e para sair com os amigos ou as amigas. Costuma dispor de magros rendimentos, tendo às vezes de ser mantido pelos pais durante vários anos. Representa uma caderneta de poupança para jovens. Em termos de despesas em sentido estrito, o Mago materializa gastos relativos aos filhos, especialmente o orçamento consagrado aos muito pequenos. Em alguns casos, o Mago simboliza as despesas ligadas a tarefas simples, em referência à mesa que evoca uma bancada de trabalho.

Bem aspectada. Orçamento restrito, administrado com sabedoria; gastos limitados a despesas do dia a dia; orçamento destinado aos filhos; dinheiro proveniente de atividade profissional; posse de uma caderneta de poupança; flutuações financeiras bem definidas; jogo de cintura.

Mal aspectada. Recursos financeiros insuficientes; rendimentos fracos; despesas excessivas; economia inexistente; pequenos saldos negativos; dívidas de jogo; passeios caros; má gestão dos próprios recursos; falta de seriedade.

AMORES

O Mago também é a história do adolescente que parte para a descoberta de seu corpo e de sua sexualidade. Esse efebo pensa essencialmente em se divertir e festejar com os amigos e as amigas. É um aventureiro e, no fundo, não busca a seriedade de uma relação amorosa estável. Encarna o arrebatamento da juventude e coleciona amores passageiros e sem futuro. Portanto, o Mago é a carta da sedução e gosta de passar de um relacionamento a outro como bem lhe agradar. Na verdade, representa o encontro com um rapaz e, muitas vezes, o início de uma nova história de amor (sobretudo perto do arcano 6, o Enamorado).

Bem aspectados. Relação incipiente; renovação afetiva; encontro com um rapaz; projeto ligado a um filho.

Mal aspectados. Flerte; inconstância; frivolidade; encontro com um mulherengo, com um boêmio inveterado; jovem amante volúvel.

SAÚDE

Como regra geral, o Mago encarna um rapaz em plena saúde. Tradicionalmente, o arcano é associado às doenças infantis e juvenis. Desse modo, é comum encontrá-lo nas patologias associadas a erupções cutâneas (acne, sarampo, caxumba, rubéola...). Na maioria das vezes, o Mago nos fala de enxaquecas, problemas capilares, mas também dos efeitos nocivos do tabagismo, evocados pela vareta que segura com a mão esquerda e que remete ao cigarro. Com o Mago associado à saúde, trata-se de fazer exames médicos para detectar doenças, por exemplo... (A mesa e os objetos nela expostos evocam o plano de trabalho de um auxiliar de laboratório.) Por fim, na presença do Arcano sem Nome, nosso Mago fala sobre cirurgia ou sobre o local onde é realizada (uma vez que as facas e a foice lembram o bisturi do cirurgião).

Bem aspectada. Vigor; vitalidade a toda prova; boa forma física; pequenos exames de saúde; exames de rotina (diagnóstico...).

Mal aspectada. Doenças infantis ou juvenis; enxaquecas; tabagismo (sobretudo em contato com o Julgamento); pequena intervenção cirúrgica (perto do Arcano sem Nome).

CONCLUSÃO

Na origem do mundo e de todos os projetos que se sucederam desde a criação do universo, o Mago simboliza o nascimento da humanidade. Por si só, é um verdadeiro convite a empreender, criar, progredir. Seu espírito de iniciativa é seu principal trunfo. Em contrapartida, quando está rodeado de más companhias, denota uma terrível inexperiência e nos ensina a não agir precipitadamente nem por impulso.

Seja qual for o método utilizado, o Mago traz uma coloração positiva à tiragem de tarô, dinamizando-a e nela insuflando sua energia de "estreante".

A PAPISA

FICHA DE DADOS

IMAGEM. Representada por uma mulher de meia-idade, vestida com uma longa capa e usando uma tiara papal, a Papisa está sentada em um trono, cujo encosto é recoberto por um véu. Imóvel, silenciosa, com um livro sobre os joelhos, a Papisa parece absorta em seus pensamentos.

PERFIL. Símbolo de sabedoria e reflexão, a Papisa encarna o conhecimento e a instrução. A tiara que ultrapassa a moldura da carta evoca um grau muito elevado de espiritualidade, uma ligação com o além, com o sagrado. Recoberta por uma longa veste e um véu, como uma religiosa, a Papisa costuma simbolizar a religião árabe-muçulmana, uma vez que seu traje lembra uma burca. Tradicionalmente, esse arcano representa o que está escondido, o que é oculto, os mistérios da humanidade. Seus conhecimentos enciclopédicos são materializados pelo livro que ela tem nas mãos, o grande livro dos segredos (alusão à Bíblia, à Torá ou ao Alcorão), sendo ela a única a conhecer toda a história. Portanto, parece que o comum dos mortais não tem nenhum segredo para ela. Costuma-se associar a Papisa ao ensino e aos estudos, em razão desse manuscrito que repousa em seus joelhos.

FORÇAS. Sua discrição, sua reserva natural, sua experiência, seus conhecimentos, sua instrução, seu senso de dever, sua benevolência, seu lado "mãe protetora".

FRAQUEZAS. Sua inflexibilidade, sua severidade, sua intransigência, sua maledicência, sua hipocrisia, seu misticismo e seu sectarismo.

IDADE. Normalmente, a Papisa representa ora a avó, ora a mãe ou a madrasta. Por definição, é uma mulher de meia-idade e até muito idosa. Com muita frequência, costuma oscilar entre 50 e 60 anos quando simboliza a mãe, mas também pode representar uma centenária ou até a decana da humanidade.

NÚMERO DE IDENTIFICAÇÃO. 2. Esse algarismo simboliza a dualidade e a feminilidade.

UNIVERSO PROFISSIONAL

Transposta para o mundo do trabalho, a Papisa simboliza essencialmente os estudos e as formações acadêmicas. O livro evoca trabalhos de redação, como a tese, a dissertação ou um manuscrito. O arcano também materializa as provas escritas dos exames ou dos concursos públicos. Em caso de procura de emprego, prenuncia o encontro decisivo com uma mulher experiente, a necessidade de consultar os classificados ou até mesmo criar um histórico profissional. Costuma representar as mulheres importantes na hierarquia profissional. Dotada de sólidos conhecimentos e de uma boa cultura geral, à primeira vista nossa grande sacerdotisa representa o corpo de ensino: será ora **professora de ensino fundamental**, ora **de ensino médio** ou **universitário**. O manuscrito em seus joelhos remete à mídia impressa, especialmente às **bibliotecárias**, às **editoras**, às **livreiras**, mas também às **escritoras** (sobretudo perto do Mago). Seu traje evoca uma **irmã missionária**, uma **enfermeira**, uma **parteira**... Silenciosa e disposta a ouvir o outro, a Papisa representa uma confidente; sua empatia natural a leva instintivamente para as carreiras de **psicóloga** ou **psicoterapeuta** (sobretudo quando associada à Lua). Por fim, tal como o Papa, sua contraparte masculina, a Papisa representa todas as mulheres especialistas, tal como as **mulheres médicas** (perto do Pendurado), as **advogadas** (associada ao Julgamento ou à Justiça) etc.

Bem aspectado. Estágio ou formação benéfica; conhecimentos de alto nível; inteligência viva; grande erudição; proposta de trabalho interessante; psicólogo(a) notável; percurso escolar ou universitário exemplar; entrevista profissional com uma dirigente; o consulente responde a uma oferta de emprego; ética irrepreensível; confidencialidade; grande capacidade de ouvir.

Mal aspectado. Segredos; retenção prejudicial de informação; nível de estudos insuficiente; falta de conhecimentos ou de cultura geral; divergência com um responsável ou com um colega mal-humorado; caráter antissocial; traição feminina (especialmente com o Pendurado); relatório negativo de estágio; prova escrita mal preparada.

CONTA BANCÁRIA

Econômica e precavida por natureza, a Papisa remete ao clichê da avó que esconde suas economias embaixo do colchão. Ela "guarda" seu dinheiro por medo do futuro. Talvez por medo de que ele venha a faltar, e, mesmo correndo o risco de passar por avarenta, nossa Papisa economiza muito mais do que gasta. Para ela, vintém poupado, vintém ganhado! Entretanto, ela se mostra pródiga com os filhos e netos. Se representasse um produto financeiro, sem dúvida seria um seguro de vida ou um plano de previdência.

Bem aspectada. Precaução; gestão saudável; poupança estruturada; economias orquestradas com conhecimento de causa; posse de uma previdência ou de um seguro de vida; despesas consagradas aos netos.

Mal aspectada. Economia insignificante; avareza; pequena aposentadoria; rendimentos modestos ou até insuficientes; uso de benefícios sociais; privação.

AMORES

Materializada por uma mulher de meia-idade, uma mãe de família ou, dependendo do contexto, uma avó no crepúsculo da vida, a Papisa não demonstra muito interesse por sua vida afetiva, menos ainda a toda forma de sensualidade. Na maioria dos casos, nossa Papisa anulou sua sexualidade; deixou de desempenhar seu papel de mulher. Já viveu e considera que sua vida amorosa ficou para trás. Com uma aparência um tanto negligenciada, seu traje mal permite entrever seus encantos. Sua veste de "freira" ou de solteirona corresponde ao que é a Papisa, uma senhora que não se expõe sem razão e que não se entrega com facilidade. Apenas muito raramente manifesta grandes efusões de afeto; não costuma demonstrar seus sentimentos em suas expressões. Com uma abordagem fria e um temperamento pouco atraente, nossa Papisa dá a impressão de estar sempre na defensiva e de se proteger atrás de uma atitude que às vezes beira a inflexibilidade. Guardiã dos valores morais tradicionais, sua educação clássica e até mesmo rigorosa faz com que ela prefira passar por suas emoções e sua vida afetiva em silêncio. Em contrapartida, seduz pelo intelecto e pela grande erudição. Sabe tantas coisas que, muitas vezes, ficamos encantados com a extensão de seus conhecimentos. No Tarô de Marselha, além de sua condição habitual de mãe no lar, a Papisa encarna uma rival no amor (sobretudo quando associada ao Enamorado e à Lua). Assume, então, o papel de amante ou confidente, da mulher escondida na sombra, secreta e silenciosa. Em maus aspectos, essa lâmina do tarô também materializa a traição e a maledicência femininas. Por fim, de um lado, o livro exposto sobre os joelhos de nossa Papisa remete aos classificados aos quais recorrem certas consulentes e, de outro, às relações epistolares.

Bem aspectados. Mãe de família amorosa; esposa dedicada, maternal e protetora; sedução pelo intelecto; relação epistolar; confidências amorosas; encontro por meio de classificados; encontro com uma mulher de meia-idade.

Mal aspectados. Amante; segredos de polichinelo; não ditos; má comunicação entre o casal; frigidez; aridez emocional; imagem ruim de si mesmo e do próprio corpo; rejeição do ato sexual; sensualidade quase inexistente; negligência com a aparência; mãe ou madrasta invasiva; educação rígida, à "moda antiga"; esposa insuportável; solteirona.

SAÚDE

A Papisa costuma evocar as doenças ocultas, das quais nem sempre temos consciência ou cuja existência ignoramos. Ela fala essencialmente de doenças em "gestação" ou latentes. Portanto, é primordial não emitir nenhum diagnóstico precipitado sem ter consultado as cartas vizinhas. No que se refere à sua idade, a Papisa reflete sobretudo as patologias ligadas aos idosos, principalmente a problemas no quadril, na pelve, no colo do fêmur, de incontinência urinária ou senilidade. Na maioria dos casos, esse arcano materializa problemas no ventre ou no baixo-ventre. Portanto, indica problemas orgânicos ou infecções intrauterinas clássicas, como o surgimento de micoses, fibromas, cistos nos ovários e até disfunções urinárias (especialmente perto do Diabo ou da Lua). Por certo, nossa Papisa se encontra em meio aos problemas ligados à menopausa e convida todas as mulheres de meia-idade a realizar exames preventivos contra o câncer de mama. O livro que tem nas mãos, mas na verdade não lê, evoca uma visão em declínio e até mesmo problemas oculares que necessitam do uso de óculos de leitura. Também associamos o fato a problemas de leitura na criança, como a dislexia. Quando tem cartas muito ruins ao seu redor, às vezes a Papisa indica a presença de um tumor (sobretudo perto do Diabo e do Arcano sem Nome). Na área da saúde, nossa Papisa simboliza principalmente as enfermeiras, os radiologistas e os ginecologistas (em especial quando associada ao Pendurado). É importante saber que a Papisa é uma carta de caráter "psicológico" e, portanto, é perfeitamente natural que apareça para todas as pessoas que seguem uma psicoterapia ou psicanálise, sobretudo se o terapeuta for mulher. Sua capacidade de ouvir a predispõe a atuar no campo das emoções. Como aspecto positivo, ela sugere a gravidez, pois representa a matriz feminina e a necessidade de exercer a maternidade (sobretudo perto da Estrela e do Sol, o arcano emblemático das crianças).

Bem aspectada. Gravidez; acompanhamento psicológico benéfico; o consulente faz exames de saúde e "*checkup*"; consulta com uma médica; precaução; exame para detecção precoce de doenças; descoberta de um problema de saúde.

Mal aspectado. Doença desconhecida; o consulente está "incubando" alguma coisa; problemas ligados à velhice; patologia no quadril, no colo do fêmur; problemas no ventre; distúrbios intrauterinos; infecções; problemas oculares; distúrbios psicóticos; tumor cancerígeno (especialmente em contato com o Diabo e o Arcano sem Nome); senilidade; mal de Alzheimer (sobretudo perto do Louco e do Eremita); dislexia.

CONCLUSÃO

Sem dúvida, a Papisa continua sendo um dos arcanos mais misteriosos do Tarô de Marselha. Ela nos convida a não nos darmos por satisfeitos com o que já temos e nos mostra o caminho do conhecimento. Apenas ele permite ao homem libertar-se e educar-se. Essa é a mensagem subliminar transmitida pela Papisa. Esse arcano certamente fala de vivência e experiência, mas também nos encoraja a ler nas entrelinhas, a sondar o invisível, a ver além das aparências.

Em uma tiragem de tarô, a Papisa traz sobretudo uma dimensão psicológica e metafísica. Ela confere profundidade à tiragem, dá vida ao nosso inconsciente, convida-nos a ouvirmos nosso foro íntimo e a nunca renunciarmos à nossa intuição.

A IMPERATRIZ

FICHA DE DADOS

IMAGEM. Representada por uma mulher coroada, vestida com elegância, ostentando todos os emblemas do poder, a Imperatriz está sentada em um trono, com um cetro na mão esquerda. Em seu flanco direito, segura um escudo no qual está gravada uma águia real, dourada ou amarela.

PERFIL. Símbolo da monarquia e de seus artifícios, à primeira vista a Imperatriz representa uma princesa, uma rainha, uma chefe de Estado em exercício, uma autoridade qualquer. O cetro, o brasão de armas e a coroa são sinais externos que materializam o poder do Estado e de suas instituições. Por tradição, a simbologia da carta remete à mitologia romana, e com frequência a Imperatriz é comparada a Minerva, deusa romana que usa elmo e armadura. Entretanto, o Tarô de Marselha a quis menos guerreira e mais graciosa. Verdadeira rainha da beleza, distinta e refinada, a Imperatriz encarna a elegância feminina, a grande classe (usa um magnífico colar de ouro que diz muito sobre seu gosto pela pompa). Conhecida por ter muitas ideias, nossa princesa costuma simbolizar as operações comerciais e as relações públicas, mas também os textos e as correspondências administrativas (geralmente o cetro evoca uma pena ou uma caneta, ao modo do Mago e de sua vareta, em um registro menos formal e menos administrativo). Nossa Imperatriz sela, ratifica ou apõe sua assinatura. Por fim, governada por Mercúrio, encarna uma forma de inteligência superior, pois sua reflexão tem qualidade.

FORÇAS. Sua vivacidade intelectual, sua inteligência repleta de entusiasmo, sua sociabilidade, sua facilidade de contato, suas qualidades redacionais, sua classe natural, sua aparente serenidade; ela "dá a cara a tapa".

FRAQUEZAS. Seu esnobismo, suas críticas duras, seu pedantismo, seu ar zombeteiro, sua necessidade de controlar tudo, seu perfeccionismo quase doentio.

IDADE. Ela representa essencialmente as mulheres de 30 a 40 anos, mas não de maneira exclusiva. Às vezes, encarna uma mulher que assume ter 50 anos, raras vezes mais velha. Dependendo do contexto, a Imperatriz materializa a esposa, a irmã, a mãe... Também simboliza a consulente (uma cliente que consulta um vidente-tarólogo).

NÚMERO DE IDENTIFICAÇÃO. 3. É o algarismo sagrado por excelência, a inteligência criadora.

UNIVERSO PROFISSIONAL

No mundo do trabalho, não há dúvida de que a Imperatriz encarna o gênero feminino. Materializa, sobretudo, as correspondências (currículo, carta de apresentação, carta de recomendação...) e os trâmites administrativos de toda espécie. No âmbito de um processo de contratação, fatalmente indicará uma entrevista profissional com uma mulher. Do ponto de vista negativo, às vezes exprime um carreirismo excessivo ou um arrivismo malvisto pelos colaboradores próximos e, de modo mais geral, uma candidatura não aprovada ou uma resposta desfavorável a uma vaga anunciada.

Como regra geral, a Imperatriz é responsável por ocupações administrativas; naturalmente representa os **funcionários públicos** e **de empresas privadas** em todas as áreas de atuação; sente-se à vontade na pele de uma **estenógrafa**, de uma **secretária**, de uma **assistente de direção**, de um **chefe de missão** em um gabinete ministerial, de um **assessor de prefeito**... Muitas vezes trabalha para instituições importantes, como embaixadas e consulados. É uma senhora para a qual a etiqueta e o protocolo mantiveram sua nobreza.

Na realidade, a Imperatriz não deixa de ser uma mulher de poder. Com frequência tenta obter postos de responsabilidade, costuma encarnar a **proprietária de uma pequena ou média empresa**, ou até mesmo uma **diretora** que preside regularmente o conselho administrativo de sua sociedade. É uma **mulher de negócios** aguerrida (sobretudo quando associada ao Diabo), uma *executive woman* dotada de um espírito corporativista (o escudo costuma evocar o logotipo ou o emblema de uma administração conhecida, de uma grande empresa). Do mesmo modo, a Imperatriz remete a todos aqueles que ocupam profissões de representação, nas quais existe um código de vestimenta, um traje oficial, em que o uso do uniforme às vezes é obrigatório. Ela veicula uma imagem de marca e prestígio tal como as **comissárias de**

bordo ou **recepcionistas** (especialmente perto do Mundo e da Temperança). Também encontramos nossa querida Imperatriz nas relações públicas; nesse caso, ela se transforma em **assessora de imprensa** ou **jornalista** (sobretudo ao lado do Louco). Por fim, como sua voz é uma ferramenta indispensável no exercício de suas funções, às vezes faz carreira como **fonoaudióloga** (em contato com a Temperança) ou se torna **cantora** (sobretudo perto do Julgamento).

Bem aspectado. Consciência profissional; senso de responsabilidade; trabalho sério e cuidadoso; entrevista profissional positiva ou promissora; correspondência favorável; candidatura espontânea aprovada; envolvimento real em seu trabalho; senso aguçado da sociabilidade; boa autoconfiança; qualidades redacionais incontestáveis; inteligência viva; auxílio de uma mulher bem colocada.

Mal aspectado. Arrivismo; carreirismo excessivo; espírito de concorrência nocivo; vaidade; falta de humildade; ostentação de superioridade; ciúme feminino; relacionamentos conflituosos com uma colega ou chefe de departamento; ego superdesenvolvido; obstinação contraproducente; inflexibilidade; correspondência desfavorável; resposta negativa; documentos extraviados; documentação incompleta ou recusada; problemas administrativos; candidatura reprovada.

CONTA BANCÁRIA

De modo geral, a Imperatriz não tem preocupações financeiras, pois sua situação é saudável. Sua condição socioprofissional e seu bom padrão de vida fazem com que não lhe falte nada. Representa principalmente as camadas médias da sociedade e, às vezes, as superiores. Suas despesas correspondem ao seu gosto pelo luxo. Compra joias e seu guarda-roupa costuma ser bem equipado. Além disso, frequenta festas de gala ou obras de caridade. Em suma, consagra um orçamento à arte e aos programas culturais sem cair na extravagância nem na ostentação. Contudo, quando se trata de brilhar em sociedade, gosta de exibir sinais externos de riqueza, como joias suntuosas e roupas finas. Em uma tiragem de tarô, nossa Imperatriz costuma representar uma mulher do lar, cujo padrão de vida está vinculado ao de seu marido. Ambos têm uma conta conjunta, e ela utiliza o cartão bancário de seu marido como bem entende. Tal como a maioria das pessoas de sua geração, a Imperatriz tem um seguro de vida; possui uma poupança e às vezes arrisca-se a investir dinheiro na Bolsa. Com frequência é proprietária de sua residência ou aspira a sê-lo. Por fim, não economiza nas despesas quando se trata da educação dos filhos. Em resumo, sabe administrar bem seu dinheiro e raciocinar quando a situação assim o exige.

Bem aspectada. Bom nível social que protege o consulente da necessidade; excelente gestão; recursos financeiros satisfatórios; despesas consagradas ao lar e ao lazer; proprietário de sua residência; posse de uma conta poupança.

Mal aspectada. Atitude ostensiva; orçamento comprometido em razão do gosto pelo luxo, no limite do espalhafatoso; estilo de vida caro; tendência a viver acima de seus recursos; situação financeira dependente daquela de seu companheiro.

AMORES

Extremamente sedutora, nossa princesa cuida muito da aparência. Gosta de agradar e o demonstra. É refinada por natureza. Tal como a mulher moderna, é esplendorosa, radiante e exibe belos adereços. Entretanto, não se engane: essa rainha de beleza não é uma sedutora.

Em primeiro lugar, agrada a si mesma e participa do jogo da sedução. Muitas vezes, trata-se de uma necessidade de assegurar-se de seu poder de sedução. Por fim, quando o amor bate à sua porta, nossa Imperatriz se revela uma esposa perfeita e uma dona de casa sem igual. Seu lado artístico a leva a decorar seu lar com muito gosto. Faz de tudo para amar o marido e os filhos.

Bem aspectados. Esposa dedicada; máximo poder de sedução; feminilidade assumida; mulher plena e sensual.

Mal aspectados. Provocante; infiel; imagem ruim de si mesma; frustração sexual ou sexualidade vivida como tabu; intelectualidade excessiva; rival (perto da Lua e do Enamorado).

SAÚDE

A Imperatriz exibe boa saúde. Entretanto, aparece nos distúrbios fisiológicos e nas doenças psicossomáticas, geradas pelo estresse cotidiano, sobretudo quando o assunto em questão for uma mulher. É encontrada, por exemplo, em distúrbios do sono, devido à sua hiperatividade cerebral. Com efeito, a Imperatriz tem dificuldade para se desconectar de suas preocupações, pois sua mente está em constante ebulição. Não para de pensar... Por conseguinte, costuma materializar as patologias associadas à cabeça, inclusive a fadiga intelectual. Também a encontramos nos problemas ligados à voz e às cordas vocais. É sujeita à afonia e à faringite... Em alguns casos, sua presença ao lado do Diabo e da Casa de Deus indica problemas na tireoide, o que é sugerido pelo pequeno inchaço no nível de sua garganta. Por fim, às vezes ela evoca uma pequena irritação no olho.

Bem aspectada. Saúde excelente; estilo de vida saudável.

Mal aspectada. Hiperatividade cerebral; fadiga psicológica; doenças psicossomáticas; psiquismo em baixa; afonia; extinção da voz; distúrbios da tireoide (perto do Diabo e da Casa de Deus); hérnia de hiato; estresse mal administrado; tendências paranoicas.

CONCLUSÃO

A Imperatriz conduz seu combate no plano das ideias e do intelecto. De origem mercuriana, dona de um espírito refinado e de uma inteligência criativa, a Imperatriz exorta o comum dos mortais a cumprir sua obra neste mundo, a gerar seus projetos e, por conseguinte, dar um sentido à sua vida. Essa rainha do intelecto convida quem quiser ouvi-la a se comunicar com o outro, a exprimir suas opiniões, a utilizar o caminho do pensamento para crescer um pouco mais a cada dia. Em uma tiragem de tarô, ela traz uma vibração positiva e, sobretudo, um toque feminino.

O IMPERADOR

FICHA DE DADOS

IMAGEM. Representado de perfil por um soberano barbudo e em plena forma, o personagem do Imperador, de elmo e armadura como um gladiador, tem um cetro na mão direita. Apoiado com indolência em seu trono imperial, Sua Majestade usa um grande colar com um medalhão. Seu olhar parece fixo em um ponto do horizonte. Um escudo no chão se encontra ao lado do assento.

PERFIL. Simbolizando a soberania, a autoridade e o poder vigente, nosso Imperador encarna os grandes homes que fazem a história de uma nação, à maneira dos chefes de Estado e dos monarcas em exercício. Também representa o governo, a classe política e as instâncias dirigentes. Seu aspecto descontraído, de um personagem de meias apoiado com indolência em sua poltrona, dá a impressão de um homem que nada mais tem a provar a quem quer que seja, alguém que chegou aonde queria. O grafismo do arcano representa um imperador desarmado, o que sugere que o recurso à força lhe é inútil para imperar em seu reino e estabelecer sua autoridade. Seu papel de líder é indiscutível; ele já não precisa passar para a ofensiva para justificar sua condição. Portanto, o Imperador, sozinho, simboliza a força tranquila, um indivíduo cujo carisma natural e cujo poder de influência são tão grandes que ele inspira respeito, uma vez que qualidades inatas o predestinam a assumir seu papel de líder.

FORÇAS. Sua potência, sua coragem, sua vontade, sua tenacidade, sua maturidade, seu poder de realização, sua autoconfiança, seu carisma natural, sua envergadura, sua honra, sua lealdade, seu realismo, seu pragmatismo; é combativo, trabalhador, criador e tem alma de empreendedor.

FRAQUEZAS. Sua teimosia crônica, sua visão binária e cartesiana da realidade, seu lado "pé no chão", seu materialismo ilimitado, seu hermetismo, seus excessos de autoritarismo, seu caráter tirânico, seu sectarismo, sua inércia, seu ego superdesenvolvido.

IDADE. Nosso monarca representa um homem de 40 a 60 anos, no máximo. Segundo o contexto, encarna o pai, o padrasto, o esposo, o irmão etc. Também simboliza o consulente.

NÚMERO DE IDENTIFICAÇÃO. 4. Esse algarismo simboliza a ancoragem na matéria e na solidez. Representa um cubo (o mesmo no qual está sentado o Imperador na versão do Tarô de Marselha ilustrada e comentada por Oswald Wirth). Esse algarismo também se encontra na própria imagem do arcano: de fato, o imperador cruza as pernas formando um 4.

UNIVERSO PROFISSIONAL

No mundo do trabalho, o Imperador encarna essencialmente a segurança do emprego e a estabilidade socioprofissional. Fala-nos da evolução da carreira na mesma empresa e muitas vezes faz referência aos cargos importantes. Seu grafismo remete, sobretudo, às pessoas poderosas e notáveis de todo os meios. Tal como a Imperatriz, sua contraparte feminina, em geral ocupa cargos de direção. Costuma desempenhar as funções de **chefe de empresa**, **diretor** de pequenas e médias empresas, **diretor-geral**, todo indivíduo capaz de comandar uma equipe de trabalho. Ele representa, sem distinção, um **supervisor** ou **mestre de obras**, um **contramestre**, um **chefe de departamento**... O Imperador simboliza a autoridade vigente (seu traje militar evoca a ordem estabelecida e todas as administrações fortemente hierarquizadas). Seu uniforme materializa tanto os **policiais** e os **guardas** quanto os **militares de carreira**. Dependendo do contexto, seu personagem pode representar um **chefe de Estado-maior**, um **coronel** ou um **procurador da República**, um **governador**, um prefeito etc. O Imperador observa com benevolência. Diríamos que é um **recrutador** ou *head hunter* que examina alguém com atenção. Concentrado e apoiado em seu assento, nosso Imperador perscruta o horizonte e olha para a frente, como um **operador de equipamentos pesados**, um **motorista de táxi**, um **piloto de Fórmula 1** (sobretudo na presença do Carro, que simboliza os transportes terrestres).

Em seus aspectos mais sombrios, nosso monarca evoca uma queda de braço com um superior hierárquico ou um colega limitado. Por fim, também encarna um patrão escravagista que abusa de seu poder.

Bem aspectado. Segurança no emprego; boa base socioprofissional; sucesso material; riquezas; pessoa lutadora; projeto de envergadura bem estruturado; entrevista promissora com um recrutador (especialmente quando junto do Diabo); poder de decisão; intervenção de um homem poderoso a seu favor; respeito da hierarquia e da ordem estabelecida; senso aguçado do dever; força de trabalho impressionante; aptidões naturais para o comando; força tranquila.

Mal aspectado. Abuso de poder; patrão escravagista; colega limitado; falta de estabilidade; perda da posição social, autoconfiança abalada.

CONTA BANCÁRIA

O Imperador reina como mestre absoluto da matéria. Simboliza, principalmente, a ascensão à propriedade e o investimento em imóveis. Digno representante das propriedades rurais, nosso Imperador costuma atribuir muita importância a constituir um patrimônio imobiliário, a fim de proporcionar um padrão de vida agradável à sua família. Com frequência, é o feliz proprietário de sua residência e, às vezes, chega a receber uma renda proveniente de aluguéis de outros imóveis. O fato de possuir bens materiais tranquiliza nosso monarca, que se sente todo-poderoso. Poderia estar na origem do adágio segundo o qual "dinheiro nunca é demais". Seus recursos financeiros o protegem das necessidades e lhe permitem gozar de um estilo de vida confortável. Em geral, suas contas bancárias são bem guarnecidas, e ele trata de fazer seu capital frutificar em benefício dos próprios interesses. Como "bom pai de família", é adepto de investimentos seguros e certamente investe seu dinheiro em fundos ou em outros tipos de aplicação. É titular de um seguro de vida e de uma poupança.

Bem aspectada. Investimentos seguros; gestão saudável de sua conta bancária; acesso à propriedade; riquezas materiais; boa relação com o dinheiro; salários elevados; economias utilizadas com prudência; generosidade com os parentes.

Mal aspectada. Período de austeridade financeira; dificuldades materiais passageiras; pesados pagamentos de créditos; mensalidades muito elevadas; taxa de endividamento considerável; situação profissional instável; tendência a ser "Tio Patinhas".

AMORES

O Imperador tem alma de realizador. Busca, sobretudo, fundar uma família e construir sua vida conjugal sobre bases sólidas. Gosta da estabilidade proporcionada pelas relações duradouras. Portanto, costuma cultivar uma perspectiva de longo prazo para sua vida conjugal e considera essencial assegurar sua família no plano material. Revela-se um bom pai, um marido protetor e caloroso, o ombro no qual faz bem repousar. Encarna a autoridade do chefe de família e pode mostrar-se severo com os filhos. A partir do momento em que se encontra em situação conjugal, o Imperador se mostra atencioso e gentil, mas não deixa de ser excessivamente ciumento. Querendo exclusividade, logo aspira a delimitar seu território amoroso e considera que sua companheira lhe deve fidelidade. Na realidade, esse marido possessivo pode revelar-se um tirano em potencial e fazer com que a companheira viva um verdadeiro inferno conjugal. Por sorte, nosso Imperador é conhecido sobretudo por ser um *bon vivant* que nunca se nega os prazeres da vida. Seu carisma agrada as mulheres, de modo que, com frequência, é cercado por um cortejo de admiradoras em detrimento de sua esposa. Como dificilmente resiste aos prazeres carnais, às vezes esse epicurista de mão cheia se aventura em relações extraconjugais.

Bem aspectados. Relação duradoura; casal sólido; marido protetor; chefe de família indulgente; bom pai; esposo modelo; epicurista; *bon* *vivant*; amante encorajador; maturidade benevolente; encontro com um indivíduo carismático; viril; relacionamento amoroso com um homem em plena forma; sexualidade desenvolvida.

Mal aspectados. Mulherengo; conquistador; marido tirânico; indivíduo ultrapossessivo; encontro com um machista; assediador; problemas de virilidade.

SAÚDE

Como regra geral, o Imperador representa as pessoas em plena forma; portanto, goza de boa saúde na maioria dos casos. Contudo, às vezes seu epicurismo, aliado à busca insaciável pelos prazeres da vida, prega-lhe algumas peças. Desse modo, o Imperador materializa os excessos à mesa e os incômodos deles resultantes, tais como indigestão, problemas no fígado, colesterol ruim, entre outros. Como sempre tenta obter cargos de responsabilidade que ocasionam estresse e picos de adrenalina, com frequência sofre de hipertensão arterial e multiplica os riscos de enfarte a longo prazo. Em um registro completamente diferente, nosso Imperador também traduz as patologias ligadas à região lombar (hérnia de disco, escoliose...), especialmente quando próximo da Casa de Deus e do Arcano sem Nome. O grafismo do arcano evoca um indivíduo que não se mantém ereto, pois está apoiado com indolência à sua poltrona! Devido à sua correspondência astrológica com o signo de Touro, costuma-se associar o Imperador às dores de garganta. Quanto à nuca, ela é sua região sensível, uma vez que aparece protegida por um amplo elmo. A cena sugere um exame oftalmológico ou uma consulta a um ortoptista, especialmente em razão do cetro, que ele observa fixamente à sua frente, como para testar sua acuidade visual. Por fim, o personagem usa algo parecido com meias de compressão; portanto, *a priori*, sofre de problemas circulatórios.

Bem aspectada. Saúde excelente; robustez; boa forma física; mente de esportista.

Mal aspectada. Estilo de vida ruim; excessos à mesa; problemas no fígado; colesterol ruim; tendência a engordar; hipertensão arterial; garganta frágil; dores na cervical; dor nas costas (discos desgastados, hérnia); problemas circulatórios (presença de varizes, sensação de pernas pesadas...); distúrbios cardiovasculares; enfarto do miocárdio (especialmente quando associado ao Diabo); fundo de olho (sobretudo quando associado ao Enamorado).

CONCLUSÃO

Como uma rocha, um carvalho, um pilar... O Imperador transmite a imagem de solidez e enraizamento. Bem ancorado na realidade do cotidiano, seu papel aqui na terra se situa no plano material. Ele nos convida a construir nossa vida em bases sólidas, a estruturar nossos projetos, a nos tornarmos esse indivíduo maduro e responsável que dorme em cada um de nós. Por outro lado, ele nos desaconselha vivamente a adotar uma atitude napoleônica em nossas relações com os outros. Seja qual for a temática abordada, o Imperador dá uma impressão de estabilidade ao conjunto da tiragem e contribui com uma perspectiva masculina para as soluções buscadas.

O PAPA

FICHA DE DADOS

IMAGEM. Representado por um sumo pontífice em idade avançada, de barba e bigode, com uma tiara na cabeça e vestido com um traje eclesiástico tradicional, o Papa está sentado em um trono branco, segurando uma cruz pontifical na mão esquerda. Parece dirigir-se a uma plateia de peregrinos ou fiéis, ajoelhados à sua frente para ouvi-lo, e aos quais dá sua bênção.

PERFIL. Símbolo da ética religiosa e garante da ordem moral, o Papa representa os altos dignitários da Igreja Católica Romana. A tiara, que possui três níveis e três colorações, evoca a supremacia da inteligência e a evolução espiritual, das quais é a própria encarnação. Seu ar majestoso e sua grandeza de alma são acentuados pela presença de dois sujeitos que aparecem em tamanho reduzido abaixo do arcano. Seus cabelos, sua barba e seu bigode brancos simbolizam um personagem puro, um sábio, cuja vivência e cujos conhecimentos são colocados à disposição do próximo. A cruz pontifical dourada une-o ao além, fazendo dele um ser virtuoso, tocado pela graça divina. O Santo Pai é investido de uma missão nobre, é o eleito do Todo-Poderoso na terra e tem de transmitir sua mensagem de amor e paz aos fiéis que foram adorá-lo. Embora seja espiritual por essência, suas funções o conduzem a trabalhar no mundo material. Ao contrário da Papisa, que ouvia, o Papa prega a boa palavra e oferece esclarecimentos a quem deseja ouvi-lo. Sua posição leva a pensar que abençoa ou absolve os dois penitentes que se prostram a seus pés. Sua mão direita dirige-se para o coração, e ele parece indicar-nos o caminho a ser seguido. Seu olhar é aberto e misericordioso; ele é animado por uma benevolência real. Por fim, o Papa representa a união sagrada e preside as cerimônias oficiais.

FORÇAS. Sua fé, sua bondade, seus conselhos esclarecedores, sua sabedoria, sua pedagogia, seus conhecimentos, sua erudição, seu elevado grau de espiritualidade, a qualidade da atenção dedicada aos outros ao ouvi-los, seu dom de orador, seu altruísmo, sua filantropia, seu bom senso, sua ética, seus valores morais, sua aura natural.

FRAQUEZAS. Seu dogmatismo, seu conservadorismo, seu lado "moralizador", sua intolerância, seu fanatismo religioso, sua propensão ao doutrinamento, sua natureza supersticiosa.

IDADE. Em geral, corresponde a um homem de 50 a 70 anos ou até mais velho, caso em que rivalizaria com o Eremita, cujo grafismo evoca um homem idoso. Dependendo do contexto, o Papa encarna o pai, o padrasto, o avô, um tio...

NÚMERO DE IDENTIFICAÇÃO. 5. Simboliza o pentagrama ou o pentáculo e representa a união sagrada no Islã.

UNIVERSO PROFISSIONAL

No mundo empresarial, o Papa materializa principalmente as formações, o treinamento e os contratos de estágio (sobretudo quando junto da senhora Justiça). Sua simples presença sugere automaticamente uma conversa com um homem de meia-idade ou influente. Como o Papa é, por definição, uma "grande ponte", ele representa o ápice da hierarquia e, portanto, costuma ocupar as funções de **presidente** ou **diretor-geral**. Do mesmo modo, também encarna um **prefeito**, um **reitor acadêmico**... Em geral, representa todas as pessoas no topo de sua arte, todas as corporações de ofício juntas. Assim, simboliza os peritos e os especialistas de toda sorte. Com frequência, o associamos aos **profissionais liberais**, a toda pessoa que consultamos em seu gabinete. Dependendo do contexto, exerce as funções de **médico** (especialmente quando associado ao Pendurado), **advogado** (sobretudo perto do Julgamento ou da Justiça), de **psicólogo** (junto da Lua)... Tal como a Papisa, sua contraparte feminina, seus conhecimentos acadêmicos fazem com que ele ocupe com certa regularidade o posto de **professor**, seja no ensino fundamental, seja na universidade. Como sua principal vocação é ensinar e fornecer esclarecimentos aos outros, costuma assumir o papel de **orientador vocacional** (sobretudo perto do Enamorado), **consultor de recrutamento**, **guia**, **coach**... Vale notar que o Papa se dirige a um auditório, no caso, de peregrinos. Ele simboliza os **seminaristas**, os **formadores**, todo indivíduo destinado a tomar a palavra em público no âmbito de suas obrigações profissionais. Como seu próprio nome indica, o Santo Pai é o garante das instituições religiosas e, por isso mesmo, materializa os **padres**, os **párocos**, os **pastores**... Por fim, o Papa convida a perdoar o outro; portanto, encarna os **agentes de mediação** e os **conciliadores** de todas as partes. Sua busca sistemática do compromisso e do consenso também lhe vale materializar os acordos empresariais e coletivos.

Bem aspectado. Consciência profissional; formação benéfica; especialização oportuna; experiência apreciada ou nível de estudos reconhecido; projeto favorecido; entrevista positiva; acordo concluído; cargo de gestão; referência em sua área; indivíduo no topo de sua arte; intervenção de um alto responsável hierárquico em seu favor; vocação; sacerdócio.

Mal aspectado. Indivíduo inconsequente; conselhos falaciosos; entrevista mal iniciada; fracasso em exame oral; falta de conhecimentos técnicos ou específicos; problemas com um alto funcionário; negociação mal iniciada; aprovação não consentida; impedimento da direção; falta de seriedade; autoconfiança muito abalada.

CONTA BANCÁRIA

Como regra geral, o Papa não conhece preocupações financeiras particulares. Raramente é limitado no nível financeiro. Contudo, é conscencioso e demonstra sagacidade quando se trata de administrar sua conta bancária. Tem a sabedoria de economizar e viver do fruto de seu trabalho. Em resumo, o Papa gasta com consciência, com parcimônia. Limita-se, principalmente, às despesas cotidianas, mas não hesita em fazer um agrado a si mesmo de vez em quando. Não vive acima de seus recursos e apenas raramente se priva de alguma coisa. Ora encarna um aposentado que vive de maneira decente, tem seguro de vida e recorre à sua poupança se necessário, ora um homem ainda ativo, cujo salário lhe confere um padrão de vida satisfatório. No melhor dos mundos, o Papa representa um aposentado rico ou um diretor de empresa que paga imposto sobre sua fortuna. Nosso sumo pontífice se mostra pródigo com seus parentes, sobretudo com os filhos e netos. Portanto, considera muito importante que seus filhos se beneficiem da melhor educação possível. Não economiza no orçamento destinado à educação e prefere privar-se de outras despesas. Por fim, o Papa costuma ser proprietário de sua residência.

Bem aspectada. Gestão saudável e ponderada de seus bens; proprietário de sua residência; fundo de previdência; despesas planejadas; sabedoria do poupador; personagem pródigo com os parentes; mentalidade afetiva.

Mal aspectada. Aposentadoria insuficiente; dificuldades financeiras passageiras.

AMORES

O Santo Pai simboliza a seriedade de um relacionamento amoroso, um compromisso solene, os vínculos sagrados que unem as pessoas. Encarna os votos de fidelidade e a nobreza dos sentimentos. Naturalmente, a lâmina evoca o recolhimento próprio às grandes cerimônias religiosas. Desse modo, o Papa materializa um projeto de casamento, o resultado de uma história de amor, sua apoteose. Homem de paz, por essência e por dever, o sumo pontífice nos convida a nos comunicarmos com o coração, a nos abrirmos para os outros e a sabermos perdoar o próximo. Simboliza a reconciliação e a busca de consenso no casal. Em geral, o Papa coloca todas as suas forças a serviço da educação parental; confere muita importância aos interesses dos filhos e, com frequência, inculca neles os valores familiares tradicionais que ele próprio herdou de seus antepassados. Em má companhia, fala de um período de crise conjugal, de um casamento em perigo e até mesmo de uma problemática ligada a um pai ausente.

Bem aspectados. Amor abençoado; felicidade conjugal; união protegida e benéfica; reconciliação; boa educação dos pais; marido atencioso; encontro com um homem de meia-idade; comprometimento amoroso dos mais sérios.

Mal aspectados. Casamento à beira do abismo; lar em crise; união que gera polêmica; intolerância; problemas com o pai ou padrasto; encontro com um homem casado; paternidade mal assumida ou pai ausente; religiosidade limitadora; educação judaico-cristã opressora; indivíduo muito conformista ou convencional.

SAÚDE

Como regra geral, o Papa representa uma consulta a um especialista. O grafismo costuma evocar um médico que recebe uma clientela em seu consultório. Quando aparece em uma tiragem sobre a saúde, muitas vezes o Papa preconiza a consulta a um médico: portanto, convém analisar as lâminas vizinhas com precisão, a fim de determinar o tipo de especialista ao qual se é confrontado. A título de informação, o Papa simboliza um clínico geral, quando aparece ao lado do Pendurado, um cardiologista, quando associado ao Sol, um psicólogo, quando próximo da Lua, um pneumologista, quando perto do Julgamento, um homeopata, quando aparece ao lado da Temperança, um especialista em diabetes, quando em contato com a Justiça, um sexólogo, quando está junto do Diabo... Sua mera presença nos convida a ouvir a opinião de um profissional da saúde na área adequada. Além disso, o grafismo da carta fala dele próprio: o sumo sacerdote representa um homem de meia-idade, que está envelhecendo, e muitas vezes pressagia uma redução na acuidade visual ou uma deficiência auditiva. Costuma ser associado a patologias ligadas aos cinco sentidos. Tal como o Imperador, regularmente materializa a hipertensão arterial e os perigos ligados ao colesterol. Em grau menor, é encontrado nas patologias da próstata, sobretudo quando perto do Diabo e da Temperança.

Bem aspectada. Saúde em ordem; estilo de vida saudável; bom acompanhamento médico; prevenção eficaz; conselhos sensatos.

Mal aspectada. Diminuição da audição e da acuidade visual; hipertensão arterial; taxa de colesterol a ser controlada; patologias na próstata (sobretudo quando perto do Diabo e da Temperança); tendência à hipocondria; redução do tônus.

CONCLUSÃO

Ao guiar o comum dos mortais pelo caminho da fé, o Papa nos convida a meditar sobre o sentido de nossa missão aqui na terra, a seguir nosso percurso, que é o do coração e nos conduz infalivelmente à verdade. Sua mensagem é, antes de qualquer coisa, um hino à tolerância, um convite a aceitar o outro em sua diferença, com suas forças e suas fraquezas. Em uma tiragem de tarô, o Papa preside a discussão e abre o debate. É um apelo à paz universal e à elevação espiritual.

O ENAMORADO

FICHA DE DADOS

IMAGEM. Representado por um grupo de três pessoas conversando, o Enamorado é um rapaz louro, vestido com uma túnica de listras coloridas, abordado por duas cortesãs, uma moça loura à sua esquerda e uma mulher mais velha à sua direita. Acima deles, um anjinho munido com um arco se prepara para lançar uma flecha de amor. De vestido vermelho e coroada, a mulher de meia-idade pega nosso jovem louro pelo ombro e o convida claramente a desfrutar dos prazeres carnais, conforme sugere sua mão direita, enquanto a moça, de vestido azul, mostra-lhe o caminho do coração.

PERFIL. Simbolizando principalmente os encontros amorosos e de amizade, esse arcano do tarô materializa todos aqueles que, um dia, cruzam nosso caminho e com os quais desenvolvemos afinidades e empatia. Do alto de sua nuvem, o anjinho simboliza Cupido, o anjo do amor, filho de Vênus, e nos lembra igualmente Eros, deus do amor na mitologia grega. Portanto, esse arcano coloca aqui a problemática da escolha amorosa e, de modo mais geral, a das escolhas da vida. O Enamorado materializa sobretudo uma escolha de orientação caracterizada por um dilema, uma hesitação. A expressão "meu coração balança entre os dois" lhe cai como uma luva. Esse dilema remete à noção maniqueísta do bem e do mal, do vício e da virtude, à oposição permanente entre a razão e os sentimentos. Ao sair de sua nuvem de algodão, o arqueiro se prepara para agir sobre a escolha do rapaz, lançar-lhe uma flecha de amor, atingir em cheio seu coração com a graça, a fim de fazer o amor triunfar com "A" maiúsculo. Esse querubim simboliza o mundo imaterial e, portanto, o além; também apresenta a questão do livre-arbítrio. Nossas escolhas seriam ditadas? Seríamos mestres de nosso destino? Seja qual for a problemática metafísica suscitada por esse arcano, nosso Enamorado confirma o provérbio segundo o qual "o coração tem razões que a própria razão desconhece".

FORÇAS. Sua gentileza, sua alegria, sua juventude, seu frescor, sua amizade, seu espírito de equipe, seu convite à discussão, sua abertura aos outros, sua adaptabilidade, seu livre-arbítrio, seu senso de família, sua despreocupação.

FRAQUEZAS. Sua indecisão, suas dúvidas, sua superficialidade, suas hesitações permanentes, sua hipersensibilidade, seu lado fanfarrão, sua lábia, seu gosto excessivo pelo jogo.

IDADE. Por tradição, simboliza os adolescentes e os jovens menores de 30 anos, à imagem do personagem central, mas o Enamorado também materializa uma situação de encontro que se aplica a qualquer idade e geração, sem distinção!

NÚMERO DE IDENTIFICAÇÃO. 6. Representa um hexagrama, uma estrela de seis pontas, formada por dois triângulos, como a estrela de Davi. Tradicionalmente simboliza o Selo de Salomão.

UNIVERSO PROFISSIONAL

Em geral, o Enamorado prenuncia uma escolha de carreira. Materializa todo indivíduo que chegou a uma encruzilhada na vida profissional e para o qual uma escolha de orientação se impõe. Transferido para o mundo empresarial, o Enamorado simboliza uma equipe de trabalho, um pequeno grupo de colegas no qual o sentido da relação é primordial. O arcano representa um grupo de três pessoas em plena discussão; como se estivessem em meio a uma polêmica, argumentam, seduzem... qualidades essenciais para trabalhar em contato com o público. Vale notar que a cena pintada na lâmina de tarô evoca a apresentação de uma terceira pessoa, que, transposta para um contexto profissional, simboliza a chegada de um novo integrante ou colega de trabalho que intervém na conversa. Do mesmo modo, o grafismo também sugere um enaltecimento, uma pessoa cooptada em um círculo de iniciados. De maneira mais geral, o Enamorado, que é a lâmina emblemática da amizade, costuma pressagiar um projeto entre amigos. De um ponto de vista mais técnico, nosso Enamorado representa os períodos de experiência, especialmente os contratos por prazo determinado (com frequência, o número 6 evoca um contrato de seis meses, sobretudo quando a carta aparece ao lado da Justiça). Também materializa as seleções, os recrutamentos e os exames de toda espécie. Desde o início, o Enamorado representa todas as profissões ligadas ao mercado da sedução. Portanto, costuma encarnar um **agente matrimonial**, um *coach* em sedução, um **organizador de sessões de** *speed dating*. Por simbolizar a sedução e a beleza, o Enamorado representa naturalmente o mundo da moda e do vestuário, portanto, distingue-se nas qualidades de **vendedor de** *prêt-à-porter*, **designer, estilista, costureiro, consultor de imagem** ou **criador de moda**. Arcano do "look", o Enamorado nos fala dos cânones da beleza. Costuma frequentar as passarelas, o universo de *strass* e lantejoulas do *showbiz* e das personalidades, além de cuidar de sua beleza. Regularmente, desenvolve-se como **maquiador** e **esteticista**. A iconografia da carta também reflete o universo feérico dos espetáculos, especialmente o teatro de revista e os musicais... O Enamorado é o rei da encenação. Assume o papel de **ator** com perfeição, tem a vocação para atuar nos palcos. Parece ter saído diretamente de uma peça de teatro, como sugerem as roupas medievais vestidas pelos personagens. Na maioria das vezes, atua como artista intermitente, à maneira dos **atores teatrais** e dos **profissionais** de todas as artes. Por extensão, às vezes evoca profissões em que o uso de determinado traje ou uniforme é de rigor: dependendo do contexto, pode usar ora uma toga e se transformar em advogado renomado (sobretudo em contato com a Justiça), ora o jaleco de um auxiliar de laboratório ou de um auxiliar de enfermagem (especialmente em presença do Pendurado). Por fim, o Enamorado evoca o jogo, a diversão e o entretenimento de todo gênero. Portanto, costuma encarnar os **animadores de programas de entretenimento na TV** e os **apresentadores de** *reality show* (sobretudo quando aparece perto da Temperança e do Julgamento).

Bem aspectado. Seu senso aguçado de sociabilidade; escolha de orientação bem definida; tomada de decisão assertiva; intervenção de uma terceira pessoa a seu favor; ajuda de um amigo ou de um membro da família; pistolão; exame bem-sucedido; entrevista ou reunião informal; múltiplas escolhas; período de experiência ou contrato por prazo determinado; recrutamentos ou seleções promissores.

Mal aspectado. Indecisão limitadora; dúvidas referentes à sua orientação profissional; escolha de carreira que o paralisa; mal-estar em meio a uma equipe de colaboradores; tendência a misturar trabalho e sentimentos; exames malsucedidos; hesitação quanto à escolha de sua candidatura a um trabalho; problemas afetivos ou familiares perturbam sua atividade; período de experiência ou contrato por prazo determinado não renovado; centro de uma polêmica; boatos.

CONTA BANCÁRIA

Tal como o Mago, o Enamorado vive o dia a dia sem se preocupar com o amanhã. Por ser mais cigarra do que formiga, não é de surpreender que haja muitas flutuações em suas contas bancárias, que, com frequência, ficam "no vermelho". Para não ultrapassar o limite do cheque especial, regularmente faz malabarismos com duas contas. Vítima da moda, extremamente narcisista, nosso Enamorado dedica uma parte enorme de seu orçamento aos cuidados com a imagem. Geralmente, seu *closet* é bem guarnecido. Coleciona roupas e acessórios da última moda. É um fato: o Enamorado gosta de agradar os outros e a si mesmo! Em casos extremos, é capaz de gastar uma fortuna em cosméticos, cuidados com o rosto e às vezes até em cirurgia estética. O Enamorado gosta de sair com os amigos, o que pode lhe ocasionar muitos gastos. Como adora festas, sai muitas vezes e chega a se surpreender quando banca o generoso, uma vez que não tem recursos para tanto. Como bom samaritano, o Enamorado empresta dinheiro com facilidade para as pessoas próximas, os amigos e os membros de sua família. Paradoxalmente, muitas vezes é obrigado a lhes pedir dinheiro para sair de alguma situação difícil. Esse arcano representa principalmente os irmãos e as irmãs; portanto, pode contar com eles em caso de dificuldade. Por fim, se há um vício que atormenta nosso Enamorado é o do jogo, sobretudo os que envolvem dinheiro, os jogos de azar. Em seus piores aspectos, contrai muitas dívidas e tem acesso proibido aos cassinos... Seu perfil de poupador é quase inexistente; quando muito, possui uma caderneta de poupança clássica. Na maioria das vezes é locatário, e não proprietário.

Bem aspectada. Flutuações financeiras no limite do razoável; chega-se a ter uma grande distância entre as duas contas; gastos que causam prazer, especialmente nas saídas com os amigos.

Mal aspectada. Dívidas de jogo; contas "penduradas"; gasta sem pensar; vive com saldo negativo ou comprando a crédito; tendência a emprestar com facilidade; despesas ostensivas em cuidados estéticos; ajuda financeira dos parentes; empréstimos; reconhecimento de dívidas.

AMORES

No jogo da sedução, o Enamorado se sai um grande vencedor! Representa ora um ás da paquera, ora um apaixonado tímido. Canta o hino ao amor em todas as suas formas, desde a versão adocicada de "grande sedutor" até outra mais lírica, mais romanesca. Esse arcano simboliza, antes de qualquer coisa, o prazer dos olhos: quer ser o mais belo ou a mais bela para ir dançar! Sejamos honestos, o Enamorado adora flertar. Borboleteia ao sabor de suas inúmeras saídas (festas entre amigos, eventos de caridade, bailes à fantasia, discotecas...). Simplesmente materializa os amores passageiros da juventude e a multiplicidade de experiências amorosas. Nessas condições, não é de surpreender que seus sentimentos nem sempre sejam marcados pela sinceridade. Em uma tiragem de tarô, ele exprime uma escolha afetiva e, dependendo do contexto, prenuncia um encontro sentimental.

Bem aspectados. Encontro sentimental ou amoroso; início de uma história de amor; afinidades amorosas; casal apaixonado, com sentimentos recíprocos; vontade de agradar o parceiro; máximo poder de sedução; romantismo; programa romântico.

Mal aspectados. Aventura sem futuro; traição amorosa; tentação; fazer jogo duplo; escolha entre dois parceiros; amor platônico; uma terceira pessoa faz o papel de desmancha-prazeres; triângulo amoroso; encontro com um mulherengo; aliciamento; insegurança emocional; grande sede de conquista; bancar o alcoviteiro; relacionamento pouco sincero; encontro "arranjado"; irmãos e irmãs se opõem à sua união; bissexualidade recalcada; narcisismo doentio.

SAÚDE

O Enamorado é um arcano muito rico em matéria de saúde. Raramente sua presença evoca sérios problemas, pois ele materializa todos aqueles que respiram a alegria de viver. Entretanto, aparece nos distúrbios associados à saúde emocional, tais como hipersensibilidade, hipertensão (taquicardia, taquiarritmia...) e nas patologias resultantes de um choque emocional ou de estresse agudo. O Enamorado remete imediatamente às problemáticas ligadas à imagem, ao "*look*" e, sobretudo, ao rosto, vitrine de nossas emoções. Assim, com frequência evoca manchas vermelhas na pele, acne juvenil, eczema, psoríase, rosácea e dermatite seborreica. Em geral, essa lâmina do tarô intervém principalmente nos distúrbios da visão, do campo visual... Ela nos convida a consultar um oftalmologista ou, dependendo do caso, até mesmo um ortoptista (sobretudo quando associado ao Imperador). Em relação direta com a sedução e os cânones da beleza, o Enamorado não hesita em recorrer à cirurgia estética, falando-nos de rinoplastia, *lifting* etc. Vale observar que a cor predominante desse arcano é o vermelho, um detalhe de grande importância, uma vez que nosso Enamorado, como veremos, materializa todas as patologias associadas ao sangue. De imediato, essa cor evoca as plaquetas e os vasos sanguíneos, a vascularidade, as artérias que transportam o sangue e irrigam os diferentes órgãos do corpo humano. Assim, o Enamorado simboliza os exames de sangue e hemogramas (sobretudo quando associado ao Mago). Sua presença costuma pressagiar diversos distúrbios circulatórios, tais como as flebites, as tromboses e, em menor grau, a presença de varizes (principalmente ao lado da Temperança). O Enamorado pode evocar simples sangramentos, lesões, um coágulo, mas também patologias muito mais limitadoras, como hepatite C, leucemia ou contágio por sangue (HIV...), sobretudo se estiver perto do Pendurado e do Arcano sem Nome. Por fim, como os rins filtram o sangue, às vezes o encontramos em problemas renais (especialmente quando associado à Justiça).

Bem aspectada. Bem-estar; alegria de viver; boa saúde psíquica; escolha de tratamento; hemograma; exame de sangue (sobretudo junto do Mago).

Mal aspectada. Distúrbios de pressão arterial; problemas oculares; problemas dermatológicos; patologias associadas ao emocional; sensibilidade doentia; má percepção de si mesmo; problemas ligados ao sangue (HIV, leucemia...); rins a serem controlados.

CONCLUSÃO

O Enamorado é a primeira lâmina do tarô a pôr em cena um grupo de pessoas em área externa. Fala de nossa interação com os outros e do fato de que nossas escolhas costumam ser condicionadas pelos encontros que temos ao longo da vida. Esse arcano é um convite a se abrir aos outros e, de maneira mais geral, a aproveitar as alegrias simples entre amigos. Em uma tiragem de tarô, o Enamorado simboliza uma escolha de orientação, uma encruzilhada a partir da qual vários caminhos se oferecem a nós. Em más companhias, encarna a dificuldade de se posicionar e tomar decisões, bem como a angústia de fazer uma escolha ruim.

O CARRO

FICHA DE DADOS

IMAGEM. Composto por um personagem coroado e de armadura, como um jovem imperador romano, o Carro apresenta um homem jovem de cabelos louros, com um cetro na mão direita, em pé em uma carruagem puxada por dois cavalos. O "coche", marcado com as iniciais SM em seu centro, é coberto por um dossel ou baldaquino. Do alto de seu fiacre, com aspecto triunfante, o jovem soberano tem o olhar voltado para um ponto bem preciso.

PERFIL. Simbolizando o triunfo e o sucesso, o Carro materializa o progresso e os avanços de todo tipo. Representa todos aqueles entre nós que assumem as rédeas do próprio destino, que evoluem e, motivados, partem para a conquista de novos horizontes. Enquanto o Enamorado é estático, encerrado em um dilema, o Carro se coloca em movimento. Toma um caminho e passa para uma velocidade superior. Ancestral do automóvel, o carro simboliza todos os meios de locomoção terrestres, como o trem, o ônibus, a bicicleta, a motocicleta...

FORÇAS. Sua natureza combativa, sua fibra empreendedora, seu espírito competitivo, sua motivação, sua ambição, seu gosto pelo desafio, sua necessidade de ter sucesso e de se realizar, sua resistência ao esforço, sua bravura, sua personalidade de "batalhador".

FRAQUEZAS. Seu excesso de zelo, seu triunfalismo incongruente, seu arrivismo, seu oportunismo, sua impulsividade, sua impaciência, seu ímpeto mal canalizado, sua fome de trabalho.

IDADE. Ele representa essencialmente um jovem, sobretudo entre 30 e 35 anos. Se o rapaz for maduro o suficiente, às vezes podemos incluir a faixa de 25 a 30 anos; do contrário, preferiremos o Mago.

NÚMERO DE IDENTIFICAÇÃO. 7. É o algarismo do universo; simboliza a vitória. Sagrado por definição, esse número transcende todas as confissões religiosas. Reveste um valor forte na tradição judaico-cristã.

UNIVERSO PROFISSIONAL

Arcano emblemático do trabalho, o Carro materializa todos os protagonistas da vida ativa, seja qual for o setor da atividade em questão. Representa principalmente jovens executivos dinâmicos, pessoas devoradas pela ambição, que evoluem em um ambiente profissional ultracompetitivo e se mostram dispostas a tudo para alcançar seus objetivos de carreira. O Carro simboliza a *success story* (história de sucesso) à moda americana. Encarna um modelo de sucesso: é o exemplo do tipo de jovem que se muda para a capital a fim de realizar suas ambições. Ora é um jovem banqueiro de futuro, um jovem agente imobiliário promissor, ora um rapaz recém-saído de uma escola de prestígio. De modo geral, o Carro reúne todas as profissões itinerantes, especialmente aquelas e aqueles entre nós que utilizam um veículo da empresa no âmbito de suas obrigações. Por certo, os **vendedores** e **representantes comerciais** se encontram no topo da lista (sobretudo quando associados ao Louco), seguidos pelos **operadores de equipamentos pesados, transportadores, motoristas de táxi, entregadores**, *pizzaiolos*... Além disso, o carro representa as corporações relacionadas ao automóvel, como **garagistas, pilotos de Fórmula 1** e as **concessionárias** (sobretudo perto da Roda da Fortuna). O grafismo da carta também evoca as atividades equestres e as corridas hípicas. Desse modo, às vezes o Carro segue uma carreira de **instrutor** ou **monitor de equitação**, *jockey*, **ferrador**... O ímpeto e a conduta cavalheiresca do jovem cavaleiro em sua atrelagem refletem a competição esportiva e os **atletas** de alto nível (principalmente ao lado do Diabo e do Sol). Quando aparece em boa companhia, o Carro pode indicar uma promoção, um avanço na carreira e, sobretudo, um retorno ao emprego ou a criação de sua própria estrutura (especialmente junto do Mago). De um ponto de vista negativo, simboliza dificuldades profissionais, ligadas a um ambiente ruim ou à perda do emprego.

Bem aspectado. Objetivos de carreira alcançados; projetos coroados com sucesso; realização pessoal; buscam-se os meios necessários para satisfazer as próprias ambições; ações positivas; vitória aprovada pela maioria; autorrealização; sucesso; promoção; progresso; gosto por assumir riscos; mentalidade de vencedor, de batalhador.

Mal aspectado. Desmotivação; perda do emprego; problemas no trabalho ou com um jovem colaborador; promoção contrariada; a esfera profissional invade a vida privada; indivíduo consumido pela ambição; arrivismo nocivo.

CONTA BANCÁRIA

Como regra geral, a renda do Carro provém essencialmente do fruto de seu trabalho. Ele sabe administrar com prudência sua conta bancária e dificilmente passa por grandes problemas financeiros. No melhor dos casos, dispõe de um orçamento suficiente, que lhe permite viver de maneira decente, sem se preocupar com o amanhã. O Carro gosta de assumir riscos calculados e busca realizar investimentos lucrativos por todos os meios. De vez em quando, concede-se o luxo de apostar parte de seu dinheiro na Bolsa. Ocasionalmente pode ter uma carteira de ações, por exemplo cm uma sociedade de investimento de capital variável, ou títulos de dívidas... Entretanto, nem sempre nosso rapaz é um ás nos mercados financeiros; portanto, tem interesse em ser aconselhado em matéria de especulação. Paralelamente, o Carro busca a todo custo tornar-se proprietário de sua residência. Toma o cuidado de abrir uma poupança, a fim de constituir um capital de antemão. Em contrapartida, como comprador compulsivo, às vezes o Carro tem verdadeiras "paixonites", podendo literalmente arruinar o orçamento dedicado ao lazer. Assim, apaixonado por carros, grande parte de seu salário é afetado com as despesas de manutenção de seu veículo, tornando-se sua principal fonte de gastos. O Carro também materializa a compra de um veículo novo em folha (sobretudo quando associado à Justiça).

Bem aspectada. Gestão saudável; riscos calculados; poder de compra confortável; possibilidade de desfrutar do resultado do próprio trabalho; vontade de ter acesso à propriedade; poupança.

Mal aspectada. Compras compulsivas; investimentos arriscados na Bolsa; despesas exorbitantes com veículo.

AMORES

Alma de conquistador, ar altivo, um tanto machista... Não é raro observar nosso cavaleiro de braço dado com uma nova "presa", colhida ao sabor de suas inúmeras saídas (sobretudo quando associado ao Enamorado). Felizmente, nosso cavalheiro não é volúvel, também gosta de se engajar no amor! De modo geral, representa um casal que avança na vida, jovens que vivem juntos e nutrem projetos comuns. Por certo, o Carro ainda não tem a estatura e o carisma de nosso Imperador, mas não há dúvida de que vai pelo mesmo caminho. Nosso jovem rei é um apaixonado, animado por sentimentos romanescos, pronto a mover montanhas para conquistar o coração de sua cara-metade. O Carro constrói sua vida amorosa passo a passo... Na tiragem de tarô, costuma materializar o encontro com um rapaz de cerca de 30 anos, às vezes pouco menos. O Carro também descreve uma situação em que o trabalho excede tanto a vida amorosa que o casal sente as consequências. Quando se encontram envolvidos na engrenagem profissional, os dois parceiros se perdem de vista. Por fim, ao representar a vida ativa, com frequência esse arcano prenuncia um romance em seu local de trabalho.

Bem aspectados. Projetos a dois; casal que evolui favoravelmente; feliz no amor; parceiros em harmonia; encontro empolgante; compromisso amoroso; coração generoso.

Mal aspectados. Predador sexual; desvios de conduta no amor; carreirismo nocivo à vida do casal; falta de engajamento ou de provas concretas.

SAÚDE

Como regra geral, o Carro representa as pessoas que gozam de excelente saúde. Entretanto, em meio a más companhias, revela patologias mais sérias. Por simbolizar os deslocamentos terrestres e os movimentos, o Carro evoca disfunções ligadas à velocidade e aos membros inferiores. Assim, regularmente ele materializa os problemas de quadril e bacia. Também simboliza o mal-estar causado por viagens e os problemas de orientação no espaço. Tal como a parelha que parece oscilar, às vezes esse arcano se depara com problemas de equilíbrio, em particular no nível do ouvido interno (problemas no estribo...). Em seus aspectos mais sombrios, o Carro representa as pessoas que sofreram acidentes rodoviários e todas as deficiências psicomotoras (em especial quando próximo da Casa de Deus e do Arcano sem Nome). Como o grafismo da carruagem remete ao de uma cadeira de rodas, o Carro também encarna pessoas com paralisia, tais como os hemiplégicos. É importante saber que, quando associado à Roda da Fortuna, às vezes o Carro evoca a Síndrome de Tourette, patologia que se manifesta sob a forma de tiques nervosos.

Bem aspectada. Boa vitalidade; coração de esportista; dinamismo a toda prova; velocidade; saúde radiante.

Mal aspectada. Deficiência motora; problemas psicomotores; fragilidade nos membros inferiores; patologia no quadril ou na bacia; acidentados rodoviários (especialmente perto da Casa de Deus e do Arcano sem Nome); tiques nervosos; Síndrome de Tourette (sobretudo quando associado à Roda da Fortuna).

CONCLUSÃO

O Carro preside à ação. Ele nos convida a tomar as rédeas de nosso destino. O caminho do Carro é o da autorrealização, que permite nos revelarmos a nós mesmos. O Carro exorta quem quiser segui-lo a progredir, a buscar satisfazer suas ambições. Arcano poderoso, sua presença em uma tiragem costuma ser benéfica. Ela dinamiza o conjunto do jogo.

A JUSTIÇA

FICHA DE DADOS

IMAGEM. Representada de frente por uma cabeça coroada, segurando uma espada com a mão direita e uma balança com a esquerda, o arcano apresenta uma mulher de cabelos claros em espiral. Trajando um vestido coberto por um manto, a senhora Justiça reina em uma ampla poltrona dourada, ornada com duas colunas.

PERFIL. Símbolo de retidão e equidade, a Justiça encarna a lei, as regras que regem toda sociedade e os limites que não devem ser ultrapassados. Tal como a representação de Têmis na mitologia grega, esse arcano ostenta todos os atributos da magistratura: os dois pratos da balança servem justamente para pesar os prós e os contras, enquanto a espada simboliza as sanções e pune quem transgredir as interdições. Curiosamente, essa espada lembra a de Dâmocles.

FORÇAS. Sua retidão, sua equidade, sua imparcialidade, sua franqueza, seu senso de responsabilidade, seu respeito dos códigos e das convenções, sua disciplina, seu espírito analítico, sua força de caráter, seu autocontrole, sua natureza ponderada e ordenada.

FRAQUEZAS. Sua inflexibilidade, sua intransigência, sua intolerância, sua severidade, sua natureza litigiosa, seu espírito binário, sua necessidade de racionalizar tudo, sua frieza aparente, sua falta de hospitalidade.

IDADE. Como regra geral, representa uma mulher de 40 anos. Contudo, a Justiça encarna, antes de qualquer coisa, um conceito de equidade e retidão que se aplica a todos os mortais, sejam eles jovens ou idosos.

NÚMERO DE IDENTIFICAÇÃO. 8. Símbolo de completude, o "8" é um algarismo sagrado na sociedade japonesa. Na mitologia hindu, remete aos braços de Vishnu, que são oito. Também lembra a lemniscata que simboliza o infinito e a universalidade.

UNIVERSO PROFISSIONAL

Nesse domínio, a Justiça remete principalmente à assinatura de contratos. Enquanto a senhora Justiça costuma pressagiar a assinatura de um contrato de trabalho por tempo indeterminado quando aparece perto do Carro, muitas vezes sua presença junto do Enamorado prenuncia um contrato por tempo determinado. Simbolizando sobretudo os concursos para cargos públicos, bem como as verificações de proficiência, o arcano materializa os diplomas e os diversos e variados recursos para se chegar a um posto. Também apresenta os históricos de carreira. Como regra geral, o arcano nos fala, em primeiro lugar, dos empregos administrativos e, por conseguinte, dos **funcionários públicos**. Também materializa as habilitações, aprovações e, por extensão, todas as credenciais administrativas. Com frequência encarna organismos como a Câmara de Comércio, todas as administrações encarregadas de regular e inscrever as empresas. Em geral, representa um **governador**, um **prefeito**, um **funcionário municipal**... A iconografia evoca espontaneamente as administrações estatais e as instâncias jurídicas encarregadas de aplicar a lei e fazer reinar a ordem. Seu grafismo reflete os cargos da magistratura, sobretudo os ofícios de **juiz de instrução** (o que é sugerido pelo barrete que traz na cabeça), **advogado, oficial de justiça, tabelião, mandatário judicial**... Portanto, essa lâmina do tarô materializa a redação de todos os documentos notariais. A senhora Justiça também encarna as forças da ordem. Desse modo, costuma assumir o papel de **procuradora da República, delegada** ou **policial** (especialmente em contato com o Diabo). Em um registro totalmente diferente, outrora os dois pratos da balança teriam servido para pesar e avaliar o preço dos gêneros alimentícios e definir seu valor de mercado. Por essa razão, a Justiça também simboliza os **contadores**, os **gestores**, os **operadores de caixa**, os **corretores da Bolsa**, os **estatísticos**, os **auditores**, os **professores de matemática**, todos aqueles que devem efetuar cálculos ou manipular números no âmbito de suas obrigações profissionais. Assim, dependendo do contexto, a senhora Justiça materializa uma taxa, uma cota, uma porcentagem, um tíquete de caixa, um boleto de pagamento... Por fim, associado ao Enamorado, o arcano representa um **delegado sindical**.

Bem aspectado. Assinatura de um contrato de trabalho por tempo indeterminado (especialmente em contato com o Carro); êxito em um concurso administrativo ou para um cargo público; segurança no emprego; respeito da hierarquia; méritos recompensados; ratificação de um protocolo de acordo (sobretudo quando associada ao Sol); progresso na carreira; aumento salarial; subsídios concedidos; ética exemplar; autorizações legais entregues; contabilidade saudável e até excedente; benefícios; lucros.

Mal aspectado. Sanção punitiva (repreensão...); autorizações administrativas recusadas; problemas com documentos; projeto mal gerenciado; fracasso em um concurso administrativo; imbróglio jurídico-administrativo; contrato doloso; conflito salarial; ação trabalhista (especialmente junto do Diabo); contabilidade ruim; indenizações não recebidas; processo; problemas ligados a arrendamentos comerciais.

CONTA BANCÁRIA

Como regra geral, a senhora Justiça controla suas finanças de maneira um tanto "categórica". Mantém a cabeça no lugar e não desperdiça seu dinheiro a torto e a direito. Só gasta o que seus recursos financeiros permitem. Muitas vezes ocupa um cargo considerado estável e, nesse sentido, concede-se alguns caprichos, entre os quais a compra de joias (o grafismo da carta evoca um gosto pronunciado por joias em ouro maciço). Seu senso de medida e sua atitude ponderada a preservam de toda imprudência nesse domínio. Contudo, em seus aspectos mais sombrios, a Justiça materializa um processo caro, procedimentos jurídicos que pesam sobre o orçamento familiar, mas também uma atividade cujas contribuições se tornaram muito elevadas. Sendo precavida por natureza, a senhora Justiça toma o cuidado de depositar suas economias em uma conta poupança. Também é adepta de investimentos seguros em instituições bancárias consideradas sérias. Em uma tiragem de tarô sobre a situação financeira do consulente, é importante saber que esse arcano simboliza as transações comerciais, bem como as compras e vendas de mercadorias de toda espécie (sobretudo quando associado ao Sol).

Bem aspectada. Gestão previsional; alma de planejador; equilíbrio orçamentário; compras bem pensadas; investimentos seguros.

Mal aspectada. Período de austeridade e de rigor orçamentário; queda do poder de compra; processo dispendioso; preocupações financeiras; encargos elevados; uso constante de crédito; seguro-desemprego (em presença do Arcano sem Nome).

AMORES

Em matéria de coração, a Justiça materializa um ato oficial, um compromisso solene como uma união estável ou um casamento (especialmente quando associada ao Sol). De modo geral, ela representa o equilíbrio conjugal, uma relação séria, uma parceira organizada e pragmática, com a qual se pode contar no seio familiar. Atribui muita importância a inculcar verdadeiros valores morais em seus descendentes, proporcionando-lhes uma educação de preferência rigorosa. Progenitora severa, enfatiza as regras da boa educação, o respeito ao próximo e os limites que não devem ser ultrapassados. Em sociedade, às vezes a senhora Justiça parece demasiado séria, e sua frieza externa desconcerta mais de um apaixonado. Na pior das hipóteses, exibe uma personalidade rígida, inserida em uma visão antiquada do casal, totalmente incapaz de se entregar a quem quer que seja. A senhora Justiça tem dificuldade para interromper o fluxo de sua mente; é muito intelectual e reflete sem cessar. Por outro lado, dá a impressão de sempre sopesar suas palavras, tanto que, com frequência, carece de espontaneidade. O arcano também indica um período de balanço em uma relação de casal: a situação é esclarecida, os prós e os contras são levados em consideração. Com muita frequência, ela materializa o encontro com uma pessoa casada. Em má companhia, simboliza o divórcio, pois representa todos os documentos oficiais, sem exceção.

Bem aspectados. Oficialização; compromisso solene; casamento; equilíbrio conjugal; relação séria; valores tradicionais.

Mal aspectados. Divórcio difícil; desequilíbrio conjugal; relação extraconjugal; encontro com uma pessoa casada; inflexibilidade; pessoa "bloqueada".

SAÚDE

Princípio da equidade, a Justiça costuma prenunciar um bom equilíbrio geral, um estilo de vida saudável e *checkups* normais. Entretanto, a senhora Justiça intervém principalmente em todas as patologias ligadas ao peso. De fato, os dois pratos de sua balança materializam a pesagem dos alimentos, o peso e, portanto, todos os instrumentos de medida, como uma balança para pesar pessoas. Assim, a Justiça remete essencialmente aos problemas ligados à obesidade e aos regimes alimentares de todo tipo. O grafismo da lâmina evoca uma senhora gordinha, apertada em suas roupas, com um pequeno inchaço no nível do ventre, sinal evidente de epicurismo. Com frequência, a presença desse arcano indica gordura ruim, colesterol e, às vezes, até diabetes (sobretudo quando associado à Lua). Portanto, convida a vigiar o peso, bem como o índice de massa corporal. Enquanto a senhora Justiça materializa uma perda de peso inquietante quando próxima da Casa de Deus, encarna um regime que apresenta resultados quando perto do Arcano sem Nome. Em contrapartida, associado à Estrela ou à Temperança, o arcano evoca uma dieta, uma alimentação saudável e equilibrada, um acompanhamento nutricional... Como regra geral, a lâmina simboliza os cálculos. Portanto, é natural que apareça em patologias renais ou biliares (sobretudo quando próxima da Temperança e do

Enamorado). Mal acompanhada, a senhora Justiça exprime problemas de equilíbrio e vertigens. Também é importante saber que essa lâmina do tarô representa o sono. Por isso, ela costuma falar de uma perda de equilíbrio ligada a um sono perturbado ou de má qualidade. Por fim, algumas vezes o arcano indica uma patologia do quadril, um deslocamento da bacia, uma perna mais comprida do que a outra...

Bem aspectada. Bom equilíbrio geral; estilo de vida saudável; regime alimentar saudável; sono de boa qualidade; *checkups* normais; taxa de açúcar estável; índice de massa corporal dentro da média.

Mal aspectada. Problemas de equilíbrio; sobrepeso; colesterol; diabetes; cálculos renais ou biliares; fragilidade renal; patologia no quadril; distúrbios do sono.

CONCLUSÃO

Por encarnar os princípios morais e as regras éticas que governam nossa sociedade, a senhora Justiça se considera a garantia dos direitos de cada cidadão. Ela simboliza nossos deveres e vela pelo estrito respeito dos códigos e das convenções em vigor. Na realidade, esse arcano nos convida sobretudo a refletir antes de agir, a pesar os prós e os contras em nossas tomadas de decisão, a buscar a harmonia e a equidade em todas as circunstâncias. Em uma tiragem de tarô, evoca principalmente os contratos e a assinatura de todos os documentos que regem a vida cotidiana. Em contrapartida, quando mal acompanhada, essa oitava lâmina do tarô nos fala mais de imbróglios jurídico-administrativos.

O EREMITA

FICHA DE DADOS

IMAGEM. Representado por um homem idoso, envolvido em um longo manto azul com capuz, o Eremita caminha para a esquerda, ligeiramente curvado, munido de um lampião e de um bastão de peregrino. A cena se passa, tal como percebemos, em um ambiente externo.

PERFIL. Simbolizando a sabedoria dos anciãos e a soma de nossas experiências, o Eremita encarna a vivência, os acontecimentos que marcam nosso percurso e nossa vida. Testemunha do tempo que passa, nosso Eremita permanece voltado para o seu passado, conforme sugere seu personagem, que caminha para a esquerda, retraçando seu percurso. Ele recorre incansavelmente à sua história para enriquecer suas reflexões presentes e futuras. Por seu simbolismo, a lâmina é, antes de qualquer coisa, um convite a buscar no fundo de si mesmo as chaves do próprio destino. Carta de introspecção e de meditação contemplativa, o Eremita explora a riqueza interna do ser. Seu lampião e seu bastão evocam os que saem em busca de descobertas e simbolizam os que procuram a verdade. O personagem avança às cegas, tentando fazer luz, iluminar-nos com seu lampião e guiar-nos. O Eremita encarna a obra do tempo que passa, a sabedoria adquirida por nossos antepassados ao longo dos séculos e que permite a qualquer pessoa encontrar seu próprio caminho, realizar-se e atingir essa maturidade benevolente. O arcano também materializa uma busca espiritual. Ele nos mergulha nas reflexões metafísicas e filosóficas a respeito do objetivo de nossa existência neste mundo.

FORÇAS. Sua sabedoria, sua vivência, seu percurso, sua riqueza interior, sua maturidade, seu espírito esclarecido, seu saber, sua grande erudição, seus profundos conhecimentos, sua distância dos acontecimentos, sua introspecção salutar, um iniciado.

FRAQUEZAS. Sua lentidão, sua necessidade visceral de isolamento, sua aparente austeridade, sua timidez doentia, sua reserva excessiva, seu misticismo.

IDADE. É o decano do tarô, um homem de idade avançada, no crepúsculo da vida. Representa um avô ou até mesmo um bisavô. O grafismo evoca um idoso de 80 anos ou mais. Como símbolo da longevidade, o Eremita costuma representar os centenários.

NÚMERO DE IDENTIFICAÇÃO. 9. Ano de balanço em numerologia, o ano 9 marca o fim de um ciclo e o início de outro. Também é o nono mês da gestação que prenuncia um acontecimento feliz. Com o algarismo "9", passamos para o modo "pausa", é o princípio do pousio, de todos os períodos de gestação. Já traz em si o germe de uma renovação.

UNIVERSO PROFISSIONAL

No campo do trabalho, nosso Eremita representa, sobretudo, a experiência anterior, haja vista sua longevidade. Entretanto, dependendo do contexto, a iconografia da lâmina evoca a princípio uma busca, uma pesquisa... Ao lado do Carro, ele nos fala principalmente da busca por emprego.

O grafismo da lâmina evoca, em primeiro lugar, um homem de idade avançada e até mesmo um doente acamado. De fato, o personagem representa todos aqueles que trabalham nos asilos, nas casas de repouso etc. Portanto, o Eremita costuma encarnar um **gerontologista**, um **geriatra**, a equipe hospitalar que evolui em contato com pessoas idosas e, especialmente, a equipe médica, encarregada dos cuidados paliativos. Por extensão, a lâmina também materializa um serviço de ajuda à pessoa. Adepto das profissões que exigem meticulosidade e perseverança, o Eremita avança lentamente, mas com segurança. Como um corredor de fundo ou um maratonista, o Eremita é um trabalhador obstinado, aplicado e meticuloso. Tende a consagrar-se aos trabalhos de pesquisa de longa duração. Com frequência, essa lâmina engloba os **doutorandos** e **mestrandos**, todos aqueles que seguem estudos acadêmicos com o objetivo de se especializarem em sua área de competência. Sua necessidade natural de investigar, de tentar compreender "o porquê e o como", faz dele um **pesquisador** nato, um **cientista** aguerrido, um **erudito**, um **assistente de laboratório**, um **psicólogo** (sobretudo quando associado à Lua). No mesmo registro, o Eremita é um pesquisador, um **investigador**, um **detetive particular**. Seu lampião evoca os **arqueólogos**, os **espeleólogos**, os **guardas noturnos**, enquanto sua bengala nos faz pensar em um **feiticeiro**, um **radiestesista**. Essa lâmina e esse olhar escrutador também lembram a postura das **parteiras** e dos **obstetras** (especialmente quando nosso Eremita se combina com a Papisa ou o Pendurado). Carta do passado por excelência, o Eremita também encarna os **historiadores**, os **arquivistas** e os **genealogistas**. Nutre-se do passado e tem prazer em remontar à origem das coisas. Seu traje e sua necessidade de solidão inspiram o recolhimento caro aos **monges** e aos **padres**... Poderíamos até dizer que esse corajoso Eremita está fazendo uma peregrinação. Por fim, o personagem representa os **filósofos** e os **teólogos**, todos os pensadores ou intelectuais, versados na metafísica.

Bem aspectado. Sério; meticuloso; trabalhador obstinado; experiente; tempo de experiência; maestria; iniciativa perene; senso do trabalho duro; riqueza de seu percurso profissional; seu perfeccionismo; sua filosofia de vida; sua trajetória acadêmica exemplar; sua resistência; sua paciência; o tempo age em seu favor; espera benéfica; mestre esclarecido; iniciador sem igual.

Mal aspectado. Monotonia; exaustão; rotina; projeto interrompido; lentidão excessiva; *blasé*; pouco comunicativo; falta de abertura para o exterior; passividade alarmante; atrasos prejudiciais; depressão persistente.

CONTA BANCÁRIA

Despojado do supérfluo, o Eremita avança na vida com pouquíssimos bens pecuniários. O grafismo da lâmina nos apresenta um ancião de aspecto pouco sedutor, munido de um bastão e de um lampião como únicos bens materiais. Ao modo dos religiosos e como um monge tibetano, o Eremita se contenta com pouco. Como regra geral, o personagem encarna principalmente o rigor orçamentário, poucos recursos, e às vezes demonstra certa avareza. Felizmente, em muitos casos o Eremita economiza ao longo do tempo e constrói um capital para a velhice sob forma de seguro de vida ou previdência. Também materializa as rendas vitalícias, sobretudo quando associado ao Arcano sem Nome. No entanto, esse avô gasta apenas com o que precisa para viver; os bens materiais, com exceção daqueles de primeira necessidade, têm pouca importância para ele. A sabedoria que adquiriu ao longo da vida tornou-o uma pessoa precavida, que dá valor a cada centavo. Porém, em má companhia, esse arcano prenuncia uma vida de miséria e privações, uma aposentadoria insuficiente, além da degradação social... Por conseguinte, às vezes é obrigado a recorrer aos restaurantes populares. Desse modo, o Eremita costuma materializar os serviços de assistência social.

Bem aspectada. Sabedoria de poupador; senso de economia; precaução; seguro de vida; previdência; pequenos recursos satisfatórios; aposentadoria suficiente para viver; orçamento destinado aos bens de primeira necessidade; nenhuma despesa supérflua; rendas vitalícias.

Mal aspectada. Medidas de austeridade orçamentária; período de restrição; falta de recursos; dificuldade para chegar ao fim do mês; empobrecimento; padrão de vida abaixo do limite de pobreza; aposentadoria ou salário de miséria; uso dos benefícios sociais; avareza.

AMORES

De alma solitária, o Eremita tende a encarnar um solteirão empedernido. Dá a impressão de se ter entrincheirado atrás de seu longo manto, mal ousando dar as caras. Avança às cegas, de tão grandes que são sua timidez e sua reserva. É contemplativo por natureza; assim, pode seguir um amor platônico durante vários anos antes de se declarar ao eleito (à eleita) de seu coração. Seu aspecto monástico faz dele um indivíduo devoto e até casto. Portanto, nada há de excepcional em encontrar esse arcano nas problemáticas de casal, cuja origem é uma falta de desejo sexual. O Eremita realmente precisa de praias desertas para se encontrar. Introvertido por natureza, é pouco expansivo na expressão de seus sentimentos, pouco inclinado às grandes manifestações efusivas. A dois, nosso Eremita privilegia as relações de longa duração. Sempre busca construí-las com a perspectiva do longo prazo. É criticado sobretudo por sua natureza caseira, seu estilo de vida reservado e sua lendária falta de comunicação. Em seus aspectos mais sombrios e quando não é por escolha, o Eremita é condenado à solidão. Vale notar também que, antes de qualquer coisa, ele é a lâmina emblemática do passado e, portanto, é o único a materializar uma antiga relação amorosa, um(a) ex-namorado(a). Por fim, ressalte-se que seu personagem simboliza o encontro com uma pessoa de meia-idade ou mais velha. Ele também aparece nos casais que têm uma grande diferença de idade.

Bem aspectados. Relação duradoura; vida de casal perene; um(a) ex volta para sua vida; atração por pessoas de meia-idade, mais velhas; solteiro por escolha própria.

Mal aspectados. Solidão opressiva; timidez doentia; pouco expansivo; falta de comunicação; amor platônico; solteirão; solteiro empedernido; estilo de vida caseiro; aparência malcuidada; diminuição da libido.

SAÚDE

Representando um ancião e encarnando a longevidade, o personagem do Eremita evoca, antes de qualquer coisa, todas as doenças inerentes às pessoas idosas. Expressa prioritariamente as patologias reumáticas e articulatórias. Inclui sobretudo os pacientes que sofrem de artrose, artrite e até mesmo de poliartrite reumatoide. Tende a evocar descalcificação óssea e osteoporose... O Eremita também indica uma baixa acuidade visual, problemas de surdez (em especial quando perto do Julgamento e do Pendurado). Vale notar que o arcano materializa as carências e deficiências de todo gênero. Nosso ancião também prenuncia problemas de memória e, no pior dos cenários, é afetado pelo mal de Alzheimer (sobretudo quando associado ao Louco). Fora as doenças ligadas ao envelhecimento do corpo, o Eremita evoca as gestações e os acompanhamentos obstétricos (principalmente quando associado ao Pendurado). O número "9" simboliza os nove meses de gravidez, o fim de um período de gestação. Como já vimos, o Eremita é um erudito, um pesquisador. Portanto, encarna com naturalidade os laboratórios de análises clínicas, todos os exames de saúde aprofundados, bem como a pesquisa médica e a prevenção. Vale notar que a lâmina do tarô remete aos problemas ligados à hereditariedade e à genética... De fato, às vezes é preciso remontar ao avô ou até ao bisavô para poder definir a origem de certas patologias. De um ponto de vista psicológico, essa lâmina costuma aparecer no jogo de pessoas nostálgicas, melancólicas, voltadas ao passado, fechadas em seus sofrimentos passados e incapazes de se projetar no futuro. Fala-se, então, de estado depressivo latente, fadiga, ciclotimia e até de depressão crônica. Em combinação com a Lua, com frequência o Eremita é o testemunho de um acompanhamento psicológico. Por fim, como o bastão desse avô evoca uma bengala, às vezes ele sofre de claudicação.

Bem aspectada. Longevidade; gravidez; acompanhamento obstétrico; exame de saúde aprofundado; prevenção; acompanhamento psicológico.

Mal aspectada. Artrose; reumatismo; poliartrite reumatoide; problemas ósseos (descalcificação, osteoporose); baixa acuidade visual; surdez; estado depressivo; depressão crônica; ciclotimia; natureza melancólica;

caráter taciturno; senilidade; claudicação; problemas ligados à genética e à hereditariedade.

CONCLUSÃO

O Eremita faz apologia ao tempo que passa; é um filósofo na alma. Esse arcano nos convida a refletir muito antes de agir, a tomar distância dos acontecimentos, a nos inspirarmos em nossas experiências passadas, a fim de amadurecer os projetos que são importantes para nós hoje. O Eremita é a lentidão personificada, o tempo que corre sem cessar e atua em nosso favor. Ao encarnar a sabedoria dos antepassados, seu *Leitmotiv* preferido seria, incontestavelmente, "tudo vem no momento adequado a quem sabe esperar".

A RODA DA FORTUNA

FICHA DE DADOS

IMAGEM. Representada por uma roda de madeira com seis raios, sobre a qual gravitam três estranhas criaturas, a Roda da Fortuna repousa em uma base com dois pés, ligada a uma manivela que parece girar no vazio. No alto da imagem, reinando no topo da roda como uma esfinge, uma quimera alada e coroada está sentada, imóvel, em uma plataforma, com uma espada na mão. Duas outras criaturas animalescas dão a impressão de girar com a roda, de se perseguirem, uma agarrada à direita da roda, subindo até o topo, enquanto a outra desce pelo lado esquerdo.

PERFIL. Simbolizando os ciclos da vida e o próprio princípio da evolução humana, a Roda da Fortuna encarna um perpétuo recomeço ao modo das estações do ano, da vida e da morte. A simbologia da roda tende a evocar as vicissitudes da vida, os altos e baixos que marcam nosso percurso neste mundo. Essa roda do destino não para de girar, alternando períodos de sorte e azar. É nossa boa ou má "fortuna". O arcano sugere, portanto, que circunstâncias externas influem em nosso destino, e nesse aspecto a lâmina simboliza o imprevisto, o acaso... De fato, nessa grande loteria que é a vida, ora as circunstâncias nos são favoráveis, permitindo-nos chegar ao topo e alcançar a luz, ora nos são desfavoráveis, e a mesma roda nos conduz ao nosso declínio. Mergulhamos, então, nas trevas, um pouco mais a cada dia. Dependendo do contexto, a Roda da Fortuna assume a forma de uma espiral infernal ou, ao contrário, de um círculo virtuoso. Por tradição, simboliza o movimento e a mobilidade, bem como todas as oportunidades, boas ou ruins, que ornam o caminho de nossa vida.

FORÇAS. Sua reatividade, seu dinamismo, sua espontaneidade, sua engenhosidade, sua inventividade, seu espírito inovador, sua alma aventureira, sua mobilidade, seu oportunismo.

FRAQUEZAS. Sua instabilidade, sua falta de técnica, sua precipitação.

NÚMERO DE IDENTIFICAÇÃO. 10. Marca o advento de um novo ciclo, enriquecido pela vivência das nove lâminas anteriores. Primeiro número composto de dois algarismos, o "10" engloba a energia criadora do Mago, o algarismo "1", ao qual se acrescenta o valor do 0. Por fim, 1 + 0 equivale a um novo (1) ciclo (0). A forma "0" também lembra o formato oval da Roda da Fortuna.

UNIVERSO PROFISSIONAL

Arcano emblemático das mutações e da mobilidade profissional, a Roda da Fortuna é a lâmina do movimento por excelência. Preside as mudanças de cargo, especialmente quando associada ao Louco. Como regra geral, a Roda da Fortuna exprime sobretudo uma reorientação ou uma reconversão profissional. Prenuncia uma renovação e pressagia o advento de um novo ciclo. No campo do trabalho, essa roda também simboliza as evoluções na carreira e toda oportunidade nova que se apresenta a nós.

De imediato, o grafismo da roda evoca os veículos e tudo o que "roda". Ela encarna tanto os **mecânicos**, os **proprietários de concessionárias** e os **técnicos** quanto os **representantes comerciais** de todos os tipos (especialmente quando em contato com o Louco). Com efeito, sua forma oval materializa uma engrenagem ou um mecanismo qualquer, como um sistema de polias, um tambor de máquina de lavar, um relógio... Desse modo, essa roda representa indistintamente um **vendedor**, um **técnico de eletrodomésticos**, um **relojoeiro**, um **maquinista**. Em razão de sua semelhança flagrante com a roda das loterias, costuma-se associar esse arcano aos jogos de azar e sobretudo ao ofício de **crupiê**. Também vale notar que a Roda da Fortuna encarna toda uma série de profissões ligadas ao dinheiro, tal como os **corretores de ações**, os **corretores da Bolsa**, os **intermediários** ou os **operadores de instituições financeiras**. Como princípio da evolução e, portanto, do progresso, o arcano simboliza principalmente as invenções e as tecnologias de ponta, todos os conceitos inovadores que têm vocação para revolucionar o cotidiano de qualquer pessoa. Desse modo, representa os **inventores**, os **consultores em novas tecnologias**, bem como os **engenheiros** (automotivos, aeronáuticos...). Simbolizando igualmente os **programadores de informática** e os **eletrotécnicos**, o visual da carta faz pensar em um CD-ROM, em um disco rígido, em um *software*... Por fim, a Roda da Fortuna evoca com clareza uma tomografia computadorizada ou um exame de ressonância magnética; encarna, sobretudo, um departamento de neurologia. Portanto, representa os **neurocirurgiões** e os **neurologistas**, principalmente quando se encontra próxima do Louco ou do Papa.

Bem aspectado. Evolução na carreira; reorientação bem-vinda; renovação com entusiasmo; mobilidade iminente; mudança na ordem do dia (especialmente perto do Louco); desbloqueio da situação do consulente; excelente ocasião; oportunidade benéfica; sucessão de eventos positivos; feliz coincidência; atividade em expansão; promoção interna; chance inesperada; acesso a um nível de remuneração superior; prêmio excepcional; bônus; retomada de atividade; reaquisição de energia; empregado que reage às demandas.

Mal aspectado. Instabilidade profissional; projeto mal iniciado; adiamento de promoção; golpe do destino; mudança brusca de situação em desfavor do consulente; coincidência infeliz; período de má sorte; conjuntura desfavorável; emprego aleatório; marasmo; a pessoa "patina"; oportunismo mal-intencionado; salário congelado; preocupações financeiras; dívidas (especialmente quando associada ao Arcano sem Nome).

CONTA BANCÁRIA

A Roda da Fortuna é instável por definição. Antes de qualquer coisa, evoca as flutuações da Bolsa e o caráter volátil dos mercados financeiros. Representa, sobretudo, as cotações da Bolsa, mas também a participação de qualquer pessoa nas ações de uma empresa ou no seio da sociedade. A Roda da Fortuna é um convite a assumir riscos, a "desviar dos obstáculos" no impiedoso mundo financeiro. De modo geral, o dinheiro entra e sai segundo as necessidades do momento, e o indivíduo pouco se preocupa com o estado de suas contas bancárias. Como lâmina do dinheiro, a Roda da Fortuna materializa os créditos ao consumo e os empréstimos bancários. Encarna principalmente os que vivem de crédito. Dependendo do contexto, esse arcano fala ora de benefícios e desbloqueio de fundos, ora de juros e superendividamento (sobretudo quando associado ao Arcano sem Nome). Do ponto de vista negativo, essa roda exprime reveses da fortuna ligados à tentação do dinheiro fácil: é a dos jogadores inveterados, que percorrem os salões dos cassinos na esperança constantemente renovada de conseguir o prêmio mais alto. Com essa roda, grande é a tentação de cair na embriaguez dos jogos de azar.

Bem aspectada. Ganho inesperado; obtenção de um empréstimo; desbloqueio de fundos; ganho na loteria; investimentos remunerados na Bolsa; aumento de salário; capital de giro satisfatório; contabilidade exponencial; participação nas ações de uma empresa.

Mal aspectada. Investimentos arriscados e até perigosos na Bolsa; orçamento onerado; superendividamento (ao lado do Arcano sem Nome); viver de crédito; marasmo; dívidas de jogo; encargos muito elevados.

AMORES

A Roda da Fortuna encarna a mudança. Prega a espontaneidade em suas relações amorosas. Precisa ser surpreendida por seu parceiro. Quem quiser seduzi-la terá de usar os tesouros da criatividade e se renovar constantemente, do contrário, ela logo se cansará de sua companhia. Como regra geral, ela representa uma relação em curso ou um casal para o qual tudo "gira". A Roda da Fortuna traz o imprevisto para nossa vida; materializa sozinha o acaso dos encontros. Dependendo do contexto e das cartas ao redor, ela falará tanto do retorno repentino de um ex quanto de uma mudança de rumo definitiva. Na maioria dos casos, pressagia novas oportunidades de encontros e uma renovação afetiva. Do ponto de vista negativo, parece instável e volúvel, encadeando flertes sem futuro. Mal acompanhada, também simboliza o marasmo do casal nos meandros de sua rotina.

Bem aspectados. Renovação afetiva; romance imprevisto; mudança de rumo benéfica; período de encontros múltiplos (especialmente perto do Enamorado e do Diabo); o "acaso" tem uma boa influência; retorno repentino de um(a) ex (sobretudo quando associada ao Eremita); casal que evolui em favor das circunstâncias.

Mal aspectados. *Timing* ruim; engrenagem nociva; círculo vicioso; marasmo no cotidiano; casal incapaz de se renovar; ciclo de má sorte; instabilidade emocional; necessidade imperiosa de mudança; problemas financeiros na origem dos problemas conjugais.

SAÚDE

Como regra geral, a Roda da Fortuna não prenuncia problemas maiores de saúde. Diferentemente, pressagia um aumento da energia vital e de um dinamismo a toda prova. No entanto, em uma tiragem sobre a saúde, convém analisá-la principalmente em função de sua forma geométrica. O grafismo evoca um formato redondo ou oval que nos permite estabelecer um paralelo com os órgãos do corpo humano que partilham uma forma análoga, tais como os olhos, os joelhos, os tornozelos, as articulações, os discos, as cervicais... Vale lembrar, porém, que o grafismo da roda evoca, em primeiro lugar, uma tomografia computadorizada ou um exame de ressonância magnética, o que se confirma sobretudo pelo fato de ela girar sobre si mesma. Na área médica, sua presença costuma exprimir a necessidade de passar por esse tipo de exame, principalmente quando é associada ao Louco (neurologia) ou ao Julgamento (as tecnologias ultramodernas). Sem dúvida, convém considerar a tiragem como um todo, a fim de exortar o consulente a pedir um exame de ressonância magnética ou uma tomografia computadorizada a seu clínico geral.

Dito isso, a Roda da Fortuna também materializa os problemas de disco ou cervicais (especialmente ao lado da Casa de Deus) e dos joelhos (sobretudo quando combinada com o Diabo). De modo mais geral, representa as dores nas articulações, como artrose ou poliartrite... A presença do Eremita e do Arcano sem Nome entre as lâminas ao redor costuma confirmar esse diagnóstico. Como especificado acima, o visual da roda faz pensar em um globo ocular. Portanto, não causa surpresa encontrar esse arcano nas temáticas ligadas ao campo visual ou às doenças oculares (catarata, glaucoma, degeneração da mácula...). Por exemplo, ao lado do Arcano sem Nome, essa lâmina de tarô preconiza uma mudança de óculos. Também é importante saber que a Roda da Fortuna representa os corpos estranhos em geral: assim, dependendo do contexto, ela também simboliza um marca-passo, um aparelho auditivo, uma prótese, uma coroa, um cateter... Por fim, esse arcano evoca a circulação sanguínea, especialmente quando contígua ao Enamorado (o arcano emblemático do sangue). Nesse sentido, nosso arcano fala com frequência dos ciclos e das menstruações. Em grau menor, às vezes a Roda da Fortuna indica patologias que implicam os glóbulos brancos e o sistema imunológico.

Bem aspectada. Boa motricidade; pessoa veloz; aumento de energia ou de vitalidade; dinamismo a toda prova.

Mal aspectada. Problemas nas articulações ou com a rótula; discos desgastados; dores nas cervicais; problemas oculares ou auditivos (uso de aparelho...); circulação sanguínea a ser controlada; problemas na taxa de sedimentação; patologias ligadas aos glóbulos brancos.

CONCLUSÃO

Sem nenhuma dúvida, a Roda da Fortuna é um dos arcanos mais versáteis e confusos para os iniciantes. É importante sempre ter em mente sua forma geométrica quando ela aparece em uma tiragem de tarô. De modo geral, ela simboliza uma oportunidade muito esperada ou, ao contrário, um imprevisto incômodo, que vem mudar a distribuição inicial das cartas. Assim, influi nas mudanças de rumo na vida de todos nós. Sempre traz um vento de renovação, lembrando-nos de que a mudança, boa ou ruim, é necessária para nossa evolução.

A FORÇA

FICHA DE DADOS

IMAGEM. Representada por uma personagem feminina, vestida com elegância, a Força ilustra uma mulher de formas generosas, em pé, que mantém aberta a boca de um leão com a ponta dos dedos. Usando um belo vestido vermelho com cordões e uma longa capa azul, a senhora também traz um bonito chapéu de abas largas.

PERFIL. Simbolizando nosso poder de ação e a autoafirmação, o arcano evoca tanto a força física quanto a força interior. A física é materializada pela estatura imponente da senhora, bem como pela cena de domínio em si. Assim, essa lâmina faz ampla referência à dialética entre o mestre e o escravo. Vale notar que os iluminadores da época se mostraram particularmente vanguardistas ao assumirem o risco de representar a Força, um conceito de virilidade, por meio dessa mulher opulenta. Sem dúvida, compreenderam que a verdadeira força está em outro lugar. A Força, cujo chapéu em forma de lemniscata lembra o do Mago, oferece-nos infinitas possibilidades. Esse grande adereço de cabeça, que ultrapassa a moldura da carta, sugere uma força imaterial muito superior à simples força física. Princípio de inteligência, a Força também simboliza o domínio do homem sobre o reino animal. A esse respeito, a cena se refere ao culto de Mitra, que abre a boca de um touro. Com essa lâmina, o indivíduo tem a vitória nas mãos, passa ao comando, recebe plenos poderes, consegue vencer seus instintos primitivos, materializados aqui pelo animal dominado. É justamente dessa grande força moral que se trata, dessa capacidade do ser humano de se controlar, de domar seus instintos gregários. Graças a essa força moral e a essa boa autoconfiança, a jovem consegue domesticar o leão. Com efeito, ela soube domar seus medos e calar suas angústias. Não daria a impressão de abrir a mandíbula da fera sem fazer o menor esforço? Aqui, é o aspecto mental que predomina e é suficiente para vencer o adversário; portanto, é inútil recorrer à força física para se fazer respeitar.

FORÇAS. Sua autoconfiança, sua vontade entranhada, seu autocontrole, suas aptidões para administrar, seu senso de responsabilidade, seu carisma natural, seu brio, sua vontade, sua bravura, seu heroísmo.

FRAQUEZAS. Sua tirania, seu autoritarismo, sua arrogância, seus excessos de cólera, sua necessidade doentia de reconhecimento social, seu orgulho inoportuno, sua personalidade beligerante, seu vigor em baixa, sua falta de dinamismo e de coragem, sua lendária impaciência.

IDADE. A Força ilustra uma mulher de formas generosas, seja qual for sua idade. Como regra geral, ela representa as mulheres cuja faixa etária varia entre 30 e 60 anos. Assim, dependendo do contexto, pode encarnar tanto uma jovem e opulenta mãe de família quanto uma mulher de meia-idade.

NÚMERO DE IDENTIFICAÇÃO. 11. Situada entre o Mago e o Louco, a Força divide os 22 arcanos maiores em duas partes. Insufla uma nova energia, a do Mago, multiplicada por 2. Além disso, a soma teosófica nos remete ainda ao algarismo "2", da Papisa. Encontramos a dualidade, a luta interna. O "11" também simboliza os excessos, os transbordamentos...

UNIVERSO PROFISSIONAL

A Força encarna a coragem e a vontade, qualidades muito apreciadas no mundo do trabalho. Como regra geral, representa todas as pessoas carismáticas, habituadas a ocupar altos cargos ou que apresentam grandes aptidões para o comando. Portanto, materializa a vontade comum a todos de se elevar na hierarquia, de superar os escalões, de tentar obter cargos de responsabilidade, de ter êxito por si mesmo, sem ajuda externa. Portanto, simboliza essencialmente os **dirigentes** de múltiplos horizontes socioprofissionais, bem como seus "subchefes", tais como o **diretor-geral**, os **contramestres**, os **supervisores**, os **chefes de equipe**... No entanto, a Força representa sobretudo os **trabalhadores autônomos**, os empreendedores individuais, todos aqueles que aspiram a se tornar patrões de si mesmos.

Conforme seu nome indica, o arcano também reúne as atividades manuais que remetem à força física, tais como as **profissões ligadas à construção civil** (especialmente quando junto da Casa de Deus), os **encarregados de mudanças**, **os chefes de canteiros de obras**, os **empreendedores**...

A força intimida; por isso, simboliza as **forças de segurança** (especialmente em contato com a Justiça), os **membros da Polícia**, **da Guarda Civil**, os **agentes de segurança**, os **guarda-costas**, os **leões de chácara**... toda pessoa levada a manter a ordem e a recorrer à força, se as circunstâncias assim exigirem. Além disso, sua boa condição física faz desse personagem um **treinador esportivo** sem igual, um **professor de educação física** obstinado, um **halterofilista**, um praticante de uma atividade em que os músculos triunfem. Também vale notar que a cena evoca, antes de qualquer coisa, os **domadores**, os **adestradores**, os **criadores de animais**, os **veterinários comportamentais**, os **funcionários de** *pet shops* (especialmente quando a carta está associada à Estrela)...

Por fim, é importante saber que a Força, em contrapartida a suas qualidades de bravura e coragem, tende a instaurar relações de poder com seu ambiente profissional. Em alguns casos, ela se convence de sua superioridade e recusa toda forma de autoridade.

Bem aspectado. Capacidade de trabalho sem igual; motivação; vontade a toda prova; personalidade de líder; mente de vencedor; sucesso pessoal; o consulente está em posição de força para negociar; sangue-frio; força de caráter; reais aptidões para o comando; ambição e dinamismo; grande domínio de si mesmo e das situações.

Mal aspectado. Queda de braço com a autoridade vigente; conflito com um chefe de departamento; personalidade autocrática; necessidade visceral de controlar tudo e submeter seus colaboradores; tendência à agressividade; complexo de inferioridade; falta de autoconfiança; impaciência.

CONTA BANCÁRIA

Como regra geral, a Força administra seu orçamento com muita habilidade. Tem o controle das finanças e monitora suas despesas como ninguém. Ao contrário do Eremita, que exprime uma redução no padrão de vida e, portanto, uma queda no poder aquisitivo, a Força prenuncia um aumento salarial e uma melhoria substancial no estilo de vida. Sua vontade de elevar-se socialmente e ter sucesso na profissão a leva a fazer tudo o que estiver em seu poder para se proteger das necessidades. Como em geral ocupa cargos de responsabilidade, seu nível de remuneração lhe permite fazer loucuras de vez em quando. A Força sabe mostrar-se pródiga além do razoável quando se trata de agradar os que lhe são mais próximos. Tende a encarnar a imagem da "mãezona", de uma mulher generosa e protetora que cobre os filhos de presentes sempre que pode. Quando ama, a Força não olha para as despesas! Consagra boa parte de seu orçamento às atividades esportivas ou recreativas. Por fim, dependendo de seus recursos, investe em aplicações seguras, a fim de fazer seu capital frutificar com os melhores rendimentos. Na maioria dos casos, aspira a se tornar proprietária de sua residência.

Bem aspectada. Gestão saudável; controle dos custos e das despesas; aumento salarial; padrão de vida confortável; elevação social bem definida; coração generoso; investimentos vantajosos; acesso à propriedade.

Mal aspectada. Bondade excessiva; despesas ostensivas; medo da escassez.

AMORES

No amor, a Força ama com paixão e loucura... Exprime seu desejo com ardor e busca exclusividade nas relações amorosas, de modo que se mostra um pouco sufocante ao expressar seus sentimentos. Com frequência instaura relações de poder em sua vida conjugal. Inteira em suas relações amorosas, espera ser amada na mesma proporção, se não mais. Sua nobreza de coração só se compara a seu ciúme doentio. De fato, não tolera nenhum desvio de conduta, nenhum excesso por parte de seu alter ego. Sua propensão a viver de histórias de amor inflamadas ao modo "eu te amo, eu não mais* faz com que o lar logo possa transformar-se no palco de brigas de casal memoráveis. Em seus aspectos mais sombrios, a Força evoca as violências domésticas, especialmente em proximidade com a Casa de Deus e o Arcano sem Nome.

Como regra geral, a Força mostra-se uma esposa pródiga que, ao mesmo tempo, é uma perfeita dona de casa. Também encarna o encontro com uma dominadora, uma mulher decidida, às vezes corpulenta, que adora submeter seus parceiros.

Bem aspectados. Amor exclusivo; casal unido; coração nobre; personalidade inteira no amor; encontro com uma mulher autoritária.

Mal aspectados. Paixão devoradora; relações de poder; ciúme doentio; possessividade excessiva; brigas de casal violentas; violência doméstica.

SAÚDE

Adepta das academias e aulas de ginástica, a Força é conhecida sobretudo por sua boa condição física. De modo geral, essa lâmina prenuncia uma saúde de ferro e não apresenta problemas particulares. Entretanto, ao materializar essencialmente os músculos e a força física, simboliza as distensões musculares e as tendinites... Também vale notar que a senhora utiliza as mãos para manter aberta a boca do leão. Ela age como um osteopata ou alguém que, sem estudos médicos, tenta curar fraturas e luxações. Tende a evocar uma sessão de reeducação

---

* Referência à canção "Je t'aime... moi non plus", de Serge Gainsbourg. (N.T.)

funcional junto a um fisioterapeuta. Como suas mãos são postas à prova na cena de adestramento, não é raro que esse arcano exprima dores na articulação do punho e, mais precisamente, no túnel do carpo.

Arcano emblemático da corpulência, a Força aparece em todos os distúrbios associados ao excesso ou à perda de peso. Assim, dependendo do contexto, traduz uma perda de peso ou uma lipoaspiração, especialmente quando aparece ao lado do Arcano sem Nome. Por extensão, essa lâmina exprime tudo o que é "demais" ou "hiper", tal como a hipertensão arterial. Por fim, costuma-se associar a Força ao signo do Leão em astrologia, uma vez que ele próprio está associado às doenças do coração. Portanto, um bom acompanhamento do sistema cardiovascular é preconizado por meio desse arcano.

Bem aspectada. Grande forma física; bom tônus; boa vitalidade; saúde de atleta.

Mal aspectada. Problemas musculares (distensões, estiramentos, tendinites...); reeducação funcional; hipertensão arterial a ser controlada; sobrepeso; punho dolorido (túnel do carpo); sessão de osteopatia; falta de tônus; insuficiência cardíaca.

CONCLUSÃO

"Querer é poder", essa é a mensagem da Força. Esse é o arcano da força moral e da autoconfiança. Simbolizando principalmente uma luta interna, a Força prega as virtudes da mente, que exortam todos a se superar, a ampliar seus limites até as fronteiras do possível. Essa lâmina do tarô nos desaconselha a investir nas relações de poder, lembrando, de um lado, que os conflitos não resolvem todos os males e, de outro, que o recurso à força física é uma confissão de fraqueza. Embora a Força exprima uma vontade feroz de agir sobre os acontecimentos externos, ela revela uma real impaciência.

O PENDURADO

FICHA DE DADOS

IMAGEM. Representado por um personagem de cabelos azuis, vestido com um casaco abotoado, o Pendurado se apresenta de cabeça para baixo, com as mãos atrás das costas, o tornozelo esquerdo preso a uma forca, enquanto a perna direita, liberada de todo entrave, permanece dobrada. Dois troncos de árvore, cujos galhos foram podados, sustentam a viga transversal na qual o Pendurado está suspenso.

PERFIL. Simbolizando as provas kármicas e os bloqueios de todos os gêneros, o Pendurado prega a renúncia e a resignação, virtudes sem as quais a humanidade não poderia evoluir. A imagem desse indivíduo de pés e mãos atados sugere a inação, a resignação, bem como a incapacidade de agir sobre os acontecimentos externos. Assim, impotente, prisioneiro de seu destino, o homem tem de aceitar sua sorte. O Pendurado representa um período de pousio, mais ou menos longo, durante o qual nossos projetos permanecem "em ponto morto". Essa pausa salutar, imposta pelas circunstâncias, permite ao indivíduo preparar suas armas enquanto espera um momento mais propício para entrar em ação.

Vale notar também que o personagem está dependurado por um pé e de cabeça para baixo; portanto, não está ancorado na realidade material. Essa postura, que faz eco às posições dos yogues, evoca um indivíduo cujas aspirações não são materiais, e sim espirituais. Observemos igualmente que a cor azul de seus cabelos contribui para reforçar a ideia segundo a qual o Pendurado evolui no mundo da espiritualidade.

FORÇAS. Sua abnegação, sua doação de si mesmo, sua paciência, seu altruísmo, sua filantropia, sua fé, sua sensibilidade, sua evolução espiritual.

FRAQUEZAS. Seu imobilismo, sua passividade, sua preguiça, sua indolência, sua impotência, seu lado boêmio ou "cabeça nas nuvens", sua terrível falta de realismo.

IDADE. O personagem tem o físico de um rapaz de cerca de 30 anos e até mais jovem. Desse modo, o grafismo da carta sugere, antes de qualquer coisa, um obstáculo, independentemente da idade do consulente.

NÚMERO DE IDENTIFICAÇÃO. 12. Tal como os 12 meses do ano e os 12 signos do zodíaco, esse algarismo lembra os 12 galhos cortados dos troncos do arcano. Sagrado em muitos países, o "12" encontra-se em muitas referências bíblicas.

UNIVERSO PROFISSIONAL

Na presença do Pendurado, com frequência temos a impressão de que o destino está contra nós e de que tudo está bloqueado. Transferido para o mundo do trabalho, o Pendurado costuma materializar as pessoas "colocadas na geladeira", cuja evolução profissional parece estagnada para sempre. O arcano também simboliza as punições, tais como os adiamentos de promoção e as suspensões. Seja como for, estamos como que confinados em uma sala de espera, em "quarentena", condenados ao imobilismo, na esperança de um período mais clemente.

Como regra geral, o Pendurado marca uma séria interrupção em nossos projetos. Vítimas de coincidências infelizes, nossas iniciativas encontram-se em um beco sem saída. É preciso tomar cuidado com os projetos fantasiosos e quiméricos, fadados a permanecerem utópicos! Por fim, esse arcano nos convida a dar provas de sabedoria e paciência por meio de uma atitude passiva. Se sua carreira está em *stand-by*, não seria um mal que veio para o bem? Talvez seja melhor permanecer no cargo por enquanto? Será mesmo necessário trocar o certo pelo duvidoso? Portanto, essa lâmina é uma reflexão sobre as razões desses atrasos.

No âmbito de trabalho, o Pendurado também representa as licenças médicas e as hospitalizações. Evoca igualmente o assédio moral e a Síndrome de Burnout quando se encontra perto do Louco.

De maneira geral, o Pendurado reúne todos aqueles entre nós, cujo humanismo os leva a socorrer o outro, a ajudar o próximo... Nesse contexto, o Pendurado encarna principalmente os profissionais da saúde, como os **auxiliares de enfermagem**, as **enfermeiras**, os **residentes**... toda pessoa que se dedica a aliviar o sofrimento alheio. Na mesma linha, o Pendurado suscita inúmeras vocações para as carreiras médico-sociais, especialmente as profissões de caráter social. Portanto, é natural encontrarmos nele os **assistentes sociais** e os **agentes sanitários e sociais**. O arcano também materializa as associações de caridade e beneficentes. Vale a pena determo-nos um pouco na postura do Pendurado. Não faria pensar nos **acrobatas**, nos **equilibristas**, nos **contorcionistas** e nos **professores de yoga**? Evidentemente, o personagem encarna sobretudo um prisioneiro, um mártir; não pode fugir porque está condenado e preso à sua força. Simbolizando o universo do cárcere, encontramos esse valente Pendurado percorrendo os corredores das prisões no papel de um **oficial de justiça**, de um **carcereiro**... Dotado de muita espiritualidade, às vezes o Pendurado é predestinado a colocar sua fé a serviço de outrem. Não causa surpresa vê-lo atuar como **padre** ou **médium**, uma vez que sua abnegação e sua luz lhe permitem iluminar o próximo. Também é importante saber que o Pendurado encarna os **ecologistas** (sobretudo quando associado à Estrela) e costuma aparecer nas tiragens em que se trata de projetos ambientais ou altermundialistas.

Bem aspectado. Espera salutar; paciência recompensada; devoção; senso de sacrifício; doação de si mesmo; altruísmo; não trocar o certo pelo duvidoso; o indivíduo se torna sábio.

Mal aspectado. Adiamento de promoção; entrevista adiada; projetos em "ponto morto"; mal-estar perceptível; lentidão que causa prejuízos; atrasos importantes; o consulente está em uma lista de espera; falta de vontade manifesta; indolência; atitude permissiva; iniciativa quimérica; dependência dos outros; sujeição; assédio moral; escravização em tempos modernos; enfermidade.

CONTA BANCÁRIA

Se há um *outsider* para o qual as dificuldades materiais costumam ser rotineiras, esse é o Pendurado de que estamos tratando. Em termos de finanças, o Pendurado é de fato um administrador medíocre, que tende a viver um dia de cada vez e, em alguns casos, até mesmo à custa de outras pessoas. Como não está ancorado na matéria, sua atitude boêmia faz com que pouco se preocupe com as contingências materiais e menos ainda com o estado de sua conta bancária. Portanto, nessas circunstâncias, não é de surpreender que, com frequência, se encontre em um beco sem saída, tendo de fazer malabarismos entre o cheque especial e os juros. No melhor dos casos, nosso Pendurado vive de pequenos recursos, mas concorda em fazer sacrifícios cotidianos a fim de resolver seus problemas. Vale notar também que o Pendurado é filantropo por natureza e pode privar-se de alguma coisa para ajudar os outros. Não vive na opulência. Na maioria dos casos, é locatário de sua residência, titular de um seguro de vida e, no máximo, de uma caderneta de poupança. Em más companhias, o Pendurado vive totalmente à margem da sociedade em grande precariedade, um pouco recluso, dependendo de auxílio social e benefícios de todo tipo para sobreviver. Na pior das hipóteses, representará um fardo, um filho adulto sustentado pelos pais, que se tornaram impotentes diante dessa situação. Por fim, é importante saber que o Pendurado também materializa as despesas de saúde, os reembolsos da previdência social e as assistências médicas de todo tipo (pensão por invalidez, adulto com deficiência...).

Bem aspectada. Sacrifícios consentidos; jogo de cintura; ajuda aos parentes.

Mal aspectada. Dificuldades materiais; grande precariedade; dívidas (especialmente junto da Roda da Fortuna), marginalidade social; viver de crédito; renda mínima; recursos muito limitados; dependente de auxílios sociais; despesas médicas consideráveis.

AMORES

No campo dos sentimentos, o Pendurado evoca sobretudo um laço afetivo, um vínculo, uma relação amorosa. Somos tão "viciados" no outro que nos tornamos dependentes dele. Com frequência, essa ligação é alienante e apenas raramente repousa em um amor recíproco. Às vezes esse arcano materializa uma relação extraconjugal, sobretudo quando próximo do Enamorado e da Lua. O Pendurado simboliza essencialmente todos aqueles que passaram a ser escravos de seus sentimentos e cuja dependência afetiva do outro se tornou insuportável ou quase doentia. No casal, o Pendurado se dedica à sua metade e faz todos os sacrifícios do mundo para salvar seu lar. Pode representar ora a amante que espera pacientemente a chegada de seu parceiro, ora a mãe de família enganada que, apesar dos fatos, espera com tranquilidade seu marido em casa, incapaz de renunciar a ele. Como regra geral, o Pendurado adota uma atitude passiva e até apagada no casal. Em contrapartida, está pronto a se sacrificar pelo(a) eleito(a) de seu coração.

Bem aspectados. Romantismo; fidelidade; lado "sentimental"; senso do sacrifício; esposo dedicado.

Mal aspectados. Dependência afetiva quase doentia; sofrimento moral; relação alienante; calvário amoroso; medo do abandono; ferida aberta; traição; abnegação de si mesmo; masoquismo.

SAÚDE

Arcano emblemático da saúde, o Pendurado representa o corpo médico e os problemas de saúde. De modo geral, a presença do Pendurado em uma tiragem de tarô não é, em si, alarmante, mas necessita de um exame minucioso das cartas vizinhas, a fim de circunscrever com precisão a área médica de que se trata. Na maioria dos casos, o Pendurado fala unicamente de uma redução passageira de energia ou de um estado de grande fadiga. Com efeito, o arcano costuma evocar um estado letárgico, uma falta de vivacidade, uma forma de apatia.

Portanto, sua presença, sozinha, não justifica sair correndo para fazer um *checkup* completo.

Em razão de seu grafismo, que enfatiza os membros inferiores, por tradição o Pendurado é associado a problemas nas pernas e nos pés (tendão calcâneo, torção, entorse, tornozelo imobilizado...). Vale notar que a corda que prende o tornozelo esquerdo de nosso Pendurado também simboliza os problemas de ligamentos e até de tendões. Tal como o Imperador, o Pendurado dá a impressão de usar meias de compressão para conter os problemas circulatórios aos quais está sujeito. Como se encontra imobilizado, nosso valente Pendurado representa, de um lado, os doentes acamados e, de outro, qualquer pessoa vítima de uma deficiência motora, como a síndrome de Little, e até de uma doença autoimune, como a esclerose múltipla... Em um registro completamente diferente, o Pendurado também encarna os usuários de drogas recreativas, todos que recorrem a substâncias alucinógenas ou opiáceas. Por certo, como seu nome indica, o personagem representa igualmente um enforcado e, de modo mais genérico, as pessoas que sofrem de desejos suicidas, sobretudo quando aparece perto do Arcano sem Nome e do Louco. Felizmente, essa lâmina do tarô evoca um feto com muito mais frequência do que um verdadeiro enforcado! O personagem se mantém em posição fetal, como se estivesse preso à parede do útero. A esse respeito, é importante saber que o binômio 12 + 13 materializa uma interrupção voluntária da gestação (cf. *Guide d'interprétation des 462 binômes*, de Florian Parisse, [Guia de Interpretação dos 462 Binômios, em tradução livre e ainda não publicado no Brasil]).

Bem aspectada. Início de gestação (sobretudo quando associado ao Eremita).

Mal aspectada. Patologias ligadas aos pés ou tornozelos; estado vegetativo; estado depressivo; dores nas costas; narcolepsia; desejos suicidas.

CONCLUSÃO

Por si só, o Pendurado é uma lição de vida. Ele nos ensina a aceitar as coisas como elas são, a nos resignarmos com nosso sofrimento. Esse é o preço da liberdade!

Paralisados pelas circunstâncias, às vezes o destino nos obriga a uma conscientização forçada, a uma pausa salutar. Com o Pendurado, o tempo para por um instante, e a resignação parece, então, ser o único meio de recomeçar com o pé direito. Desse modo, os projetos podem amadurecer, e o homem, progredir.

Como regra geral, sua presença em uma tiragem impede o curso dos acontecimentos e freia a realização de nossos projetos. Convém analisar esses bloqueios em função das lâminas circunstantes, a fim de eliminar todas as ambiguidades.

O ARCANO SEM NOME

FICHA DE DADOS

IMAGEM. Representado de perfil por um esqueleto que usa uma foice amarela com gume vermelho, o Arcano sem Nome caminha em um terreno calcinado, coberto de ossos, mãos, pés e duas cabeças decapitadas, sendo uma coroada. A cena se passa em ambiente externo, conforme sugerem os arbustos e o solo queimado sobre o qual avança nosso guardião do umbral.

PERFIL. Simbolizando mudanças bruscas e às vezes traumáticas, o Arcano sem Nome evoca o renascimento e a metamorfose do ser. Essa "onda sísmica" vem varrer os antigos padrões que já não têm razão de existir. Antes de qualquer coisa, esse arcano é uma conscientização, uma "pequena morte" que questiona o que tomávamos como certo e nos obriga a virar definitivamente a página. Essa transformação ocorre tanto no plano material quanto no pessoal. Desse modo, o Arcano sem Nome simboliza a ressurreição. Aparece como um mal que vem para bem, uma mudança de rumo salutar que, tal como a Fênix, permite-nos renascer em outra realidade. Assim avança a vida; devemos renunciar a alguma coisa para ressurgir em seguida. Por tradição, associamos essa carta à ceifa e às colheitas, uma vez que a foice materializa a mudança de estação. O grafismo funesto desse arcano evoca amplamente a morte física e lembra que somos todos iguais perante a morte e os dramas da vida, que as mudanças afetam todos nós, sem exceção de classe nem de distinção social, o que é sugerido aqui pela cabeça coroada, que se encontra decapitada no solo.

FORÇAS. Sua capacidade de decidir, seu perfeccionismo.

FRAQUEZAS. Seu extremismo, sua agressividade, sua natureza ultrassensível, seu pessimismo.

IDADE. A representação desse guardião do umbral materializa essencialmente um conceito universal de ressurreição que afeta todos os seres humanos, seja qual for sua idade.

NÚMERO DE IDENTIFICAÇÃO. 13. Superstição ou não, esse número é considerado maléfico e portador de notícias funestas. O fato de ser encontrado sobre a mesa supõe que traga infelicidade, e o décimo terceiro andar é inexistente na maioria dos hotéis e arranha-céus do mundo inteiro.

UNIVERSO PROFISSIONAL

O Arcano sem Nome materializa uma "travessia do deserto" e simboliza os períodos de inatividade e desemprego. Representa de fato os candidatos a um trabalho e ao seguro-desemprego quando associado à Justiça. Com frequência, sua presença prenuncia uma rescisão contratual ou demissão (sobretudo quando associado ao Louco). O arcano fala principalmente de um *break*, de uma ruptura, de um período de crise... De modo geral, ilustra um local de trabalho digno de um campo de batalha, um ambiente que se tornou deletério e até insuportável, onde as pessoas "puxam o tapete" umas das outras!

Em contrapartida, nosso esqueleto também encarna o trabalho duro e as atividades manuais penosas, tais como as executadas por **técnicos em manutenção** e **operários**. O simbolismo da carta é tão rico que nos permite fazer uma lista de profissões. Por exemplo, a presença de ossadas e cabeças decapitadas no solo evoca ora uma cena de guerra, ora uma cena de crime. Assim, dependendo do contexto, esse mal-amado de aspecto guerreiro encarna, de um lado, os **militares** e os **legionários** e, de outro, os **criminologistas** e os **médicos-legistas**. Tal como o escalpelo manipulado pelo cirurgião ou o bisturi utilizado pelo **dentista**, o gume da foice também faz pensar nas facas que encontramos na mesa do **açougueiro** e do **abatedor de animais**. Esse objeto contundente representa uma arma potencial, como a adaga de um assassino ou a machete de um guerreiro Massai. De modo mais geral, essa lâmina materializa os **armeiros**.

O Arcano sem Nome é conhecido por suas posições bem definidas, e o movimento da foice indica que o esqueleto está "pondo ordem na casa". Ele se livra das pessoas que se tornaram nocivas ou indesejáveis e, nesse sentido, lembra a profissão do **oficial de justiça**, incumbido de proceder às expulsões dos maus pagadores. Como regra geral, o arquétipo da foice remete diretamente à terra e à ceifa (encontramos uma espiga de trigo no solo queimado, e curiosamente a coluna vertebral de nosso esqueleto também se parece com uma espiga de trigo). Portanto, nosso ceifeiro presta homenagem aos **agricultores**, aos **cultivadores**, aos **vindimadores** e aos **padeiros**, mas também a todas as pessoas encarregadas de cuidar de uma propriedade ou que trabalham entre detritos e escombros, como os **faxineiros**, os **operadores de guincho**, os **lixeiros**, os **desarmadores de minas**, os **lenhadores**, os **arqueólogos**, os **mineiros** e os **limpadores de esgoto**... O solo calcinado no qual avança nosso ceifador evoca os incêndios; por isso, esse arcano também representa os **bombeiros** e os **funcionários de seguradoras** (especialmente quando perto da Casa de Deus ou do Sol).

Nosso esqueleto materializa os ossos e simboliza, em primeiro lugar, os **radiologistas** e os **osteopatas**. Por extensão, o grafismo remete às profissões que acompanham a morte ou que mantêm um vínculo indireto com ela, como os **coveiros**, os **funcionários de funerárias**, os **tabeliães**, os **genealogistas** e os **médiuns espíritas**. Por fim, nosso mal-amado encarna os traumas da vida e, portanto, os profissionais que nos ajudam a superar o luto, como os **psicanalistas** (sobretudo quando associado ao Louco).

Bem aspectado. Mudança positiva; transformação benéfica; renovação profissional, partida voluntária; rescisão de contrato benéfica; demissão liberatória; trabalhador obstinado e laborioso.

Mal aspectado. Fracasso profissional; empresa em liquidação ou à beira da falência; é declarada a guerra contra o trabalho do consulente; ambiente deletério; colegas nocivos ou perigosos; "punhalada" nas costas; período de inatividade; desemprego; rescisão contratual na ordem do dia (especialmente quando associado ao Louco); supressão de cargo; suspensão temporária do contrato de trabalho; inferno profissional; estresse assustador; perfeccionismo prejudicial.

CONTA BANCÁRIA

Em matéria de finanças e gestão, o Arcano sem Nome indica um período de grandes dificuldades materiais, bem como a presença de dívidas no lar (sobretudo quando associado à Roda da Fortuna). Por evocar com frequência a perda do emprego ou o "tormento" socioprofissional, esse arcano prenuncia verdadeiras medidas de austeridade. Essa descida ao inferno acarreta uma profunda mudança em nossos hábitos de consumo, obrigando-nos a nos despojar do supérfluo em prol de um modo de vida dos mais espartanos. Infelizmente, a conta bancária de nosso esqueleto costuma ser deficitária, e o não pagamento ou os cheques sem fundo são moeda corrente. Em seus aspectos mais sombrios, essa lâmina de tarô materializa as penhoras de salário e as novas visitas do oficial de justiça.

Entretanto, o Arcano sem Nome encarna, como prioridade, os baixos salários e as pessoas que sabem qual o valor do dinheiro, em particular as que trabalham a terra e ganham a vida com o suor do rosto, como os agricultores e os operários.

Em uma tiragem de tarô, nosso esqueleto também representa as heranças e os testamentos (sobretudo quando próximo da Lua e da Justiça) e intervém sistematicamente nas copropriedades. Ele também materializa o seguro-desemprego e a indenização por rescisão contratual quando está perto da senhora Justiça.

Por fim, o Arcano sem Nome contrata um seguro de vida e é locatário de sua residência.

Bem aspectada. Indenização por rescisão contratual; indenização ao término de contrato por prazo determinado; valor do dinheiro bem assimilado; herança (quando associado à Justiça); contratação de um seguro de vida.

Mal aspectada. Período de austeridade; perda do emprego; dificuldades financeiras; seguro-desemprego (quando associado à Justiça); restrições orçamentárias; superendividamento; baixos salários.

AMORES

Como regra geral, o grafismo dessa carta simboliza as separações e os divórcios (especialmente junto da senhora Justiça), bem como a travessia de um deserto afetivo. O Arcano sem Nome fala tanto de um rompimento amoroso sofrido ou de um divórcio penoso quanto de um renascimento sentimental! Com frequência encontramos essa lâmina de tarô nos consulentes que viveram um trauma amoroso, cujo luto não conseguem superar.

Em situação de casal, muitas vezes a presença de nosso esqueleto prenuncia brigas e repetidas discussões conjugais. Ele exprime relações exasperadas e parceiros com os nervos à flor da pele.

Na maioria dos casos, o arcano anuncia um renascimento amoroso, bem como a necessidade de virar a página de uma vida sentimental que já não lhe convém.

Também vale notar que muitas vezes essa carta pressagia o encontro com uma pessoa viúva ou divorciada.

Por fim, em certas ocasiões, a cor preta do arcano indica um parceiro da raça negra (especialmente quando associado ao Sol).

Bem aspectados. Mudança de rumo benéfica; separação necessária; encontro com uma pessoa viúva ou divorciada; parceiro da raça negra.

Mal aspectados. Deserto afetivo; rompimento amoroso; divórcio penoso; briga de casal; separação traumática ou mal vivida.

SAÚDE

Na área médica, a aparição desse mal-amado pode causar arrepios nos amantes do tarô, uma vez que o grafismo da carta evoca a morte antes de qualquer coisa. Felizmente, por si só, nosso guardião do umbral anuncia apenas raramente um falecimento. Mesmo quando está mal acompanhada, essa lâmina de tarô materializa mais os casos de traumatismo e câncer do que a morte. Com frequência, encontramos nosso esqueleto em casos de câncer de pulmão ou nos problemas respiratórios reconhecidos (especialmente quando aparece próximo da Lua, da Roda da Fortuna e do Julgamento). Como regra geral, o Arcano sem Nome fala sobretudo de fraturas e patologias ósseas, tais como a osteoporose ou a poliartrite reumatoide. O esqueleto sugere uma pessoa emaciada ou descarnada, um indivíduo "pele e osso". Também representa a perda de peso, desejada ou sofrida, e, por extensão, os distúrbios ligados à anorexia.

Vale lembrar, para todos os efeitos, que o arcano simboliza os atos cirúrgicos de todas as ordens (especialmente quando em contato com o Mago e a Casa de Deus), uma vez que a foice remete ao bisturi do dentista ou ao escalpelo do cirurgião.

Seja como for, o Arcano sem Nome quase sempre evoca um ataque, seja de origem viral, seja de origem bacteriana. Por fim, a lâmina simboliza a matéria fecal e tudo o que é rejeitado pelo organismo. Assim, dependendo do contexto, o arcano materializa os distúrbios intestinais mais ou menos graves. Portanto, às vezes, é necessário pedir ao médico a prescrição de um exame de fezes ou até uma colonoscopia, se necessário.

Bem aspectada. Perda de peso salutar; cirurgia benéfica.

Mal aspectada. Fragilidade óssea; osteoporose; raquitismo; escoliose; perda de peso alarmante; anorexia; cirurgia (especialmente quando associado ao Mago); fraturas; politraumatismos; corte; queimaduras (sobretudo quando associado ao Sol); células cancerosas; carga viral; parasita; distúrbios respiratórios comprovados; câncer no pulmão; enfisema; infecções pulmonares (principalmente quando associado ao Diabo e à Lua); distúrbios intestinais; depressão; morte.

CONCLUSÃO

Embora esse personagem tenha uma reputação ruim em razão de seu grafismo um pouco assustador, esse arcano prenuncia uma profunda metamorfose. O Arcano sem Nome participa de uma grande limpeza interna, de uma transformação radical de nossos padrões mentais. Arcano emblemático da ressurreição, a cena convida a fazer tábua rasa do passado e a se despojar do supérfluo a fim de renascer em uma realidade totalmente diferente. Esse guardião do umbral também nos lembra de que somos todos iguais perante a morte.

A TEMPERANÇA

FICHA DE DADOS

IMAGEM. Representada por uma moça alada, com um vestido bicolor e uma flor vermelha nos cabelos, a Temperança representa uma bela loura de cabelos longos que despeja um líquido esbranquiçado de um recipiente em outro. A cena se passa em área externa, conforme sugere a presença de dois arbustos.

PERFIL. Simbolizando o relaxamento e o descanso, a lâmina costuma encarnar o lazer e os períodos de férias. Com uma aparente descontração, a Temperança transmite uma impressão de paz e bem-estar interno; a vida parece correr pacificamente como um longo rio tranquilo. Como seu nome indica, a Temperança é um convite à calma, à quietude, à busca permanente da harmonia nas relações com os outros. Por simbolizar tradicionalmente os aviões e, por extensão, as viagens aéreas, a presença das asas também ressalta a natureza angelical desse personagem celestial. Ao mesmo tempo em que lhe conferem um aspecto etéreo, quase sobrenatural, suas asas também lhe abrem outros horizontes. Graças a elas, a Temperança ganha altitude, voa para outros céus para descobrir culturas diferentes da sua. Em muitos aspectos, essa figura angelical simboliza o espaço entre dois mundos, o traço de união entre dois povos, duas culturas, dois níveis de consciência... Além dessa abertura mental, uma verdadeira bondade emana dessa senhorita alada, conforme sugere a posição dos braços que evocam um abraço, a expressão de uma personalidade acolhedora. A gestualidade dos braços também evoca o senso de comedimento e equilíbrio, um indivíduo de natureza flexível e conciliadora. À primeira vista, os dois vasos manipulados pela jovem parecem filtrar a água e remeter a um princípio de purificação, de limpeza. No entanto, esse "fluido" esbranquiçado, transvasado entre as duas ânforas, costuma simbolizar o magnetismo ou os campos eletromagnéticos, bem como a corrente elétrica, lembrando assim as polaridades negativas e positivas dos alternadores ou aparelhos elétricos. As vibrações evocadas por esse mesmo fluido também materializam aquelas produzidas por nossas cordas vocais. Desse modo, repercutem a onda da voz e, de maneira mais ampla, as ondas invisíveis que são emitidas por nossos telefones. Por essa razão, a Temperança é associada sobretudo às ligações telefônicas e às comunicações de todo tipo, sejam elas verbais, sejam invisíveis (contatos telepáticos...).

FORÇAS. Sua gentileza, seu senso de comedimento, sua atitude ponderada, sua alegria de viver, sua busca permanente de harmonia, seu bom humor comunicativo, seu tato, sua diplomacia, sua flexibilidade, sua natureza conciliadora, sua abertura de espírito, sua sociabilidade, sua cortesia, seu senso aguçado das relações humanas, sua generosidade, sua personalidade acolhedora, uma anfitriã sem igual.

FRAQUEZAS. Sua permissividade, sua preguiça, sua indolência, sua inconstância, sua moral variável, sua dificuldade para assumir uma posição, sua neutralidade, sua tendência a não tomar partido, sua precária saúde emocional, sua natureza hipersensível, sua personalidade influenciável, sua incômoda hesitação.

IDADE. Como regra geral, o grafismo representa uma moça de cerca de 30 anos e às vezes até de 40. Ela materializa particularmente todo personagem feminino em busca de harmonia e gentileza em suas relações com os outros.

NÚMERO DE IDENTIFICAÇÃO. 14. Múltiplo de 7, reforça o valor sagrado deste último.

UNIVERSO PROFISSIONAL

Embora seja conhecida principalmente por materializar os feriados anuais e, por extensão, os períodos de férias escolares e de folga, a Temperança também evoca o trabalho em turnos ou em meio período. Devido às suas incríveis capacidades de adaptação ao ambiente que a circunda e à sua grande flexibilidade, com frequência essa senhorita alada representa o trabalho temporário ou os empregos sazonais. Como regra geral, a Temperança prevê um universo profissional agradável e harmonioso, no qual se trabalha com alegria e bom humor. Na maioria dos casos, o consulente se encontra em sintonia com seus colegas, e suas relações profissionais são marcadas pela gentileza. Lâmina do relacionamento, a Temperança encarna as comunicações, sejam elas quais forem, e especialmente todo tipo de contato telefônico. Por essa razão, muitas vezes é vista trabalhando como **telefonista**, **recepcionista**, *hostess* ou **funcionária em uma central de atendimento**, onde o uso e o domínio do telefone são obrigatórios. Contudo, quando mal acompanhado, esse arcano evoca um clima de trabalho tempestuoso e relações tensas entre o consulente e seus colaboradores próximos. Nesse caso, a tensão é palpável, e o consulente será obrigado a moderar suas exigências para evitar conflitos. O grafismo do arcano reveste vários símbolos fortes e interessantes. Como vimos anteriormente, as asas evocam, em primeiro lugar, os aeroportos, os aviões e, portanto, a **tripulação**. Desse modo, a Temperança costuma encarnar os **comissários de bordo** e, por extensão, os **controladores de voo**, os **operadores turísticos**, bem como todos os profissionais do turismo. Associada à sua natureza conciliadora, sua necessidade de evasão faz com que a Temperança costume almejar os cargos de **diplomata**, **agente consular** ou **embaixadora**. Respeitada por dominar várias línguas estrangeiras com facilidade, com frequência a Temperança se vê promovida à categoria de **intérprete** ou **tradutora**. Tal como a mesa que encontramos na lâmina de nosso amigo Mago, os dois vasos que nossa bela loura manipula refletem as profissões ligadas à gastronomia e aos serviços. Portanto, a Temperança costuma assumir as funções de *sommelier*, **garçonete**, **cozinheira**, *barmaid* ou **lanterninha**. Curiosamente, o fluido que circula entre os dois vasos lembra o utilizado pelos **magnetizadores**, **massagistas**, **reflexologistas** (principalmente quando associada ao Mago) e por toda pessoa que trabalha com energias, como os **curandeiros** (sobretudo quando associada ao Diabo), os **acupunturistas** e os **homeopatas** (em especial quando associada ao Papa). No mesmo registro, esse fluido ora faz pensar na corrente elétrica e, portanto, na profissão de **eletricista**, ora na água, ou seja, na profissão de **encanador** (sobretudo quando associada à Estrela e ao Mago). Em alguns casos, essa lâmina também materializa o ofício do **cineasta** no que se refere ao feixe de luz que costuma evocar a projeção de um filme na grande tela. Por fim, vale notar que a posição dos braços da nossa querida senhorita alada evoca a dos **violinistas** ou **acordeonistas**.

Bem aspectado. Grandes capacidades de adaptação; polivalência; flexibilidade de horário; contatos enriquecedores; conversa telefônica promissora; ligação telefônica portadora de boas notícias; ambiente de trabalho agradável e descontraído; percepção aguçada das relações humanas; férias anuais bem-vindas; trabalho intermitente, em meio período ou por tempo parcial; busca permanente por consenso e equilíbrio.

Mal aspectado. Diletantismo mal compreendido; permissividade irritante; preguiça; comunicação alterada; relações tensas com os colegas; tensão palpável; o consulente não consegue moderar suas exigências; diálogo de surdos; esgotamento psíquico ou físico; necessidade urgente de repouso; o consulente está com os nervos à flor da pele; falta de equidade; má notícia; contato telefônico decepcionante; trabalho sazonal com remuneração baixa.

CONTA BANCÁRIA

Como regra geral, sua atitude ponderada e seu senso de comedimento fazem com que a Temperança raramente se encontre em uma situação complicada. Ela sempre dá um jeito de lidar com duas ou mais contas, a fim de evitar o saldo negativo e, no conjunto, tem bastante talento para esse jogo de equilibrista. Moderada em suas despesas cotidianas, a Temperança destina boa parte de seu orçamento ao lazer. Por exemplo, não economiza em diversões de todos os tipos: restaurante, cinema... e se mostra particularmente pródiga quando se trata de férias e viagens, preferindo restringir-se em outros itens de despesa que lhe parecem supérfluos. Anfitriã sem igual, generosa por natureza, a Temperança não hesita em gastar mais para receber seus amigos ao redor de uma boa mesa. Contudo, por não pensar nas despesas, suas saídas ou recepções podem custar caro. Sejam quais forem seus recursos financeiros ou seu nível de remuneração, a Temperança não chega a ter o espírito de quem sabe economizar. Embora não gaste seu dinheiro a torto e a direito e seja comedida em suas compras, considera que o dinheiro deve sair para tornar a entrar em seguida. Por fim, pode ser tanto locatária quanto proprietária de sua residência. Abrirá uma conta poupança apenas se tiver certeza de poder dispor de seu dinheiro a qualquer momento.

Bem aspectada. Atitude ponderada; despesas moderadas; rendimentos e gastos equilibrados.

Mal aspectada. Despesas excessivas em lazer; diversões caras; mais cigarra do que formiga; obrigação de lidar com várias contas; equilíbrio orçamentário precário.

AMORES

A Temperança considera essencial promover o diálogo em suas relações amorosas. Parte do princípio de que tudo é superável em um casal a partir do momento em que dedicamos tempo a ouvir nossa cara-metade. Aspira a criar a harmonia no seio do lar conjugal, pregando a delicadeza como último recurso de comunicação junto aos seus. Com o intuito de conservar a união familiar, a Temperança sabe melhor do que ninguém que é necessário fazer concessões em um casal. Esposa atenciosa e excelente anfitriã, a vida conjugal da Temperança é pontuada por pequenas felicidades simples em família e com os amigos. Cuida sobretudo do equilíbrio emocional dos filhos. Quando é solteira, a senhorita alada multiplica suas saídas (restaurantes, cinema...), assim como as relações sem futuro. Sob a égide da independência, mostra-se particularmente instável, vivendo às vezes duas histórias de amor ao mesmo tempo. Para um homem, sua presença no jogo pode anunciar o encontro com uma mulher meiga e consoladora. Por fim, é importante saber que a Temperança também materializa os contatos telefônicos e as trocas de mensagens (em especial quando associada à Papisa). Por exemplo, se o consulente estiver esperando notícias de um(a) ex ou de alguém que conheceu recentemente, a presença da Temperança bem aspectada é de muito bom agouro (sobretudo em contato com o Julgamento).

Bem aspectados. Harmonia conjugal; vida amorosa normal; relação baseada em um diálogo de qualidade; aceitam-se concessões; o consulente e seu parceiro se encontram em sintonia; esposa amorosa; encontro com uma mulher meiga e tranquilizadora; momentos de despreocupação e prazeres mútuos; leveza benéfica; relações amorosas voluptuosas; viagem romântica; relação epistolar repleta de promessa; contato telefônico que traz muita alegria.

Mal aspectados. Tensão palpável; eletricidade no ar; comunicação alterada; período de fortes turbulências; casal à beira da asfixia; encontros superficiais; instabilidade amorosa; tendência a passar de um relacionamento a outro; relação epistolar estéril; o parceiro não dá mais notícias; contatos rompidos.

SAÚDE

Como regra geral, sua presença em uma tiragem sobre a saúde é um bom presságio, pois são raras as vezes em que a Temperança prevê graves preocupações médicas. Ao contrário, ela é sinal de um estilo de vida benéfico e de uma alimentação saudável e equilibrada. Nesse sentido, com frequência aparece em problemas ligados à dieta e aos regimes (em especial quando associada à Estrela). Por governar sobretudo o sistema nervoso, esse arcano tranquilo é um convite ao relaxamento, a liberar o corpo de suas tensões. Por essa razão, a Temperança representa os cuidados por meio da medicina alternativa, do recurso aos tratamentos não convencionais, tais como a homeopatia, a acupuntura e as massagens (em especial quando associada ao Mago ou à Estrela). Dependendo do contexto médico, o "fluido" que circula entre os vasos simboliza, sem distinção, o sangue, a água ou a urina. Por outro lado, o grafismo da lâmina faz pensar em um líquido filtrado e lembra a função primordial de alguns órgãos como os rins ou a bexiga. Em uma tiragem de tarô, esse "líquido" materializa especialmente o sistema vascular em seu conjunto. Assim, a Temperança costuma aparecer nos distúrbios circulatórios ou nos problemas venosos, encontrados em pacientes que sofrem de flebite, trombose ou que apresentam varizes (sobretudo quando próxima do Enamorado, a carta do sangue). Comumente associada às vias aéreas superiores e às patologias respiratórias, a Temperança também simboliza as alergias, tais como a asma. Como já mencionamos, os dois recipientes manipulados pela Temperança materializam as cordas vocais e, por extensão, o órgão da palavra. Em má companhia, esse arcano representa, portanto, os indivíduos sujeitos à perda da voz, às laringites, às faringites ou que têm as cordas vocais fragilizadas (especialmente quando associada à Imperatriz). Em seu aspecto negativo, a Temperança evoca sobretudo uma grande fadiga energética e uma ansiedade considerável. Às vezes a encontramos nos indivíduos estressados, tomados por crises de espasmofilia. Em alguns casos, a Temperança também nos fala de refluxo gástrico e distúrbios esofágicos (em especial quando associada ao Arcano sem Nome). Em razão de seu paralelismo com a bebida, com frequência vemos nisso uma problemática ligada ao alcoolismo (sobretudo quando associada à Lua ou ao Diabo). Por fim, o "feixe luminoso" ou "a corrente" que passa entre os dois vasos evoca naturalmente o laser. Por isso, essa lâmina costuma materializar intervenções microcirúrgicas a laser.

Bem aspectada. Estilo de vida benéfico; alimentação saudável e equilibrada; cuidados por meio da medicina alternativa; indivíduo em forma; sessão de massagem.

Mal aspectada. Distúrbios circulatórios; problemas venosos (varizes, flebites...); refluxo gástrico; vesícula biliar a ser controlada; azia; hérnia de hiato; cordas vocais comprometidas; patologias respiratórias; alergias (asma...); laringite; faringite; exaustão; ansiedade excessiva; equilíbrio emocional precário; crise de espasmofilia; necessidade de repouso; patologias renais (em especial quando associada à Justiça ou ao Enamorado); alcoolismo (sobretudo quando associada ao Diabo e à Lua); dores na altura da escápula.

CONCLUSÃO

A Temperança influi na interação entre os seres, convidando-os a se comunicarem a fim de avançarem juntos na vida. Símbolo de equidade, esse arcano repleto de nuanças prega uma atitude intermediária em todas as circunstâncias. Bem acompanhada, a Temperança instaura o diálogo entre os diferentes protagonistas e contribui com muita delicadeza, compreensão e muito humanismo à tiragem como um todo. Também nos ensina os benefícios de aceitar as coisas como elas são e nos faz descobrir as virtudes do ócio. Em má companhia, traduz sobretudo a falta de equilíbrio, a superficialidade e uma excessiva indolência.

O DIABO

FICHA DE DADOS

IMAGEM. Representado por um personagem hermafrodita, provido de asas de morcego e com um chapéu amarelo, ornado com ramos, o Diabo aparece em pé e inteiramente nu sobre uma base, com uma espada sem punho na mão esquerda. Com uma corda no pescoço, como se fossem escravos, um par de diabretes (macho e fêmea) está preso a um anel situado na parte baixa da base. Essas duas criaturas humanoides, metade homem, metade animal, usam chapéus vermelhos, guarnecidos de ramos.

PERFIL. Como símbolo tradicional das forças do mal, o Diabo materializa nossos instintos primitivos, aquela parte de sombra que dormita em cada um de nós. Em grego, *diabolos* se traduz literalmente por "divisor" e representa um personagem que cria polêmica onde quer que apareça. O simbolismo ligado a esse arcano transcende todas as religiões, uma vez que, desde tempos imemoriais, a evocação do Diabo lembra o inferno e o purgatório, remetendo de imediato a Lúcifer, Satanás ou Belzebu. Enquanto as asas da Temperança evocam uma criatura celestial, um anjo da guarda, as do Diabo levam mais a pensar em um anjo caído. Tal como os morcegos, que surgem com o cair da noite, o Diabo encarna uma criatura noturna que se move nas trevas; reina como soberano no baixo plano astral. Metade anjo, metade demônio, o Diabo simboliza o mundo da noite e da devassidão. Os três protagonistas representados partilham atributos tanto com a espécie humana quanto com o mundo animal, como sugerem as asas de morcego e as garras do Diabo, bem como as orelhas de porco e a cauda de rato dos dois sujeitos. Esse simbolismo tomado de empréstimo do bestiário revela nossa parte de animalidade. Os dois diabretes presos como cães comuns materializam nossos instintos primitivos, os mesmos dos quais somos prisioneiros e que, bem ou mal, nos esforçamos para dominar. Por ser extremamente encantador, o diabo materializa a ascendência sobre os sentidos. Com efeito, aqui o corpo exulta, a nudez aparece quase como único meio de expressão. Portanto, a obra do Diabo se situa no nível carnal, em um plano puramente sensual. Expressão de sua virilidade, seu sexo, que ele exibe com orgulho, simboliza a luxúria, a embriaguez dos sentidos, a libido e a tentação. Seu físico andrógino, símbolo de bissexualidade, também lembra que todos temos uma parte de feminilidade e de masculinidade, que nem o homem nem a mulher conseguem dominar suas pulsões sexuais. A base sobre a qual está instalado o Diabo faz pensar em um pedestal ou em um estrado e ressalta sua necessidade de ser o primeiro, sua vontade de alçar-se ao degrau mais alto do pódio, ainda que tenha de recorrer à violência, como sugere a lâmina que ele empunha com a mão esquerda. Símbolo de sua agressividade e de sua potencial periculosidade, essa espada completa o retrato de um personagem sedento de poder, disposto a tudo para fazer justiça com as próprias mãos. Por si só, a cena reflete a dialética do senhor e do escravo: como se fossem seus reféns, os dois prisioneiros acorrentados materializam a ascendência nociva que certas pessoas exercem sobre outras. Em muitos aspectos, o Diabo se assemelha a um torturador. Costuma encarnar um chefe de gangue que faz reinar o terror em seu território e, em grau menor, um guru que recorre à manipulação mental. Em uma tiragem de tarô, o arcano simboliza principalmente o poder, o sexo, o dinheiro e o faro para os negócios.

FORÇAS. Sua determinação, seu poder, seu excesso de energia, sua motivação entranhada, seu oportunismo, indivíduo entusiasta, competidor sem igual, sua força de convicção, seu charme encantador, seu carisma, sua astúcia.

FRAQUEZAS. Pecado do orgulho, sua vaidade, seu lado tirânico, sua maldade gratuita, sua desonestidade, sua falsidade, sua trapaça, mitomania, indivíduo perverso e nocivo, manipulação mental, seu egoísmo, sadismo exacerbado, autodestruição perigosa, rivalidades internas, encadeamento, sua impulsividade primária, sua agressividade quase sistemática, seu ciúme doentio.

IDADE. Difícil atribuir-lhe uma idade com exatidão, uma vez que o Diabo encarna, antes de qualquer coisa, um forte dinamismo, esse gosto pela competição que é tão caro aos esportistas. De modo geral, em razão de seu porte atlético, supõe-se que corresponda a um indivíduo entre 20 e 40 anos.

NÚMERO DE IDENTIFICAÇÃO. 15. Nenhum valor simbólico particular. Múltiplo de 5, podemos entrever um paralelismo com os dois indivíduos prostrados aos pés dos Papa. 15 = 5 + 10. Curiosamente, as três quimeras do 10 assemelham-se aos dois diabretes do arcano.

UNIVERSO PROFISSIONAL

Como regra geral, o Diabo é associado às finanças e aos ambientes político e de negócios. Nesse sentido, muitas vezes representa os **altos executivos** e os grandes **industriais** desse mundo, cujas empresas obtêm lucros enormes. De maneira mais ampla, materializa todos entre nós que circulam em um universo profissional ultracompetitivo, como os **operadores de instituições financeiras** e os **grandes esportistas**, nos quais o nível de estresse e adrenalina atinge o ápice. O Diabo encarna o poder e os altos dignitários do Estado, tais como os **políticos**. Arcano do poder muitas vezes ligado ao Ministério do Interior ou da Defesa, costuma atuar em profissões na área de segurança, malvistas pela opinião pública por seu lado repressor. O Diabo costuma usar uniforme, como os **policiais** e os **militares** de carreira (sobretudo na presença da senhora Justiça). Se o grafismo da carta evoca com legitimidade os vícios e os múltiplos desvios, paradoxalmente o Diabo também combate os delinquentes. Vale lembrar seu lado "metade anjo, metade demônio"! O mais comum é ele simbolizar um personagem devorado por ambições, como um jovem executivo dinâmico que busca alcançar o posto mais cobiçado em sua empresa. Seu dinamismo e seu gosto pelo risco fazem dele um **dirigente** carismático, um **empresário** prudente. Em uma tiragem de tarô, quando aparece mal acompanhado, o Diabo assume o aspecto de um patrão escravagista, de um colega corroído pela inveja ou de um colaborador muito vaidoso e pouco inclinado a reconhecer os próprios erros. Nesse caso, ele nos fala do inferno no trabalho, de um cotidiano em que a convivência se tornou inviável, dados os inúmeros golpes baixos. Lâmina do dinheiro por excelência, nosso Diabo materializa as administrações fiscais; costuma assumir o papel de **tesoureiro, advogado tributarista, auditor fiscal** ou **inspetor tributário** (sobretudo quando aparece ao lado da Justiça ou da Roda da Fortuna). Também o encontramos entre os **banqueiros** na presença do Sol. Em outro registro, o arcano é uma menção à pornografia e à indústria do sexo. Portanto, encarna os profissionais dessa área, como as **prostitutas**, os **cafetões, atores de filmes pornôs**, *go-go dancers*, dançarinos de *striptease* e **vendedores em sex-shop**. Transposto para a esfera profissional, o erotismo provocado pelo diabo indica uma atração muito forte por um colega ou superior hierárquico e às vezes chega a materializar o "teste do sofá". O personagem também encarna um **produtor** ou **diretor** de cinema (sobretudo ao lado da Estrela). O Diabo ama a música, em especial o *rock-and-roll* (principalmente em contato com o Julgamento). Adora organizar espetáculos ou animações de toda sorte (sobretudo em presença da Estrela). Por fim, representa os **curandeiros**, mas também os **marabus**, os **exorcistas** e toda pessoa que se dedica a rituais de desencantamento ou a trabalhos ocultistas aparentados à feitiçaria ou à magia negra.

Bem aspectado. Energia criativa; dinamismo a toda prova; gosto pelo desafio e pela competição; capacidade de trabalhar sob pressão; oportunismo; estrategista perspicaz; dom de persuasão; espírito de iniciativa; excelente negociante; força de trabalho muito apreciada; ambição saudável; forte motivação; iniciativa saudável; enormes lucros; aumento de salário substancial; promoção.

Mal aspectado. Despotismo crônico; patrão escravagista; desejo anormal de poder; carreirismo exaltado; arrivismo exacerbado; ambição desmesurada; teste do sofá; injustiça revoltante; colega consumido pela inveja; inimigos ocultos ou declarados; relações conflituosas; golpes baixos; vingança baixa; rivalidades internas; provocação sistemática;

manipulação mental; indivíduo calculista; assédio moral; trabalho clandestino; exploração profissional; negociação de uma rescisão contratual (sobretudo com o Arcano sem Nome e o Julgamento); oficinas clandestinas.

CONTA BANCÁRIA

Bem-vindo no universo impiedoso dos mercados financeiros e da especulação na Bolsa. Adepto dos investimentos lucrativos e dos bons negócios, nosso diabrete abre aqui as portas das finanças e das *stock-options*. Como regra geral, o Diabo ganha dignamente sua vida, dispõe de recursos confortáveis que lhe asseguram um estilo de vida muito agradável. Portanto, nosso belo diabo costuma materializar os altos rendimentos, incluídos os cidadãos sujeitos ao Imposto sobre as Grandes Fortunas. Homem de negócios sem igual, considera muito importante tornar suas empresas rentáveis para com elas obter grandes lucros. Como costuma frequentar as altas esferas das finanças, nosso diabrete se mostra ávido por investimentos financeiros lucrativos e, por gostar do risco ou do dinheiro, especula em valores na Bolsa. Mesmo que raras vezes seja afetado por preocupações financeiras, é imbatível em esquemas ilícitos e escândalos dessa ordem. Talvez em razão dessa avidez o Diabo se mostre superior em engenhosidade para escapar do fisco. Com efeito, se necessário for, não hesita em abrir uma conta na Suíça ou em diversos paraísos fiscais. Portanto, não é de surpreender que esteja fichado no fisco por fraude fiscal! Quando bem acompanhado, anuncia um lucro substancial ou um aumento de remuneração. Nesse caso, trata-se de uma gratificação excepcional, do pagamento de juros de empréstimos, de um benefício providencial e até de um sorteio de loteria (especialmente em contato com a Roda da Fortuna). Ao contrário, quando mal acompanhado, o Diabo materializa uma grave falta de dinheiro ou um revés da sorte. No pior dos casos, nosso diabrete é um impostor, um vigarista notório; portanto, grande é o risco de se tornar a vítima de uma fraude em larga escala (sobretudo com o Pendurado ou a Papisa ao seu lado). Por fim, é importante saber que o Diabo representa o dinheiro não declarado, como aquele proveniente de drogas (em particular quando associado à Lua).

Bem aspectada. Grande fortuna; importantes entradas de dinheiro; nível de remuneração confortável; vida opulenta; os negócios vão de vento em popa; lucros enormes; investimentos lucrativos; ganhos substanciais; isenção fiscal atraente; vantagens fiscais; aumento de receitas fiscais; aumento de salário; bônus excepcional por participação nos lucros da empresa; paraquedas de ouro;* pagamento do Imposto sobre Grandes Fortunas.

Mal aspectada. Controle fiscal; problemas com o fisco; fortuna mal adquirida; orçamento muito comprometido; grave falta de dinheiro; fraude em benefícios; caixa dois; escândalo financeiro; risco elevado de roubo; fraude; propina; corrupção; falência fraudulenta; paraísos fiscais; perdas de dinheiro; má relação com o dinheiro; cupidez.

AMORES

Quem se apaixonar pelo Diabo dele guardará uma lembrança eterna, tanto para o bem quanto para o mal. Em primeiro lugar, conhecer o Diabo é conhecer alguém extremamente charmoso e encantador, malicioso até não poder mais, um indivíduo carismático, que se sente bem consigo mesmo e para o qual a sexualidade tem uma importância capital. Assim, ao longo do tempo, o consulente acaba se deparando insidiosamente com a ascendência magnética desse personagem fora do comum. Amante extraordinário, impetuoso e viril, é bem provável

---

* Benefícios que um alto executivo recebe ao deixar a empresa. (N.T.)

que o Diabo o subjugue com suas brincadeiras e o faça viver uma paixão devoradora, desprovida de todos os tabus. Mesmo sem se dar conta, o consulente irá sucumbir inexoravelmente à embriaguez dos sentidos, afundando de corpo e alma na dependência amorosa. Enquanto for solteiro, nosso Diabo gozará dos prazeres carnais com profusão, o que fará dele um "mulherengo" incorrigível. Totalmente emancipado, coleciona conquistas amorosas e multiplica experiências sexuais de todo tipo. Desse modo, com frequência percorre clubes de sexo ou casas de *swing*. Entretanto, quando ele próprio se torna um "viciado" ou se encanta com o charme de alguém e os papéis se invertem, dedica-lhe um amor exclusivo, incondicional. Único senão: uma vez em suas garras, será difícil escapar dele! Na intimidade do casal, o Diabo, metade anjo, metade demônio, encarna ora um marido fabuloso, um modelo de virilidade, um pai protetor, ora um companheiro atormentado pelo ciúme, um amante perverso e narcísico ou ainda um machista dominador e violento... Com efeito, de natureza territorial e afetado por um ciúme doentio, o Diabo é muito ligado à sua parceira e não tolera nenhuma forma de ingerência ou de competição em sua vida privada. Caso venha a descobrir uma infidelidade, ele a fará viver um verdadeiro inferno conjugal. No cardápio das hostilidades estão as brigas de fundo violento. Se por um lado encarna um princípio de libertação sexual, por outro pode traduzir uma verdadeira aversão pela sexualidade. Quando mal acompanhado, às vezes exprime uma frustração sexual ou uma forma de impotência masculina. Como regra geral, em uma tiragem sobre o amor, o Diabo evoca principalmente uma atração irreprimível por um(a) parceiro(a). Diferentemente, quando mal aspectado, é expressão de um ciúme quase demoníaco que domina as relações amorosas. Por fim, em certos casos e devido a seus olhos puxados, anuncia o encontro com um(a) asiático(a) (especialmente quando próximo da Estrela).

Bem aspectados. Atração quase magnética; sexualidade saudável e bem equilibrada; êxtase amoroso; virilidade irresistível; o consulente se rende ao charme encantador de um(a) desconhecido(a); amor exclusivo; casal radiante do ponto de vista sexual; epicurismo; erotismo arrebatador; libido em seu ápice; boa relação com o corpo e com a nudez; encontro com um(a) asiático(a).

Mal aspectados. Luxúria; obsessão sexual; pornografia exagerada; dependência sensual; pulsão irreprimível; "mulherengo" inveterado; encontro com um narcisista perverso, com um machista dominador e violento; ciúme doentio; inferno conjugal; crime passional; más companhias; manipulador; influência perigosa; tabu inibidor; desvio de conduta; falta de libido; aversão ao sexo.

SAÚDE

Eis um arcano difícil de definir em matéria de saúde, pois são muitas as patologias a ele ligadas. Na presença do Diabo, convém ser prudente antes de fornecer um diagnóstico ao consulente. É primordial interpretá-lo em contato com as lâminas vizinhas. Como regra geral, o Diabo possui um excesso de energia. É vigoroso, resistente ao esforço e se recupera com rapidez. No entanto, mesmo admitindo-se que ele possui um coração de esportista, o Diabo também é célebre por seus riscos de enfarte do miocárdio. Fora esse caso extremo, nosso diabrete materializa sobretudo as doenças venéreas ou urogenitais e, por extensão, todas as patologias de ordem sexual, incluída a impotência masculina. De mesmo modo, como prevê um distúrbio hormonal na mulher, com frequência indica um desequilíbrio da tireoide. Nesse caso, é aconselhável orientar nosso consulente a procurar um endocrinologista (sobretudo quando a lâmina aparece em contato com a Casa de Deus e o Imperador). Tal como um travesti ou transgênero, a anatomia do Diabo evoca uma mudança de identidade, mas também, dependendo da circunstância, a ingestão de anabolizantes, de testosterona ou de hormônios femininos que provocam uma profunda alteração no metabolismo. Nessas condições, a lâmina materializa uma cirurgia plástica visando a uma mudança de sexo (sobretudo quando associada à Estrela). Além dos problemas ligados a seu físico andrógino, o Diabo aparece em patologias mais traiçoeiras. Assim, dependendo do contexto médico, representa invariavelmente um cisto, um nódulo, um pólipo ou até mesmo um tumor maligno. Infelizmente, a presença do Diabo pode indicar uma dinâmica cancerígena ou o surgimento de metástases. Também é encontrado em doenças insidiosas, que se desenvolvem sem nosso conhecimento, tais como o saturnismo ou os casos de contaminação por amianto (em especial na companhia da Lua). O mais comum é o Diabo encarnar as dores de todo tipo: é reconhecido sobretudo por uma fragilidade no nível dos joelhos e no dos quadris. O cinturão que usa ao redor da bacia evoca a contenção e, por extensão, uma prótese de quadril. Arcano de dependência, nosso diabrete também simboliza os vícios, como a toxicomania, o abuso de álcool ou medicamentos... Paralelamente a essa ingestão de substâncias tóxicas que alteram a personalidade de quem as consome em excesso, o Diabo materializa os distúrbios comportamentais, as angústias irreprimíveis e as doenças de ordem psicológica delas derivadas. Assim, na presença do Diabo (sobretudo perto da Lua, do Pendurado ou do Louco), talvez estejamos diante de um caso de esquizofrenia ou neurose... Por fim, é importante saber que os olhos de nosso personagem evocam claramente os problemas ligados ao estrabismo.

Bem aspectada. Renovação de energia; vitalidade de esportista; tolerância; pessoa resistente; dinamismo.

Mal aspectada. Dores intensas; prótese no quadril; patologias ligadas aos joelhos; risco de enfarte do miocárdio; hiperatividade; taquicardia;

distúrbios hormonais; tireoide a ser controlada; consulta a um endocrinologista (em especial 15 + 16 + 4); foco de infecção; doença sexualmente transmissível; fragilidades intestinais (possível presença de pólipos ou divertículos); descoberta de nódulos; tumor maligno; dependência medicamentosa (antidepressivos...); envenenamento; saturnismo; toxicomania; ninfomania; alcoolismo crônico (sobretudo ao lado da Temperança ou da Lua); angústias irreprimíveis; distúrbios comportamentais (neuroses psicóticas, agressividade, paranoia); problemas na próstata (PSA alterado); impotência sexual; estrabismo.

CONCLUSÃO

Metade anjo, metade demônio, metade homem, metade mulher, metade humano, metade animal, o personagem do Diabo cristaliza as forças obscuras que dormitam em cada um de nós. Nem bom nem mau em si, evoca sistematicamente a face oculta de todo ser vivo. Em uma tiragem de tarô, encarna um personagem apaixonado, revoltado, ávido de poder e êxito social. Sua necessidade de exclusividade e seu desejo de estar no primeiro degrau do pódio inspiram uma forte energia no conjunto da tiragem. Sentimos que criamos asas. Em contrapartida, quando mal acompanhado, o arcano materializa nossos antigos demônios, a parte sombria de cada um. Ele exacerba nossos instintos primitivos, simboliza nossos piores excessos... a prerrogativa de uma personalidade maléfica e até perigosa.

A CASA DE DEUS

FICHA DE DADOS

IMAGEM. Simbolizada por uma torre, cujas quatro ameias são sopradas por um feixe de chamas, a Casa de Deus representa o desmoronamento de um edifício de pedra, que em sua queda carrega dois personagens. Como fogos de artifício, uma chuva de flocos multicoloridos jorra de ambos os lados da torre.

PERFIL. Simbolizando as construções terrestres e, por extensão, a necessidade de elevação própria à espécie humana, a Casa de Deus materializa os fracassos ligados à mania de grandeza. À maneira do mito da torre de Babel, o arcano evoca a ambição desmesurada de alguns indivíduos, convencidos de poderem desafiar as leis do universo. Contudo, de tanto querer subir cada vez mais, acabam por cair. O feixe de chamas simboliza a intervenção divina, a cólera de Deus, um retorno brutal à realidade. Com efeito, a Casa de Deus materializa uma proeza arquitetônica reduzida a nada pela mão do Criador. O raio celestial que se abate sobre a torre lembra que mesmo as habitações mais sólidas não estão livres de um cataclismo, que a natureza sempre acaba cobrando seus direitos. A cena também evoca "a gota-d'água que faz o vaso transbordar", uma construção cuja altura excessiva não respeita o equilíbrio cósmico. Como verdadeira advertência, a Casa de Deus tem um valor punitivo. Inflige uma sanção a quem pecar por orgulho ou se vangloriar de suas capacidades. É a espada de Dâmocles que destrói os sonhos megalomaníacos, uma lição de humildade, um convite a não afundar no materialismo excessivo, a reduzir as próprias ambições em benefício das aspirações mais nobres. Tal como os dois indivíduos que se precipitam no vazio, o arcano nos obriga a pôr os pés no chão para restabelecer o equilíbrio entre a vida material e a espiritual. Como regra geral, a Casa de Deus simboliza uma conscientização fulgurante, uma reviravolta, uma queda muito salutar, uma restruturação imposta pelas circunstâncias. Por fim, como o raio, o arcano exprime a ideia de instantaneidade, de brutalidade; são todos os imprevistos que marcam a vida dos homens. A cena se assemelha a uma explosão, a um atentado terrorista, a uma combustão em chaminé, a um terremoto, a um acidente traumático. O grafismo da lâmina também faz pensar no assalto a uma fortaleza, na tomada da Bastilha, em uma revolta popular...

FORÇAS. Sua capacidade de questionar, de varrer os velhos padrões, de reformar o que não funciona mais, seu gosto pelo risco, sua incrível audácia, sua temeridade, seu sangue-frio, uma fulgurante conscientização.

FRAQUEZAS. Seu ego superdesenvolvido, suas ambições desmedidas, sua presunção, sua falta de humildade, sua megalomania, sua mania de grandeza, seu lado temerário, seu caráter irascível.

IDADE. A agilidade e a aparência juvenil dos dois personagens ejetados da torre levam a crer que a Casa de Deus encarna sobretudo a juventude. Contudo, a lâmina evoca uma conscientização e um questionamento válido em qualquer idade.

NÚMERO DE IDENTIFICAÇÃO. 16. Múltiplo de 4, à imagem das quatro ameias da torre. Vale notar a semelhança flagrante entre o topo da torre e a coroa do nosso Imperador! Um símbolo de que mesmo os reinos não escapam às leis do universo.

UNIVERSO PROFISSIONAL

Com a Casa de Deus, eis que nos encontramos em plena política de reestruturação de uma empresa! Trata-se ora de uma simples mudança de escritório, ora de uma transferência ou mudança imposta pelas circunstâncias. Como regra geral, a lâmina materializa uma mudança de direção, um remanejamento na condução da empresa. O topo decapitado da torre simboliza o fim de uma dinastia, a queda de um rei, combatido inclusive em seu reino. Transposta para o campo profissional, a cena evoca a partida, às vezes precipitada ou até inesperada, de um alto dirigente, como o presidente de uma empresa. Portanto, a Casa de Deus representa as mudanças repentinas, brutais, que nos pegam desprevenidos. Como muitas vezes são vividos em situações dolorosas, esses transtornos vêm varrer antigos padrões que se tornaram obsoletos. Por tradição, a Casa de Deus encarna tanto uma suspensão temporária do contrato de trabalho quanto o fechamento de uma fábrica ou a falência de um estabelecimento comercial. Temos de nos resignar em fechar as portas, com o coração partido. Seja qual for o contexto, a lâmina obriga a uma fulgurante conscientização. Em geral, é um mal que vem para bem, um fracasso salvador. O arcano também representa uma profunda insatisfação, que conduz inevitavelmente a um questionamento. Com a Casa de Deus, a cólera resmunga, a revolta interna é tão grande que nos leva a reformular nossa situação profissional com profundidade. A carta simboliza um universo de trabalho caótico, um ambiente deletério, relações entre colegas que se tornaram explosivas; todo mundo está à flor da pele, o coquetel ideal para iniciar uma metamorfose. Em uma tiragem de tarô, a Casa de Deus representa os projetos mal elaborados, as análises insuficientemente preparadas e às vezes até a propensão a construir castelos de vento. Por fim, é importante saber que esse arcano materializa os acidentes de trabalho. No que se refere às diferentes corporações profissionais a ele ligadas, o grafismo do arcano fala, antes de qualquer coisa, dos profissionais da construção civil. Desse modo, nele encontramos todas as **profissões relacionadas à construção e às obras públicas,** como os **arquitetos,** os **mestres de obras,** os **pedreiros,** os **operadores de guindaste...** Por materializar a habitação como um todo, a Casa de Deus representa os **corretores imobiliários** (sobretudo com o Mago), os **administradores de bens,** os **incorporadores imobiliários** e, por extensão, os **zeladores.** O arcano também materializa todos os pequenos artesãos, cuja atividade comercial depende majoritariamente da habitação. Assim, dependendo do contexto, a Casa de Deus assume o aspecto de um **chaveiro,** de um **profissional que faz mudanças,** de um **limpador de chaminés,** de um **especialista em aquecimento central,** de um **ascensorista...** A cena também evoca um sinistro, uma casa tomada pelas chamas, uma situação perigosa que necessita da intervenção dos **bombeiros** e, em seguida, do recurso a um **agente de seguros,** a fim de avaliar os prejuízos (sobretudo na presença do Arcano sem Nome). Levado ao extremo, o arcano evoca as catástrofes naturais; fala das profissões muito menos difundidas, como a dos **sismólogos** e **vulcanólogos**... A Casa de Deus costuma representar os perigos ligados à profissão dos **pirotécnicos** ou o amor ao risco, tão caro aos **dublês**. Também encarna os acidentes, os politraumatismos e todas as pessoas levadas a trabalhar nos serviços de urgência, como os **médicos de emergência**, os **médicos do Samu**, os **maqueiros**, os **condutores de ambulância**. Por fim, observando mais de perto, a torre representa uma colmeia em plena atividade e, portanto, o ofício do **apicultor**.

Bem aspectado. Restruturação bem-vinda; boa aceitação de riscos; mudança positiva na liderança da empresa; transferência ou repatriação bem-sucedida; investimento em novos locais; questionamento benéfico; providencial interrupção de atividade; mal que vem para bem; conscientização indispensável; reviravolta em favor do consulente; fracasso salutar.

Mal aspectado. Megalomania perigosa; projetos arruinados; grande fracasso em exames; falência pessoal; bancarrota; queda da clientela; vendas em baixa; clima profissional tempestuoso; barreira de incompreensão; pressão insuportável; má gestão do estresse; orgulho inoportuno; perturbações traumáticas; revelações bombásticas; acidentes de trabalho; suspensão temporária do contrato de trabalho (especialmente com o Arcano sem Nome).

CONTA BANCÁRIA

Mal acompanhada, a Casa de Deus prevê uma série de "imprevistos" que põem em perigo seu equilíbrio orçamentário. Nesse caso, o arcano representa os problemas financeiros, as surpresas desagradáveis, o futuro que desilude... Prevê, por exemplo, a queda das cotações, a derrocada dos mercados financeiros, o colapso da Bolsa, perdas que não são atenuadas por nenhum tipo de compensação e estão vinculadas à falta de perspicácia. Tal como os dois indivíduos projetados no vazio, sua conta bancária se torna um poço sem fundo. Na presença da Casa de Deus, o indivíduo sofre sérios reveses da fortuna: tem de enfrentar graves problemas de ordem material, especialmente aqueles ligados à habitação. Trata-se, por exemplo, de obras exorbitantes que comprometem seu orçamento, de um empréstimo imobiliário que sofreu um aumento repentino... No pior dos casos, o indivíduo cai na espiral do endividamento, os débitos se acumulam, e ele não consegue pagar suas dívidas (sobretudo ao lado da Roda da Fortuna). Desse modo, vê-se à beira da asfixia financeira e até mesmo em situação de falência pessoal. Por sorte, a Casa de Deus também fala de dinheiro que "cai do céu", de um ganho financeiro tão repentino quanto inesperado, como a doação de um bem imobiliário em usufruto, um prêmio obtido em um caça-níqueis... Bem acompanhada, a Casa de Deus materializa o acesso à propriedade e, por extensão, os rendimentos imobiliários ou relativos ao patrimônio. Com a Casa de Deus, investe-se em imóveis. Com frequência é encontrada no âmbito de um investimento em aluguéis (sobretudo na companhia da Justiça).

Bem aspectada. Rendimentos imobiliários; patrimônio pessoal; o consulente herda um bem imobiliário ou investe em imóveis; ganho financeiro; dinheiro que "cai do céu".

Mal aspectada. Surpresa ruim; revés da fortuna; despesas imprevistas; dificuldades materiais; poço sem fundo; hemorragia financeira; perdas que não são atenuadas por nenhum tipo de compensação; situação financeira catastrófica; problemas ligados à habitação; trabalhos onerosos; despejo por falta de pagamento (sobretudo ao lado da senhora Justiça e do Arcano sem Nome).

AMORES

Destruir para reconstruir, eis a mensagem da Casa de Deus. Dependendo do contexto e das cartas circunvizinhas, o arcano anuncia uma reviravolta, uma história de amor cheia de imprevistos e até mesmo um amor à primeira vista. Seja qual for a situação, a lâmina fala sobretudo de acontecimentos desestabilizadores que perturbam seriamente o equilíbrio dos protagonistas. Como regra geral, o arcano representa brigas de casal violentas, uma relação tempestuosa que inevitavelmente destrói a estabilidade do lar conjugal. Nesse caso, ocorre uma conscientização de que o perigo ronda a residência, de que existem verdadeiras disfunções no seio do lar, de que a união está à beira do abismo. A Casa de Deus também evoca uma mudança inesperada de situação, uma reviravolta no último minuto. Em desvantagem das circunstâncias, com frequência o tombo é alto, e às vezes a queda é dolorosa. Contudo, quando bem acompanhada, a Casa de Deus materializa a realização de um projeto imobiliário, a construção de um pequeno ninho aconchegante. É também a decisão de mudar para a casa do parceiro. Quanto aos solteiros, não estão livres de um encontro fortuito, de um amor à primeira vista inesperado (em especial em contato com o Sol ou o Enamorado). A Casa de Deus bate onde não se espera. É ora uma paixonite que chega para perturbar a vida de um dia para o outro, ora uma ruptura amorosa, que vem aniquilar tudo o que o casal havia construído em conjunto. Para todos os efeitos, a Casa de Deus sempre entra de maneira estrondosa na vida do indivíduo, tanto para o bem quanto para o mal.

Bem aspectados. Amor à primeira vista (em especial com o Enamorado ou o Sol); vontade de construir; construção de um pequeno "ninho aconchegante".

Mal aspectados. Perigo no lar; brigas de casal violentas; relação tempestuosa; parceiro expulso de casa; violências domésticas (sobretudo com a Força e o Arcano sem Nome); golpe do destino.

SAÚDE

Supõe-se que muitas vezes a Casa de Deus evoque um nível de estresse considerável, mas sua presença em uma tiragem sobre a saúde não é tão ruim. O próprio grafismo da carta lembra uma catástrofe, um sismo, uma queda... De fato, o arcano representa os hospitais (em especial quando cercado pela Lua ou pelo Pendurado) e, mais exatamente, o serviço de emergência hospitalar. Antigamente, a Casa de Deus acolhia os acidentados da vida*... Transposta para a área médica, a cena materializa as quedas, os choques, as síncopes, os traumatismos cranianos, os acidentes e, por extensão, as intervenções cirúrgicas (sobretudo ao lado do Arcano sem Nome). O topo da torre decapitada remete a uma trepanação ou a um escalpo e confirma amplamente a tese de um ato cirúrgico. Esse arcano fala tanto de cranioplastia quanto de reconstrução mamária. Em menor escala, o simbolismo da queda remete a uma perda de cabelo, a uma tonsura, a uma calvície nascente... De resto, vale notar que o raio que lambe o telhado do edifício nos fala principalmente de patologias perigosas, de doenças ditas "fulminantes", como o acidente vascular cerebral ou ainda a ruptura de aneurismas. A cena, que lembra um terremoto, também evoca vertigens, problemas de equilíbrio e até mesmo sinais clínicos de esclerose múltipla ou mal de Parkinson. A esse respeito, é importante saber que a Casa de Deus representa a deficiência física (sobretudo quando associada ao Louco ou ao Pendurado) e com frequência é encontrada

---

* Em francês, *maison-Dieu* e *hôtel-Dieu* eram expressões empregadas na Idade Média para designar os hospitais. Atualmente, apenas o segundo termo ainda é usado na língua francesa com esse sentido. (N.T.)

nas incapacidades motoras. Fora todos esses casos extremos, a lâmina contém significados muito menos preocupantes do ponto de vista médico em sentido estrito. Por tradição, associamos nossa Casa de Deus às doenças de pele; assim, ela representa certas patologias ligadas à derme, como a alopecia, as dermatoses, as dermatites (em especial na companhia da Estrela). Além disso, a explosão de "esferas" multicoloridas que jorra do topo da torre faz pensar em uma erupção cutânea, na acne, na rosácea e até no sarampo ou na catapora (sobretudo perto do Enamorado). Como também intervém nos problemas dentários, esse arcano costuma ser sinônimo de dor de dente e tratamento odontológico (principalmente quando associado ao Arcano sem Nome). Por fim, nossa boa e velha Casa de Deus governa o sistema nervoso em geral e materializa a região da hipófise. Mal acompanhada, fala de depressão nervosa e às vezes até de crises de epilepsia (ao lado do Diabo). Vale lembrar que, com esse tipo de arcano, é muito importante nunca bancar o médico e sempre analisar um arcano em associação com outros, a fim de ser o mais preciso possível em seu "diagnóstico". Na maioria dos casos, a presença da Casa de Deus evoca a estadia em uma clínica ou a necessidade de se dirigir a um ou outro hospital para conversar com um especialista. Apenas sua presença não significa, obrigatoriamente, uma cirurgia!

Bem aspectada. Hospitalização necessária (sobretudo com a Lua); cirurgia reparadora (cranioplastia, enxerto de pele, reconstrução mamária...); tratamento dentário; eliminação do tártaro (sobretudo com o Arcano sem Nome).

Mal aspectada. Internação em emergência médica; cirurgia (sobretudo com o Arcano sem Nome); trepanação; escalpo; deficiência motora (sobretudo com o Louco); dor na coluna; queda; síncope; traumatismo craniano; coma; vertigens; desequilíbrio; esclerose múltipla; mal de Parkinson; doenças fulminantes (AVC, ruptura de aneurisma); má irrigação cerebral; acidentes domésticos; problemas dermatológicos: erupção cutânea (acne, sarampo...), dermatite, dermatoses; dor de dente muito forte (especialmente com o Arcano sem Nome); perda de cabelo; calvície (sobretudo ao lado da Estrela); depressão nervosa; crise de epilepsia (principalmente em companhia do Diabo).

CONCLUSÃO

Cair e se levantar, essa é a mensagem da Casa de Deus. Esse arcano é uma lição de humildade. Ensina-nos a crescer e a tirar lições de nossos fracassos. A alegoria da torre mostra os limites à criação terrestre. Presta homenagem à mão de Deus e recoloca o ser humano em seu devido lugar, dirigindo-lhe uma séria advertência contra os perigos ligados à elaboração de projetos extravagantes. Em seu aspecto positivo, essa Casa de Deus é a da reconstrução e dos questionamentos salvadores. No entanto, quando mal acompanhada, nossa torre de Babel materializa as más surpresas e os acontecimentos traumatizantes que marcam a vida de todo mundo.

A ESTRELA

FICHA DE DADOS

IMAGEM. Simbolizada por uma encantadora moça ajoelhada à beira de um curso de água, sob um céu estrelado, a Estrela representa uma jovem de cabelos bastos, inteiramente nua, vertendo água no rio a partir de duas ânforas vermelhas. Dois arbustos se encontram plantados no meio da paisagem verdejante. Um pássaro preto de asas abertas, semelhante a um corvo, está empoleirado no topo de um dos arbustos.

PERFIL. Símbolo de paz e serenidade, a Estrela materializa o vínculo que une o homem a seu cosmos. Assim, ajoelhada em meio a esse ambiente sereno, nossa boa fada encontra-se em comunhão com a natureza circundante. Verdadeira obra-prima do universo, essa paisagem tranquilizadora é dotada de virtudes relaxantes e restaura quem a honra com sua presença. A cena destaca os benefícios do campo e a necessidade que o ser humano sente de se revigorar e se reconectar com os elementos. As duas ânforas que vertem água no rio simbolizam a higiene íntima, as abluções, os banhos orientais e, de maneira mais genérica, um princípio de limpeza e purificação. Fonte de vida, essa água purificadora fertiliza os solos, permitindo à vegetação circundante exibir suas cores primaveris. O céu estrelado lembra a influência das constelações no destino dos homens e indica que nosso percurso terrestre está escrito nos astros. Tal como Vênus, deusa da beleza, a Estrela é tocada pela graça divina! Em muitos aspectos, o personagem da Estrela evoca as ninfas da mitologia grega, encarregadas de fertilizar o solo. De rara beleza, essas deusas da Antiguidade encarnavam os cânones da estética, mas também da fecundidade. Além de sua magnífica constituição, a Estrela é uma homenagem ao corpo feminino e à nudez. Quanto à sua natureza virginal, ela faz referência à Bíblia e, em especial, à pureza e à inocência de Eva no Jardim do Éden. Por tradição, a Estrela materializa as grandes esperanças que temos em relação ao futuro, nossas aspirações mais profundas, os sonhos que cultivamos. Ela nos faz viajar no universo feérico dos artistas: como lâmina de criação, materializa todas as formas de arte. Nesse sentido, a Estrela assume a aparência de uma musa que sussurra em nosso ouvido a inspiração tão cara ao poeta. Essa natureza encantadora evoca uma doce melodia, uma sinfonia de sons bem marcados. O marulho da água que corre, combinado com os gorjeios da ave negra, oferece-nos um belo concerto ao ar livre. Por fim, a Estrela simboliza o recolhimento e a meditação e nos convida a ter fé no futuro, a esvaziar nossa mente e a saborear o instante presente como uma felicidade pura.

FORÇAS. Seu lado "zen", sua serenidade mental, sua fé no futuro, sua natureza criativa, sua calma majestosa, seu modo sereno de viver, seu amor pela natureza, seu senso inato da estética, seu refinamento, sua descontração, sua benevolência, sua inspiração, sua grande intuição, sua espiritualidade.

FRAQUEZAS. Sua permissividade, sua indolência, sua inocência, sua hipersensibilidade, seu narcisismo, sua falta de personalidade, seu idealismo estúpido.

IDADE. Temos o costume de associar o arcano a uma jovem morena de 30 anos. Independentemente da idade, ela representa sobretudo uma mulher graciosa.

NÚMERO DE IDENTIFICAÇÃO. 17. Se somarmos os dois números que o compõem, obteremos o 8, ou seja, o número de estrelas contidas na carta, mas também o símbolo do infinito. O "17" é o oitavo número primo, divisível apenas por 1 e por ele mesmo. Por fim, é portador de má sorte na Itália, pois significa "ter vivido" e, portanto, estar morto.

UNIVERSO PROFISSIONAL

A Estrela materializa um ambiente de trabalho idílico, no qual você se desenvolve plenamente. Assim, imerso no coração de um universo profissional dominado pelo bem-estar e pelo bom humor, você trabalha em condições ideais. Com muita descontração, encontra-se em um clima de serenidade propício à realização de seus projetos. Como regra geral, a Estrela representa um período astral favorável a nossas iniciativas, especialmente em matéria de criações artísticas. Desse modo, investimos todas as nossas esperanças em uma nova aventura profissional. Muitas vezes, sua presença indica uma feliz coincidência de circunstâncias ou de um golpe de sorte inesperado. Em situação de crise, o arcano nos convida a acreditar em nossa boa estrela e a esperar dias melhores. Também anuncia uma calmaria ou bonança em nossas relações com os outros e nos encoraja a esperar. Mal acompanhada, nossa boa fada nos fala mais de esperas intermináveis, esperanças frustradas e projetos que, em grande medida, carecem de realismo. Também encarna um(a) colega indolente, cujo diletantismo é malvisto pelas pessoas que lhe são próximas. Quanto às profissões que pode exercer nossa bela Estrela, elas são diversas e variadas. À primeira vista, essa paisagem de cartão-postal presta homenagem aos profissionais das áreas verdes, como os **paisagistas** e os **jardineiros**, mas também os **botânicos**, os **geólogos**, os **floristas**, os **horticultores**... toda pessoa levada a trabalhar ao ar livre. Esse é o arcano dos ecologistas e dos apaixonados pela natureza. Em harmonia com seu ecossistema, a Estrela prega as virtudes ligadas à cura pelas plantas. Às vezes ela assume o semblante de uma **herborista**, de uma **farmacêutica**, de uma **fitoterapeuta** ou de uma **naturopata**. A água que corre dos vasos e cai no rio evoca as profissões de limpeza; por isso, a Estrela também assume o papel de **empregada doméstica** ou **faxineira**. Sua graça natural a impulsiona à categoria de **manequim**. Cuida de si mesma e dos outros, tal como as **esteticistas** e as **cabeleireiras**. Esteta nata, seu gosto pelas coisas belas faz da Estrela uma artista sem igual; com frequência, materializa os **pintores**, os **restauradores de obras de arte** e, em menor grau, os **poetas**. Seu nome evoca tanto as estrelas futuras e em ascensão quanto artistas já consagrados, como os **primeiros-bailarinos**, os **patinadores artísticos** e, por extensão, os reis da ilusão que são os **mágicos**. O céu estrelado remete aos **astrônomos** e aos **astrólogos** (sobretudo com a Roda da Fortuna), mas também a todas as pessoas que preveem o futuro, como os **profetas** (em especial perto do Eremita). Por fim, o corvo que reina sobre o arbusto remete diretamente aos que, entre nós, trabalham em contato com os pássaros, como os **falcoeiros**, os **caçadores de aves** e, por extensão, os **ornitólogos**.

Bem aspectado. Ambiente de trabalho idílico; atmosfera agradável; bom humor comunicativo; você trabalha com descontração; esperanças realizadas; criatividade bem-vinda; talentos artísticos inegáveis; a sorte lhe sorri; restabelecimento inesperado; espera recompensada; feliz coincidência de circunstâncias; período propício a seus projetos.

Mal aspectado. Esperanças frustradas; ideal contrariado; ambiente de trabalho pouco harmonioso; falta de realismo; indivíduo sonhador; personalidade indolente; passividade irritante; diletantismo mal recebido; circunstâncias desfavoráveis; projeto atrasado; espera mal vivenciada; otimismo em baixa.

CONTA BANCÁRIA

Com propósitos mais espirituais do que materiais, a Estrela não é ofuscada pelo atrativo do ganho, uma vez que o dinheiro não está em sua lista de prioridades. De natureza sobretudo sonhadora, nossa boa fada está mais preocupada com a aparência física do que com a gestão de sua conta bancária. Como regra geral, a bela moça acredita em "sua boa estrela" e permanece serena diante de seu futuro financeiro. Apresenta uma personalidade calorosa e se mostra bastante generosa com as pessoas que lhe são próximas. Consagra boa parte de seu orçamento a despesas ligadas à estética e aos cuidados com o corpo. Do ponto de vista positivo, nossa boa fada anuncia um período de calmaria; o horizonte se mostra desobstruído, e passamos a considerar o futuro com confiança. Em alguns casos, também associamos a Estrela a rendimentos provenientes da venda de objetos de arte ou de quadros de pintores reconhecidos... No melhor dos mundos, a Estrela consegue fazer fortuna no universo da moda e das passarelas, uma vez que sua beleza física é seu principal capital. Quando mal acompanhada, materializa uma vida boêmia repleta de pequenos trabalhos mal remunerados.

Logo se vê em uma situação precária, à beira da pobreza. Filósofa na alma, aspira a dias melhores e confia na Providência. Por fim, a bela senhorita costuma ser locatária de sua residência. Prefere muito mais a qualidade de vida à abundância de bens materiais.

Bem aspectada. Bom período; calmaria benéfica; nenhuma nuvem no horizonte; manifestação de serenidade diante do futuro financeiro; crença na própria "boa estrela"; golpe de sorte inesperado; rendimento proveniente da venda de objetos de arte.

Mal aspectada. Sonhos perigosos; excesso de despesas ligadas à estética; vida boêmia à beira da precariedade; confiança sistemática na Providência.

AMORES

Por encarnar o princípio segundo o qual alguém nos é destinado aqui embaixo, a Estrela nos convida a manter a esperança no futuro, mesmo quando nossa vida amorosa parece uma travessia no deserto, em todos os aspectos. Apesar dos caprichos e das vicissitudes do destino, sua presença em uma tiragem de tarô é reconfortante, pois muitas vezes anuncia um encontro futuro. Com frequência, a Estrela é o sinal precursor de uma renovação afetiva. Evoca um período astral favorável a um novo romance, um sentimento de plenitude. Desse modo, traduz a sede de ideal, própria dos solteiros carentes de amor. Para os homens, também anuncia o encontro com uma bela jovem. Nossa boa fada faz girar a cabeça desses senhores em muitos aspectos; sua beleza natural perturba quem cruzar seu caminho. Contudo, a Estrela não é moça de se jogar nos braços do primeiro que aparecer. Seu caráter romanesco a faz esperar uma história de amor digna de um conto de fadas água com açúcar; começa a sonhar com o príncipe encantado desde a mais tenra infância. Vítima desse romantismo exacerbado, a Estrela tende a idealizar seus parceiros, o que lhe acarreta muitas desilusões. A partir do momento em que se compromete com uma relação amorosa conforme suas expectativas, tenta manter a paz conjugal e faz todo o possível para trazer serenidade ao seio familiar. Como regra geral, a Estrela materializa a felicidade conjugal; costuma evocar um casal imerso na felicidade absoluta e cujo amor é natural, uma cumplicidade de todos os momentos, de pais carinhosos e atenciosos, que cuidam de todas as necessidades dos filhos... Do ponto de vista negativo, esse arcano indica uma grande falta de afeto, um casal discordante, uma esperança frustrada. Em alguns casos, nossa boa fada encarna aqueles que mantêm uma relação ruim com o próprio corpo e a nudez, os que são complexados com a ideia de se mostrarem nus diante do parceiro. Por fim, a Estrela também materializa o desejo de se tornar mãe.

Bem aspectados. Felicidade conjugal e sem ameaças; sentimento de plenitude; relação baseada no afeto; história de amor romântica; amor natural; sinais precursores de uma renovação afetiva; coincidência feliz; encontro com uma bela moça; esperanças realizadas.

Mal aspectados. Desespero; desilusões; tendência a idealizar os parceiros; sonho com o príncipe encantado; relação dissonante; sentimentalismo lastimoso; romantismo exacerbado; sensibilidade à flor da pele; dificuldades criadas pela falta de feminilidade; não aceitação do próprio corpo.

SAÚDE

Em matéria de saúde pública, a Estrela quer passar uma imagem tranquilizadora, pois com frequência indica um bem-estar geral. Sua presença evoca ora um processo de cura, ora uma convalescência ou um tratamento com efeitos benéficos. A Estrela representa essencialmente aqueles de nós que observam um estilo de vida saudável e costumam recorrer à medicina natural ou aos tratamentos por meio de plantas. Faz referência aos produtos originários da agricultura orgânica, às virtudes dos antioxidantes, aos tratamentos à base de oligoelementos, vitaminas, magnésio... Como regra geral, o arcano indica uma necessidade de repouso e nos aconselha nos revigorarmos em contato com a natureza. Prega a arte da sesta. Ajoelhada à beira da água, com suas duas ânforas, a Estrela exalta os méritos da talassoterapia, dos tratamentos termais ou em balneários (em especial quando aparece perto da Lua ou da Temperança). A Estrela também reúne os que tratam as doenças e seus sintomas com uma abordagem "holística", aliando mente e corpo. Nesse aspecto, encontramos a quintessência dessa lâmina. A prática regular da meditação, da visualização criativa ou do yoga é parte integrante dos exercícios de relaxamento preconizados por esse arcano. Com o mesmo espírito, a Estrela traduz os benefícios da medicina ayurvédica. Reivindica a importância das medicinas paralelas e fala, sem distinção, de consultas a um homeopata, a um naturopata ou a um fitoterapeuta (em especial quando associada ao Papa ou à Temperança). A Estrela também materializa as drenagens linfáticas ou as compressas de lama em institutos de beleza. De fato, como a estética está no centro das preocupações da nossa boa fada, às vezes ela apela para a cirurgia plástica a fim de remediar seus complexos ou se valorizar (inserção de próteses de silicone, de implantes mamários...). Representada por uma mulher nua, a Estrela presta homenagem ao corpo feminino. Vale notar que o arcano evoca a fecundidade em grande medida, muitas vezes pressagiando um forte desejo de gravidez no jogo de uma consulente (sobretudo quando associado ao Sol). Em má companhia, preconiza um bom acompanhamento do aparelho reprodutor feminino e até uma consulta ginecológica. A morfologia da Estrela, que deixa aparecer as formas arredondadas e, em especial, as coxas roliças, evoca uma nítida tendência a engordar e a desenvolver celulite. Com frequência o arcano é associado à bulimia. Na imagem, a pele está exposta, evocando certas doenças de pele, como vitiligo, eczema e psoríase (sobretudo ao lado da Casa de Deus). A água que corre dos vasos materializa, sem distinção, um nariz escorrendo, um olho lacrimejante. Transposta para o contexto médico, a Estrela simboliza as rinites, bem como os problemas de sinusite e conjuntivite. Ao contrário da Temperança, que evoca principalmente o fluxo sanguíneo, o líquido que corre dos jarros não circula em circuito fechado, é derramado no rio. Nisso vemos uma analogia com os líquidos evacuados pelo corpo, tais como a urina e a transpiração. Mal acompanhada, a Estrela materializa as desordens funcionais de certas glândulas que secretam uma solução aquosa, como as lacrimais, as salivares e as sudoríparas. Por fim, a Estrela evoca as reações alérgicas ligadas à polinização, como a rinite alérgica ou a asma polínica.

Bem aspectada. Boas perspectivas de cura; convalescência benéfica; relaxamento muscular; boa circulação energética; sesta regeneradora; bem-estar geral; excelente estilo de vida; serenidade mental; cuidados holísticos; meditação cotidiana; exercícios de relaxamento com fins terapêuticos; tratamento natural por meio de plantas e medicina alternativa; drenagem linfática revigorante; tratamento rejuvenescedor.

Mal aspectada. Melancolia; desespero; leve estado depressivo; falta de serenidade; necessidade de repouso; tendência à bulimia; problema de narcolepsia; alergias; asma; herpes; conjuntivite; rinite; sinusite; problemas ligados às glândulas lacrimais, salivares ou sudoríparas; ginecologia a ser acompanhada de perto; cabelos fracos e quebradiços; complexos ligados ao próprio físico; consulta a um cirurgião plástico (sobretudo quando associada ao Imperador); doença de pele (em especial com a Casa de Deus); pernas pesadas; problemas circulatórios; má irrigação sanguínea; celulite; fragilidade renal (principalmente em contato com a Justiça); possível incontinência.

CONCLUSÃO

A Estrela presta homenagem à Mãe Natureza e prega a importância de reconectar-se com essa terra santa, a terra de nossos ancestrais. Faz apologia à beleza, demonstrando que o homem é uma maravilha da natureza tanto quanto as estrelas que cintilam no céu e os elementos do universo que se harmonizam entre si para criar uma bela unidade cósmica. Sinal de paz e serenidade reencontradas, Estrela nos ensina a viver em harmonia com o mundo que nos cerca, no respeito ao próximo. Convida o peregrino perdido a se estabelecer, a se revigorar e a seguir sua boa estrela.

A LUA

FICHA DE DADOS

IMAGEM. Simbolizada por um astro azul-escuro, guarnecido de raios coloridos, uma meia-lua com rosto humano em seu centro, a Lua, misteriosa e majestosa, paira sobre dois cães instalados perto de um grande tanque de água, na superfície do qual se encontra uma lagosta com pinças afastadas. Os dois canídeos, que se encontram frente a frente sob uma chuva de gotas coloridas, parecem uivar para a Lua. Em segundo plano, duas construções com telhados denteados estão posicionadas de cada lado da lâmina. A cena se passa ao ar livre, conforme sugerem os animais e os elementos circunstantes.

PERFIL. Simbolizando o mundo da noite e seu universo onírico, a Lua materializa os profundos turbilhões que animam todo ser humano. Esse arcano nos faz navegar nas águas turvas que são nossas emoções. Encarna personagens lunáticos, cujo humor varia de acordo com as circunstâncias. Astro noturno, a Lua cristaliza as angústias de todo indivíduo, faz ressurgir nossos medos ancestrais, mergulha-nos nas trevas do inconsciente. Arcano de introspecção e interioridade, a Lua influi na psicologia das relações humanas e sonda os mistérios da alma.

Tal como as lunações que agem sobre as marés e os oceanos, a Lua modifica as percepções sensoriais do homem, exacerba suas sensações, amplifica suas angústias... Submerso pelas emoções, às vezes é difícil canalizar sua hipersensibilidade ou seus medos irracionais. A influência desse astro atinge seu auge com a lenda do lobisomem, segundo a qual o homem se transforma em animal sanguinário em noites de lua cheia. Esse mito é reforçado pela presença dos dois cães que uivam para a Lua. Em menor escala, mas igualmente revelador, as delegacias registram importantes picos de atividades em noites de lua cheia.

A Lua também simboliza o oculto e, de modo mais geral, tudo o que é escondido ou silenciado. Representa nosso jardim secreto. Esse sentimento de não ditos é materializado pela lagosta dissimulada sob a superfície da água. A alegoria da lagosta exprime tanto as angústias escondidas ou reprimidas no mais profundo de nosso ser quanto a agressividade subjacente que delas resultam. Esse animal aparece aqui como ameaçador, uma vez que suas pinças estão bem abertas. Representa os inimigos ocultos, as falsas aparências. Também vale notar que esse crustáceo caminha recuando, como para voltar no tempo, e simboliza esse apego ao passado, tão caro à Lua.

Como regra geral, a Lua, princípio de feminilidade, presta homenagem ao lar, ao seio familiar. As duas torres presentes no arcano materializam a habitação e, em especial, os lugares públicos, como as lojas, os estabelecimentos comerciais, os hospitais (sobretudo perto do

Pendurado e da Casa de Deus). Por fim, essa nebulosa evoca o desconhecido e o vago, às vezes alterando nossa visão da realidade.

FORÇAS. Seu senso de família, seu espírito criativo, sua sensibilidade, sua imaginação fértil, sua intuição, seus pressentimentos.

FRAQUEZAS. Suas oscilações de humor, sua paranoia, suas angústias exacerbadas, sua hipersensibilidade, seu medo do desconhecido, sua indolência, suas mentiras, sua mesquinharia, sua hipocrisia.

IDADE. Sem levar em conta sua polaridade feminina, o arcano evoca mais um lugar público do que um personagem. Por conseguinte, é difícil estabelecer uma idade para ele.

NÚMERO DE IDENTIFICAÇÃO. 18. Múltiplo de 9, a Lua reforça o caráter contemplativo e reflexivo do Eremita. Na presença desse astro, as considerações metafísicas e a interioridade suplantam a ação.

UNIVERSO PROFISSIONAL

Por tradição, associa-se a Lua aos lugares públicos, como os estabelecimentos comerciais, as boates, os complexos hoteleiros, os hospitais... todos os lugares com forte concentração de pessoas. Embora conhecida principalmente por sua intuição e sua imaginação fértil, ela representa todas as profissões de caráter mercantil que exigem uma excelente relação com o público. Bem acompanhada, às vezes traduz uma atividade próspera, um afluxo bem-vindo de clientela. Como regra geral, a Lua representa um ambiente de trabalho pesado, agravado por uma atmosfera melancólica. Nesse caso, o futuro parece pálido e insípido; o moral das tropas está em baixa. Por cristalizar nossas angústias, a Lua também deixa aparecer nossas lacunas, nossas falhas psicológicas... Isso se manifesta pelo medo de não estar à altura ou pela sensação de não ter nenhuma perspectiva de evolução a longo prazo... Rainha da ilusão, a Lua materializa as situações problemáticas e ambíguas, tramadas sem nosso conhecimento. Reformula uma falta de clareza, uma situação nebulosa, cuja opacidade é de natureza prejudicial. Portanto, a Lua e seu "claro-obscuro" nos mergulham no centro de um universo profissional incerto, no qual os rumores avançam com rapidez. Influi nesse clima de fofocas e especulações arriscadas, em que as relações entre colegas muitas vezes são tendenciosas. Nesse contexto de trabalho saturado de não ditos e invejas mal veladas, as falsas aparências e os inimigos ocultos são numerosos. Portanto, é bom ter cuidado com as armadilhas e com certos colaboradores pérfidos e dissimulados que ficam de tocaia!

Em matéria de emprego, a Lua materializa o lar e, por extensão, o trabalho em domicílio. Sem contar os papéis de mãe e dona de casa, a Lua costuma simbolizar as **babás**, as **empregadas domésticas**, bem como todos os serviços de **assistência pessoal**. Como regra geral, a Lua encarna os profissionais ligados à habitação, como os **incorporadores imobiliários**, os **agentes de serviços técnicos da habitação**, os **administradores de bens**, os **síndicos de condomínios**, os **profissionais que realizam mudanças** (sobretudo com a Força). O arcano evoca os lugares públicos de todo tipo. Tradicionalmente, encarna os **comerciantes**, os **donos de hotéis e restaurantes** (em especial quando associado à Temperança) e às vezes até a **equipe hospitalar** (perto do Pendurado e da Casa de Deus), toda pessoa que trabalha em contato com uma ampla clientela.

O grande tanque onde nada a lagosta e que parece um pântano logo remete às profissões de **ostreicultor, pescador, navegador** e, em menor medida, **professor de natação** ou **oceanógrafo**. Esse tanque ora lembra um lago, ora um oceano, mas também uma estação de purificação, um lugar de tratamento de esgoto... Partindo do princípio de que essa água escura parece bebida alcoólica, é frequente associar essa carta com os **profissionais responsáveis por adegas** e os **vendedores de vinhos**.

Quanto à presença dos dois cães representados na lâmina, ela evoca os **criadores de cachorros**, os canis e, portanto, os **funcionários da Sociedade Protetora dos Animais**.

Por simbolizar nosso inconsciente e nossos sonhos, a Lua encarna os **psicólogos** de todas as correntes (sobretudo quando próxima do Papa e do Eremita). Essa lâmina de tarô também representa a verve literária e a inspiração tão cara aos **escritores** (especialmente junto do Mago).

Por fim, a Lua materializa o trabalho noturno.

Bem aspectado. Contato privilegiado com o público; comércio próspero; afluxo bem-vindo de clientela; criatividade refinada.

Mal aspectado. Atmosfera melancólica; trabalho deprimente; ambiente profissional imerso em hipocrisia; colega dissimulado; falsidade; inimigos ocultos; falta de transparência; discurso falacioso; mentiras prejudiciais; vícios ocultos; manobras clandestinas; enganação; calúnia; difamação.

CONTA BANCÁRIA

De modo geral, a Lua materializa o patrimônio imobiliário. Simboliza tanto a aquisição da residência quanto a compra de um imóvel para locação (sobretudo quando associada à Justiça). Arcano emblemático das sucessões e heranças, a Lua também inclui os bens imobiliários adquiridos ao final de uma copropriedade ou legados em usufruto.

Essa lâmina do tarô encarna essencialmente o orçamento dedicado à manutenção de seu interior, ou seja, todas as despesas correntes, relativas à sua habitação (água, eletricidade, alimentação...).

A Lua também representa a solidariedade familiar em matéria de acolhimento ou auxílio financeiro. Vantagem inesperada ou não, essa forma de ajuda mútua entre gerações permite enfrentar os períodos de austeridade econômica. Também vale notar que a Lua simboliza os lares e os centros de abrigo emergenciais.

Tal como o Eremita, o arcano materializa os baixos salários e os benefícios sociais. Engloba aqueles dentre nós que dispõem de rendimentos modestos e penam para chegar ao final do mês. Do ponto de vista negativo, a Lua materializa os diversos problemas de moradia (aluguéis exorbitantes, obras caras...). Também aparece para denunciar as situações administrativas obscuras e os imbróglios jurídico-financeiros. Dependendo do contexto, encarna ora vícios ocultos, ora negócios escabrosos e caixa dois (em especial ao lado do Diabo).

Por fim, em razão de seu caráter sonhador, às vezes a Lua denota uma grande falta de realismo na gestão das contas bancárias.

Bem aspectada. Riqueza ligada a imóveis; herança; doação; solidariedade familiar; projeto imobiliário.

Mal aspectada. Problemas de moradia; dificuldade administrativa; caixa dois (perto do Diabo); angústia ligada ao medo do amanhã; gestão irregular e inconstante da própria conta bancária.

AMORES

A Lua representa o apego ao lar; nutre-se de valores tradicionais da vida familiar. Como boa mãe, faz todo o possível para criar um pequeno ninho aconchegante, um ambiente caloroso, um porto de paz no qual faz bem viver. Na família "Lua", a vida baseia-se em parte na educação dos filhos e em parte na manutenção da casa. A Lua representa a mãe que nutre, a "*mamma*", generosa e pródiga, para a qual o amor dos seus é mais importante do que qualquer outra forma de consideração. Obedece a uma família tradicional e dispensa uma educação judaico-cristã à sua progenitura.

Por simbolizar a habitação e a casa como refúgio, o arcano convida a investir em um projeto imobiliário para dar segurança à pequena família. Às vezes toma-se a decisão de mudar para debaixo do mesmo teto do parceiro.

No âmbito dos sentimentos, a Lua também encarna nosso jardim secreto, essa parte de mistério que mantemos escondida, imersa em nosso íntimo. Como personalidade ambígua, com frequência a Lua permanece entre as quatro paredes de seu silêncio; seus não ditos podem, então, alterar suas relações afetivas. Confusa por natureza, muitas vezes se perde na imensidão de seus problemas conjugais, sendo corroída pela angústia. Por fim, o arcano materializa a traição e as relações extraconjugais quando se encontra perto da Papisa e do Enamorado. Nesse caso, caímos na mentira a fim de esconder nosso erro.

Bem aspectados. Unidade familiar; mãe no lar, dedicada aos filhos; vontade de constituir uma família; projeto imobiliário; vida familiar embalada por uma educação judaico-cristã; valores familiares tradicionais.

Mal aspectados. Jardim secreto; mentiras; traição (sobretudo perto do Enamorado e da Papisa); confusão; não ditos prejudiciais; problemas conjugais inibidores; refúgio nos sonhos; recusa em encarar a realidade.

SAÚDE

Como regra geral, a Lua representa os hospitais (em especial quando associada à Casa de Deus e ao Pendurado) ou as clínicas (ao lado da Estrela) e encarna as infecções hospitalares.

No âmbito clínico em sentido estrito, a Lua materializa essencialmente os distúrbios psíquicos, bem como as doenças de origem psicossomática. Muitas vezes, sua presença em uma tiragem de tarô prevê uma psicoterapia ou um acompanhamento psicológico (sobretudo com o Eremita) que permite exorcizar os medos e exprimir as angústias. Se por um lado a Lua costuma cristalizar os distúrbios leves de ansiedade, por outro encarna todos os comportamentos fóbicos. Nas patologias ligadas à saúde mental, encontramos sobretudo os sintomas da depressão, a paranoia, as neuroses decorrentes da angústia, as psicoses... Por certo, esse astro da noite faz referência à atividade noturna e aos distúrbios do sono, como a insônia. Como às vezes está condicionado à sua hipersensibilidade ou a sensações quase epidérmicas, o arcano é famoso por suas oscilações de humor. Muitas vezes encarna uma personalidade lunática, que varia de acordo com as circunstâncias.

De predominância psicológica, o arcano apresenta outras patologias, como o diabetes tipo 1 (sobretudo perto da Justiça). A Lua também é associada ao ventre, especialmente ao útero. Assim, o arcano simboliza as dores abdominais de todo tipo, bem como as náuseas. Às vezes é associado a doenças intrauterinas ou distúrbios de ordem ginecológica, como candidíase e fibromas... Mal acompanhada, a Lua materializa as pandemias, as doenças contagiosas, bem como os desastres sanitários. Por simbolizar os mares e oceanos, também fala de água imprópria para o consumo e, dependendo do contexto médico, evoca os riscos ligados ao saturnismo ou à contaminação por amianto.

Também vale notar que esse astro da noite materializa principalmente as doenças latentes, não detectadas, das quais não temos consciência ou que se desenvolvem em silêncio. Esse arcano ilustra, por exemplo, a presença de uma "sombra" em uma radiografia, de uma mancha suspeita em um pulmão (sobretudo quando próximo do Diabo). Por representar, sem distinção, a penumbra, a escuridão e, portanto, nossa dificuldade de enxergar à noite, a Lua costuma pressagiar a presença de um véu ocular, uma visão embaçada (formação de glaucoma ou catarata...).

Por fim, em casos muito raros, indica uma morte por afogamento (especialmente perto do Pendurado e do Arcano sem Nome.).

Bem aspectada. Psicoterapia benéfica; consulta em ambiente hospitalar.

Mal aspectada. Infecções hospitalares; distúrbios de personalidade; fragilidade psicológica; angústia exacerbada; tristeza sem motivo; depressão; doenças de caráter psicossomático; distúrbios do sono; véu ocular (glaucoma, catarata); doenças latentes; mancha no pulmão; dores abdominais; água imprópria para o consumo; saturnismo; risco de contaminação por amianto; diabetes tipo 1; morte por afogamento.

CONCLUSÃO

Envolvida em mistério, cintilante no azul da noite, com certeza a Lua permanece um dos arcanos mais ambíguos do Tarô de Marselha. De imediato, evoca as situações complicadas ou confusas. Simboliza os profundos turbilhões internos que nos animam; enfatiza a psique, lembrando-nos da complexidade da natureza humana. Coloca-nos diante de nossas contradições e nos convida a superar nossos medos, a fim de libertar nossa consciência. Do ponto de vista positivo, a Lua representa a unidade familiar, o lar como última defesa contra as agressões externas. Do ponto de vista negativo, materializa a traição de qualquer natureza e nos convida a enxergar além das aparências, que muitas vezes são enganosas!

O SOL

FICHA DE DADOS

IMAGEM. Composto por um grande sol redondo, com a cabeça circundada por muitos raios vermelhos e amarelos, o Sol representa um astro amarelo com rosto humano, radiante e indulgente, que esboça um leve sorriso. Em seu zênite, brilha intensamente, e seus raios roçam a cabeça de dois jovens personagens louros. Com o torso nu, uma tanga azul-clara e um colar vermelho, os gêmeos se encontram diante de uma mureta de tijolos vermelhos e amarelos, encimados por uma cumeeira. Enquanto o indivíduo da esquerda, com olhos arregalados e ar confuso, pousa a mão esquerda no abdômen de seu par, a criança da direita passa a mão direta por suas costas, como para ampará-lo ou tranquilizá-lo.

PERFIL. Por simbolizar a nobreza de coração e o calor humano, o Sol encarna a felicidade terrestre. Magnífico hino à vida, esse arcano materializa a amizade e a fraternidade. Aquece os vínculos que nos unem uns aos outros. Arcano das solidariedades ativas e da coesão social, o Sol é uma mão estendida, um verdadeiro convite a ajudar o próximo. Nesse sentido, os dois personagens centrais remetem ao mito de Castor e Pólux, irmãos gêmeos apelidados de "Dióscuros", renomados por seus atos de bravura. Com frequência eram apresentados como os deuses da hospitalidade, pois eram muito generosos com os outros. Tal como esses heróis da mitologia, os dois indivíduos no arcano simbolizam o amor fraternal e desinteressado. Dependendo do contexto, simbolizam ora um casal, ora crianças e, mais particularmente, gêmeos.

O culto do Sol transcende inúmeras civilizações desde tempos imemoriais. Desse modo, com frequência o astro do dia é elevado ao nível de divindade em certos povos, como os incas, os maias, os astecas... Ainda é venerado no Egito, na Grécia e na Índia. Ao nos iluminar com sua luz divina, o Sol é uma riqueza tão preciosa para a vida na terra que até sua cor amarela evoca o brilho do ouro.

O Sol também materializa o poder de ascendência e representa, de fato, os grandes personagens emblemáticos que marcaram a história do mundo, como Sua Majestade Luís XIV, conhecido como "o Rei Sol" em virtude de sua aura natural e de seu lendário carisma. Assim, o Sol materializa a nobreza e os sinais externos de riqueza.

Por fim, também simboliza a vida na terra; é a riqueza sem a qual nada seríamos. É indispensável para o equilíbrio de nosso planeta e de nossos ecossistemas.

FORÇAS. Seu otimismo, seu humanismo, seu altruísmo, sua personalidade indulgente, indivíduo pródigo, sua ascendência, seu poder, seu carisma, seu dinamismo a toda prova, sua esportividade, sua autoconfiança.

FRAQUEZAS. Sua vaidade, sua necessidade absoluta de brilhar e ser reconhecido, sua arrogância, seu gosto pelo luxo, pelo prestígio e pela ostentação, seu lado egocêntrico, sua corruptibilidade.

IDADE. Dependendo do contexto, o Sol pode encarnar ora as crianças pequenas, ora um casal de jovens adultos. Entretanto, o grafismo do arcano costuma sugerir o dinamismo tão caro aos adolescentes e aos jovens em geral.

NÚMERO DE IDENTIFICAÇÃO. 19. Ao adicionarmos 1 + 9, obtemos 10, que marca o fim de um ciclo. Portanto, com o "19" completamos um primeiro ciclo (10) e nos preparamos para terminar um segundo (9).

UNIVERSO PROFISSIONAL

Nesse campo específico, o Sol costuma representar os negócios familiares, as colaborações e associações em diferentes setores. Do ponto de vista concreto, trata-se, por exemplo, de uma fusão, de uma OPA* ou de uma parceria qualquer, como um restaurante familiar... Seja qual for a aliança concebida, nossos gêmeos lembram o provérbio segundo o qual "a união faz a força". Assim, encontramos esse arcano para materializar protocolos de acordo (sobretudo quando associado à senhora Justiça), bem como a aproximação de duas entidades ou dois serviços.

Com frequência, esse arcano prevê um bom êxito socioprofissional ou brilhantes realizações pessoais. É a lâmina da vocação. O indivíduo é reconhecido por suas competências profissionais em seu meio.

Como regra geral, o Sol encarna, portanto, um ambiente de trabalho muito agradável, no qual as relações entre colegas geralmente são boas e os indivíduos sentem prazer em ir trabalhar. Além disso, as duas cabeças louras na carta remetem a uma dupla bem entrosada, a

---

* Oferta pública de aquisição. (N.T.)

colegas que trabalham em estreita colaboração. Transposto para o universo profissional, esse arcano nos fala de solidariedade e rede de apoio. É o arcano que simboliza, sobretudo, a beneficência, as associações e todas as profissões ligadas ao humanitarismo. Trata-se aqui da fraternidade, da ajuda ao próximo, a quem se estende a mão (reparem no grafismo!). Em contrapartida, quando mal acompanhado, o Sol materializa ora um arrivista com ego superdimensionado, ora um colaborador insuportável e arrogante, que busca exclusividade.

A cena lembra um pátio de recreação e evoca o universo das crianças e dos estudantes. Nesse sentido, o arcano simboliza os **cuidadores de crianças**, os **educadores**, as **babás**, as **assistentes maternais**,* os **professores** e os **formadores** (especialmente com o Papa). O Sol costuma sonhar com a glória de se ver sob os holofotes ou nos palcos televisivos. Nosso belo Sol, que tem uma necessidade visceral de brilhar, encarna os **atores** e as profissões ligadas ao audiovisual (sobretudo em contato com o Julgamento). Por extensão, o arcano presta homenagem a todos que gostam de se mostrar ou ser vistos e até reconhecidos. O Sol se sobressai em todas as profissões ligadas à imagem, como os **fotógrafos**, os **desenhistas**, os **pintores** (em especial ao lado da Estrela). Conhecido sobretudo por seus talentos artísticos e sua criatividade exacerbada, o Sol costuma simbolizar os **criadores** de todas as tendências. Vale notar que esse arcano circula essencialmente no universo do luxo e da moda versão "chique". Por outro lado, em relação à sua cor, que lembra o brilho do ouro, o arcano costuma materializar os **garimpeiros**, os **ourives**, os **joalheiros** e os **banqueiros** (em especial quando associado ao Diabo). Por fim, o Sol mistura com sabedoria "a juventude e os esportes"; com frequência encarna os **ginastas**, os **coreógrafos**, os **bailarinos** e, é claro, os **treinadores esportivos**.

---

* Na França, profissional que acolhe em seu domicílio ou em uma casa de assistência maternal até quatro crianças menores de seis anos. Esse profissional deve ser aprovado pelo Conselho Departamental. (N.T.)

Bem aspectado. Vocação; êxito socioprofissional; autoafirmação; talentos reconhecidos com seu justo valor; administração sem igual; carisma arrebatador; honra; protocolo de acordo benéfico; fusão necessária; associação frutuosa; bom espírito de equipe; dupla entrosada; auxílio providencial; dom expresso com esplendor; talentos artísticos; criatividade exacerbada.

Mal aspectado. Arrivismo; ego superdesenvolvido; colega presunçoso; arrogância contraprodutiva; alquimia ruim; colaboradores inapropriados; falta de coesão na equipe; OPA contestada; fusão difícil; acordo mal definido.

CONTA BANCÁRIA

Como regra geral, a conta bancária do nosso Sol é bem abastecida. Ele costuma viver na opulência e não hesita em exibir todos os sinais externos de riqueza, às vezes até com ostentação (carros esportivos de último tipo, residência para férias e finais de semana...). Sem exageros nem caricaturas, o Sol tem uma gestão saudável de suas finanças, e seus negócios são prósperos. Para todos os efeitos, também vale notar que o arcano costuma simbolizar o universo bancário (em particular ao lado do Diabo). O Sol opta facilmente por investimentos rentáveis com tributação atraente ou investe em *ativos estáveis*, como o ouro. É conhecido sobretudo por seu gosto pronunciado pelo luxo e seu amor por joias. É atraído por tudo o que brilha, encarnando de fato as grandes fortunas, mas também as personalidades venais. Por outro lado, materializa os "esbanjadores", as pessoas com um estilo de vida extravagante e que vivem muito além de seus recursos. Em menor grau, e mais próximo do comum dos mortais, o Sol consagra uma parte muito importante do seu orçamento à educação dos filhos. Dependendo do contexto, o Sol associado à Justiça materializa as assistências sociais, como os benefícios a famílias, o auxílio-moradia, a Renda de Solidariedade Ativa*...

Bem aspectada. Finanças estáveis; investimentos rentáveis; prosperidade; gestão saudável das próprias contas; fortuna pessoal; riqueza; investimento em ouro.

Mal aspectada. Despesas ostensivas; gosto pelo luxo; estilo de vida extravagante; "esbanjamento"; personalidade venal; dependência de benefícios sociais.

AMORES

Aqui estamos nós, no paraíso dos apaixonados. O Sol declina o amor com "A" maiúsculo, em todas as suas formas! O arcano materializa uma felicidade perfeita, um casal radiante, com parceiros vibrando em uníssono. Os sentimentos dedicados ao alter ego são nobres, e o amor é recompensado com reciprocidade, tanto que alguns pensam em oficializar sua união (especialmente 19 + 8). Dependendo do contexto, falaremos, sem distinção, de alma gêmea, de corações nobres, de entendimento quase fraternal... Para os corações disponíveis, a presença dessa lâmina pressagia um encontro muito positivo ou o conhecimento de uma pessoa autêntica, que transmite verdadeiros valores humanos. Com frequência, o arcano materializa o encontro de um personagem originário de alguma ilha ou do continente africano (sobretudo quando acompanhado do Arcano sem Nome). Em uma situação de discordância, essa lâmina anuncia uma reconciliação; fazem-se as pazes.

Também vale notar que o Sol evoca a amizade e fala de sinceridade nas relações com os outros. Quando aparece mal acompanhado, o Sol exprime um desacordo conjugal e, com mais frequência,

---

* Na França, auxílio destinado a pessoas em situação de pobreza. (N.T.)

desentendimentos ligados aos filhos. Do ponto de vista negativo, às vezes essa lâmina evoca dificuldades para ter filhos.

Bem aspectados. Felicidade perfeita; coração nobre; casal feliz; alma gêmea; entendimento perfeito; amor recompensado com reciprocidade; união abençoada pelos deuses; sentimentos partilhados; fidelidade; compromisso solene (especialmente 19 + 8); parceiros radiantes, em harmonia; encontro sincero; cumplicidade a todo instante; amizade com "A" maiúsculo; reconciliação; paz restabelecida.

Mal aspectados. Amor de férias; fogo de palha; desentendimento no casal; problemas ligados aos filhos.

SAÚDE

Como regra geral, a presença do Sol em uma tiragem de tarô sobre a saúde é um bom presságio. O astro do dia evoca, de imediato, uma boa vitalidade, uma forma quase atlética, um coração de esportista... Na realidade, o arcano é muito mais complexo do que parece à primeira vista. A cena ilustra o sol em seu zênite e nos adverte contra os perigos ligados a uma exposição excessiva. Com efeito, essa lâmina do tarô materializa essencialmente as queimaduras solares, as insolações e as doenças de pele associadas a uma exposição excessiva (aparecimento de bolhas, presença de melanoma, câncer de pele...). Em altas doses, o sol queima, e a lâmina encarna, portanto, as queimaduras, mas também as inflamações. Por extensão, os raios emitidos por nosso Sol remetem àqueles utilizados no tratamento de alguns cânceres, sobretudo nas sessões de quimioterapia ou radioterapia. É importante saber que o Sol, como princípio de vida na terra, simboliza o coração: portanto, quando mal acompanhado, representa as patologias cardiovasculares. Assim, é encontrado nos indivíduos que sofrem de doença valvular, arritmia cardíaca, sopro no coração (em especial perto do

Julgamento)... Energia vital por definição, o Sol também materializa a área do plexo solar, considerada a sede de nossas emoções e localizada na boca do estômago. Por isso, o arcano é conhecido por representar a região estomacal e, em menor grau, o esôfago. Por fim, o Sol evoca a claridade e a luminosidade. Permite-nos enxergar. É o astro do dia em oposição à Lua. Em uma tiragem de tarô, quando mal acompanhado evoca uma visão deficiente e às vezes chega a materializar os sinais clínicos, relativos à perda da acuidade visual ou à cegueira (em particular 19 + 13 + 9). Afinal, não dizemos "ser cegado pelo sol"? Do ponto de vista positivo, também é importante saber que o Sol evoca uma gestação (especialmente perto do Pendurado e do Eremita) e que um teste de gravidez se encontra materializado pela associação 19 + 2.

Bem aspectada. Saúde excelente; vitalidade de esportista; bom tônus muscular; boa energia; gestação de gêmeos.

Mal aspectada. Problemas cardiovasculares; radioterapia; tratamento de quimioterapia; visão deficiente (possível cegueira); insolação; queimadura solar; bolhas; proibição de expor-se ao sol, aos raios UV; melanoma; desidratação; sudorese abundante; patologias ligadas ao estômago (úlcera...); luminoterapia.

CONCLUSÃO

Nosso belo Sol é um hino à vida. Ele canta o amor e aquece os corações. Quando bem acompanhado, sua influência é tão grande que podemos superar todos os obstáculos. Ele materializa a mão estendida, a fraternidade que permite aos homens se superarem e cumprirem boas realizações. Em contrapartida, quando mal acompanhado, sente prazer em se vangloriar: sua necessidade doentia de brilhar aborrece os que o cercam, e seu ego exagerado lhe dá a ilusão de "brilhar".

O JULGAMENTO

FICHA DE DADOS

IMAGEM. Representado por um magnífico anjo alado de cabelos louros e cacheados, envolvido em um halo luminoso azul-escuro, o Julgamento põe em cena um mensageiro celestial, munido de uma trombeta e uma bandeira estampada com uma cruz. Surgindo de uma nuvem em forma de algodão, esse arcanjo aureolado com vinte raios coloridos se prepara para anunciar sua mensagem a uma plateia composta de três personagens inteiramente nus, reunidos em torno de um túmulo. Ajoelhados e de mãos juntas, como para implorar aos deuses, uma mulher e um velho estão diante de uma terceira pessoa representada de costas e que sai do túmulo.

PERFIL. Símbolo de ressurreição e renascimento, o Julgamento anuncia a mudança; é o vetor da renovação. Como seu nome indica, o arcano materializa "um julgamento" no sentido próprio do termo. A hora do julgamento soou, um veredicto será pronunciado, cabe a nós ouvi-lo! As novidades, boas ou ruins, vão mudar o jogo inicial, nada mais será como antes. A cena remete ao dia do Juízo Final e à representação tradicional do Apocalipse. A trombeta simboliza as revelações, os anúncios de todo tipo, e serve para nos fazermos ouvir, para amplificarmos nossa mensagem. Simboliza a palavra que liberta e alivia, a necessidade de se abrir e se revelar. Lâmina de comunicação por excelência, o Julgamento simboliza a multimídia, o audiovisual e todas as tecnologias de ponta (sobretudo a internet...). Também representa as conversas, os discursos, as entrevistas, os interrogatórios... A iconografia do clarim materializa o órgão da voz, mas também a capacidade de ouvir. Com efeito, a nós é pedido que escutemos com atenção as revelações que nos são feitas.

A cena expõe uma grande pureza pelo fato de exaltar a nudez. Fora o arcanjo de braços cobertos, todos os protagonistas representados na imagem estão despidos, nada têm a esconder... Estão ali, despreocupados, com toda a inocência, como em seu primeiro dia na terra. A atitude dos indivíduos que levantam a cabeça para o céu, de mãos juntas, como para implorar aos deuses, evoca a religiosidade e o vínculo com o Todo-Poderoso. Lâmina de oração e recolhimento, indica a confiança no além e na bondade divina, que desejamos profundamente, esperando que nossa oração seja ouvida no céu. O anjo tutelar que surge das nuvens e do qual depende nossa sorte acrescenta um caráter solene a essa reunião. Essa cena evoca uma cerimônia religiosa, como uma comunhão, uma missa, um batizado...

Apesar do caráter jovial da lâmina e da expressão satisfeita dos dois indivíduos, nem sempre o Julgamento é portador de boas notícias. De fato, é o conjunto das cartas circunstantes que definirá o teor da mensagem trazida por nosso arcanjo.

FORÇAS. Sua espontaneidade ao se relacionar, seu senso de compartilhamento, sua modernidade, excelente comunicador, sua engenhosidade, sua inventividade, sua prontidão, sua capacidade de reação, o fato de saber ouvir.

FRAQUEZAS. Sua natureza imprevisível, seu espírito "fofoqueiro", seu tom acusador, sua falta de comunicação, seu silêncio perturbador, indivíduo implicante.

IDADE. Embora a cena represente personagens de meia-idade, como o velho e a mulher, não permite atribuir uma idade precisa a esse arcano. A mensagem transmitida pelo Julgamento se declina no plural e se dirige a todos, sem distinção de sexo, nível social e idade.

NÚMERO DE IDENTIFICAÇÃO. 20. Abordamos um segundo ciclo (2 x 10 = 20), outro plano de consciência. Portanto, sua ação reforça e multiplica por dois a dinâmica lançada pela Roda da Fortuna. Com o Julgamento, passamos a uma velocidade mais elevada, e as novidades são portadoras de mudanças quase imediatas. A redução teosófica 2 + 0 = 2 também nos remete à espiritualidade da Papisa.

UNIVERSO PROFISSIONAL

Como regra geral, o Julgamento caracteriza principalmente as profissões para as quais o contato com o público e o bom relacionamento são essenciais. Esse arcano ilustra um ambiente de trabalho ultramoderno, no qual todos os meios de comunicação de última geração estão representados. Nele evoluímos no universo da multimídia e da internet de banda larga... No mundo do trabalho, a lâmina materializa as entrevistas profissionais (especialmente perto do Carro ou do Papa). Com efeito, pode tratar-se tanto de uma entrevista de emprego quanto de uma avaliação. Carta da oralidade por definição, essa lâmina convida ao debate e às negociações, evocando as assembleias gerais, os conselhos administrativos... Seja qual for o teor da mensagem transmitida pelo Julgamento, ele sempre nos traz notícias que fazem evoluir nossa situação inicial. Bem acompanhado, esse arcano prevê uma promoção, uma nomeação a um posto-chave na empresa, um avanço na carreira, uma propaganda boca a boca extremamente benéfica enquanto, por outro lado, algumas vezes é portador de notícias estrondosas. A título de exemplo, associado ao Arcano sem Nome, o Julgamento costuma anunciar uma rescisão contratual ou até uma interrupção na produção... Mal acompanhado, esse arcano também é sinônimo de delação e má publicidade. Também é encontrado nas divergências entre os membros do Tribunal do Trabalho (sobretudo junto do Diabo). De fato, é o conjunto da tiragem que permitirá oferecer um diagnóstico preciso sobre a situação profissional do consulente. Várias corporações profissionais são representadas por essa lâmina: em primeiro lugar, a trombeta segurada pelo anjo alado realmente evoca os **músicos**, os *luthiers* e os **especialistas em acústica**, os **engenheiros de som** e os **cantores**. Costuma-se associar esse arcanjo aos meios de comunicação de massa e ao audiovisual: com efeito, nosso arcanjo evoca aqui um **apresentador de TV** ou um **jornalista** que nos anuncia as manchetes das primeiras páginas da atualidade. Sinônimo de modernidade e de tecnologias de ponta, o Julgamento engloba todas as profissões relacionadas à internet, tal como os *webmasters* e os *web designers*... Como seu próprio nome indica, essa lâmina também designa todas as pessoas habilitadas a pronunciar um veredicto, como os **juízes de primeira instância** e os **presidentes de tribunal**. O Julgamento inclui, portanto, as carreiras judiciárias e os profissionais do Direito, como os **advogados** (especialmente perto do Imperador ou da Imperatriz). Vale notar que, no âmbito das divergências salariais, além dos litígios e das consultas jurídicas clássicas, com frequência, a carta evoca o recurso aos **tribunais do trabalho** (quando associada ao Diabo) ou aos **conselhos sindicais** (quando associada ao Enamorado). Arcano central em matéria de comunicação, o Julgamento encarna os oradores, bem como todas as pessoas que dominam a arte da retórica como profissão de fé. Às vezes, nele vemos um político que sobe à tribuna para transmitir sua mensagem (em particular com o Diabo).

Nota: Sabe-se que a presença do Julgamento em uma tiragem evoca preocupações jurídicas, com frequência, bem maior do que o arcano da Justiça, que, por sua vez, materializa mais os imbróglios administrativos e as assinaturas de todo tipo.

Bem aspectado. Boca a boca benéfico; boa imagem; boa notícia; entrevistas frutuosas; negociações favoráveis; resultados positivos; êxito em um exame ou diploma; nomeação para um cargo com oportunidades de crescimento; promoção; esperanças realizadas; feliz coincidência de circunstâncias; distribuição de prêmios.

Mal aspectado. Processo caro; custas processuais exorbitantes; problemas ligados a saldo negativo (juros) ou a um pagamento recusado (sobretudo 20 + 13); atrasos prejudiciais; imprevistos lesivos; má notícia; coincidência infeliz de circunstâncias; solicitação de negociação de dívidas incompleta ou rejeitada (em especial 20 + 13); imbróglio ligado a uma herança (principalmente perto da Lua).

CONTA BANCÁRIA

De modo geral, a ocorrência do Julgamento em uma tiragem de tarô é vetor de renovação e imprevistos que causam impacto na contabilidade do consulente. Seja qual for o estado de suas finanças, quer ele tenha saldo positivo ou negativo, são boas as notícias sobre sua situação financeira ou as formalidades na ordem do dia. O Julgamento costuma materializar uma comissão de investigação que examina um processo e toma uma decisão. Pode tratar-se de uma comissão de revisão de empréstimo ou de negociação de dívida. As notícias, boas ou ruins, farão evoluir a situação atual do consulente. Do ponto de vista positivo, o arcano prevê uma vantagem financeira, como um aluguel atrasado que acaba sendo pago, o dinheiro inesperado de uma cobrança, de um processo ou de uma sucessão. Quando associado ao Sol, fala-se, por exemplo, de um acordo de empréstimo. Mal acompanhado, o Julgamento evoca principalmente custas processuais exorbitantes, problemas de saldo negativo ou cheques devolvidos (em particular 20 + 13), atrasos de pagamento ou despesas imprevistas, ligadas a uma infeliz coincidência de circunstâncias. Finalmente, por força da modernidade, o Julgamento também representa as compras *on-line* e a consulta de contas bancárias na internet.

Bem aspectada. Vantagem financeira; imprevisto bem-vindo; formalidades na ordem do dia; pedido de financiamento ou empréstimo junto ao banco; dinheiro inesperado, proveniente da cobrança de uma dívida, de um processo de copropriedade ou de uma herança (especialmente 20 + 18); discussão relativa às opções do consulente; acordo relativo a um empréstimo (sobretudo 20 + 19); a comissão que avalia a negociação de dívidas se pronuncia em favor do consulente.

Mal aspectada. Processo judicial caro; custas judiciais exorbitantes; problemas ligados a um saldo negativo (juros) ou a um pagamento recusado (sobretudo 20 + 13); atrasos prejudiciais; imprevistos lesivos; má notícia; coincidência infeliz de circunstâncias; solicitação de negociação de dívidas incompleta ou rejeitada (especialmente 20 + 13); imbróglio ligado a uma herança (em particular perto da Lua).

AMORES

É chegada a hora das revelações e das confissões íntimas! Quer alguém lhe sussurre palavras doces ao pé do ouvido, quer você descubra um *e-mail* proveniente da amante do seu marido, você receberá informações que vão modificar o teor de seus sentimentos amorosos. Como regra geral, o Julgamento prega a comunicação entre os parceiros e chega a ser sua motivação. Do ponto de vista positivo, a comunicação é favorecida entre ambos, e nossos dois pombinhos ficam felizes por poderem abordar todos os assuntos relativos à vida conjugal sem nenhum tabu. Vale notar que o Julgamento também evoca os *chats* via internet ou por *webcam*. Portanto, é frequente manter uma relação por troca de mensagens na *web*. Quanto aos solteiros, eles poderão conectar-se alegremente nos *sites* de encontro, materializados pela associação 20 (conversas) + 6 (apaixonados). O Julgamento convida a sair para se divertir, a fazer festa entre amigos, a frequentar lugares bem animados, como cafés e boates (a trombeta segurada pelo anjo simboliza a música, os *shows*...). Se por um lado o Julgamento prevê uma vida social intensa, por outro, às vezes o lar se transforma em um moinho aberto a todos os ventos, no qual os parceiros já não conseguem encontrar sua intimidade. Nesse caso, cada um se queixa de que o outro privilegia as relações de amizade em vez da vida conjugal. Mal acompanhado, o Julgamento materializa os não ditos, tudo o que é calado ou passou em silêncio. Nesse caso, a comunicação é rompida no lar, e os parceiros entram em conflito por qualquer coisa. As palavras ferem, e, às vezes, as revelações são cruéis.

Bem aspectados. Troca harmoniosa; boa comunicação entre os parceiros; relação por meio de troca de mensagens (internet...) evolutiva; anúncio de gravidez ou de casamento (sobretudo 20 + 19); encontro imprevisto.

Mal aspectados. Coisas silenciadas; confissões íntimas devastadoras; relação desestabilizadora via internet; revelações cruéis; verdade ruim de dizer; evidente falta de comunicação entre os parceiros; imprevistos desconcertantes; descoberta na *web*.

SAÚDE

Tal como a Roda da Fortuna, que faz referência aos aparelhos médicos, o Julgamento materializa as técnicas médicas que utilizam tecnologias de última geração. Assim, essa lâmina encarna os exames de ressonância magnética, as tomografias computadorizadas (sobretudo perto da Roda da Fortuna), as ultrassonografias (em contato com a Lua) e os eletrocardiogramas (próxima do Sol). Bem acompanhado, esse arcano evoca os avanços médicos de todo tipo, as descobertas promissoras, bem como os novos tratamentos. Às vezes anuncia uma cura completa (especialmente junto da Estrela ou do Mundo). Do ponto de vista médico em sentido estrito, o Julgamento encarna sobretudo os problemas respiratórios, tais como as patologias pulmonares ou brônquicas. Transpostas para o universo da medicina, as asas do anjo que, como a Temperança, lembram tudo o que é aéreo, aqui remetem às vias aéreas superiores. Quanto à trombeta, ela faz alusão ao sopro, ao vento e aos problemas associados ao ar ambiente. Com base nesse esclarecimento, o Julgamento inclui, portanto, patologias como náuseas em viagens de avião, apneia do sono ou insuficiência respiratória (fôlego curto...). Por extensão, esse arcano também materializa os distúrbios ligados à aerofagia, aos gases e à sensação de estufamento. A cena como um todo evoca a música e o barulho associado à trombeta. Portanto, sugere problemas ligados à audição e até distúrbios no ouvido interno. Desse modo, o Julgamento é encontrado em problemas relacionados às vertigens, à doença de Ménière e à surdez (em especial perto do Pendurado ou do Eremita). A esse respeito, o arcano indica uma consulta ao otorrinolaringologista (sobretudo em contato com o Papa ou a Temperança). Mal acompanhado, o Julgamento fala de dores de cabeça, enxaquecas e até de tumor cerebral (sobretudo com a Casa de Deus).

Bem aspectada. Novo tratamento de ponta (*laser*...); tratamento de catarata bem-sucedido (sobretudo ao lado do Enamorado); consulta benéfica a um otorrinolaringologista; avanços médicos notáveis; descoberta promissora; exames aprofundados que salvam vidas; boa notícia; cura (principalmente associado à Estrela e ao Mundo).

Mal aspectada. Patologias respiratórias variadas (pulmonares, brônquicas...); fôlego curto; insuficiência respiratória; apneia do sono; problemas no ouvido interno; zumbido; surdez (em especial perto do Pendurado e do Eremita); vertigens; instabilidade; náusea em viagens aéreas; aerofagia; gases; vômitos (sobretudo com a Lua); enxaqueca (dores de cabeça...); tumor cerebral (em especial perto do Diabo e do Arcano sem Nome).

CONCLUSÃO

Empoleirado na grande nuvem semelhante a algodão, de onde nos transmite sua mensagem, nosso anjo trombeteiro nos une com o além, com a Providência. Ele busca estabelecer uma conexão, uma comunicação transcendental entre este e o outro mundo. Em muitos aspectos, a cena ilustrada no arcano lembra que os seres de luz, nossos caros anjos da guarda, tentam entrar em contato conosco e vice-versa. Esse arcano é, sobretudo, um convite a ouvir as mensagens que o universo nos envia, ainda que elas sejam subliminares ou contrárias às nossas expectativas! Seja qual for o julgamento anunciado, a lâmina lembra que as decisões são tomadas a partir de cima e que a justiça divina prevalece sobre a justiça dos homens.

O MUNDO

FICHA DE DADOS

IMAGEM. Composto por uma decoração digna das mais belas tapeçarias medievais, o Mundo representa uma mulher nua, graciosa, de cor rosada, com os cabelos ao vento, dançando no centro da mandorla. Ornada com uma longa echarpe sedosa, o personagem central apoia-se em um pé, tem um bastão de desfile na mão esquerda e um pequeno frasco na direita. Os quatro cantos do arcano são ornados com três animais e um anjinho aureolado, que segura uma nuvem. Nesses cantos descobrimos uma águia empoleirada em uma nuvem e um leão deitado no chão, ambos aureolados, bem como um touro rosado, visto de perfil.

PERFIL. Por simbolizar toda a humanidade e, portanto, o princípio de universalidade, o mundo materializa todos os seres humanos que povoam nosso planeta. Porta aberta para o exterior, o Mundo ilustra um mosaico de cultura; é um convite às viagens intercontinentais, exortando todos a se nutrirem de nossas diferenças.

A designação "Mundo" simboliza a multidão e os lugares lotados ou com muita concentração de pessoas; representa principalmente as grandes metrópoles urbanas e, por extensão, todos os lugares públicos de grande afluência, como os grandes centros comerciais, os aeroportos, a periferia parisiense...

Símbolo de plenitude e unidade absoluta, o Mundo reivindica o princípio de igualdade entre homens e mulheres. Vale notar o caráter andrógino da jovem no centro da carta: ela reúne as polaridades masculinas e femininas em seu seio, e o *yin* e o *yang* se equilibram como por mágica.

Arcano da realização e da autorrealização, o Mundo materializa o fim de um percurso iniciático, uma viagem ao próprio íntimo. Ao final dessa viagem, o ser humano se encontra em paz consigo mesmo e pode aproveitar alegremente seu êxito pessoal.

O personagem está no centro de uma mandorla, cujo simbolismo é muito forte no plano espiritual, uma vez que figuras sagradas como Cristo, a Virgem Maria ou os santos costumam ser representados nesse tipo de figura geométrica. Essa forma oval ou amendoada (*mandorla*, em italiano) nos faz pensar imediatamente em uma coroa de louros por sua textura. Afinal, não dizemos "receber os louros da glória"? Emblema da vitória e símbolo do sucesso, essa coroa de louros remete ao imperador romano Júlio César, que conquistou grande parte do mundo. Tal como as grandes dinastias, a coroa encarna o prestígio e o nível social. Seu simbolismo evoca os arcanos do poder e lembra os personagens influentes e eminentes que marcaram a história. Também simboliza o êxito nos exames e encarna o cerimonial ligado à entrega de diplomas. Ela "coroa" um trabalho e materializa a conclusão de um projeto. Esse sentimento de poder absoluto que transparece dessa coroa de louros se reflete por meio do bestiário ilustrado na lâmina. Com efeito, os três animais postos em cena no arcano – a águia, o leão e o touro – são investidos de poderes sobrenaturais na mitologia greco-romana. A águia, "régia" por excelência, evoca o poder e a liberdade e ainda hoje é um animal emblemático que simboliza o orgulho e a soberania para os alemães e os americanos. Encontramos esse rei dos pássaros nos brasões da época, o que também nos remete ao escudo do Imperador. O leão representa o rei dos animais no inconsciente coletivo e inspira respeito. Desde sempre é sinônimo de força e grandeza. Encarna a caça e a territorialidade tão cara aos imperadores e grandes conquistadores. Quanto ao touro, emblema da coragem e da bravura, ele diverte os espectadores que vão admirá-lo nas arenas de touradas. No que se refere ao pequeno anjo aureolado, postado na parte superior esquerda da imagem, sua presença revela uma real benevolência, uma bondade quase angelical. Indica que seus propósitos estão em comunhão com o universo inteiro, que esse êxito está na ordem das coisas, que essa pessoa é tocada pela graça em sua realização pessoal. Um sentimento de elevação e de plenitude invade o arcano, sobretudo porque as auréolas sobre a cabeça do anjo e da águia, respectivamente, ultrapassam a moldura da carta.

Costuma-se estabelecer um paralelismo entre os quatro elementos naturais e as quatro figuras alegóricas, representadas na cena. De acordo com a tradição judaico-cristã, por tradição se associa o anjo ao ar, o leão ao fogo, a águia à água e o touro à terra. Na Bíblia, esses mesmos personagens encarnam os quatro evangelistas: São Mateus desempenha o papel do anjinho; São João, o da águia; São Marcos, o do leão; e São Lucas, o do touro.

Por fim, por sua arquitetura, a carta do Mundo traduz uma grande harmonia e uma busca permanente de equilíbrio. De fato, a coroa em forma oval é circundada por quatro elementos, dois na parte inferior e dois na superior, equidistantes uns dos outros. Um grande rigor geométrico transparece nesse arcano: a figura central equilibra-se em um pé no centro do arcano. Poderíamos dizer que tudo foi meticulosamente medido e que cada um está em seu devido lugar, nem mais, nem menos.

FORÇAS. Seu perfil cosmopolita, sua mente aberta, o domínio de línguas estrangeiras, seu senso aguçado de contato, seu lado *globe-trotter,* sua notoriedade, sua forte rede de relações, sua personalidade, seu grande potencial, a propensão ao sucesso, seus diplomas, sua aura, seu nível social.

FRAQUEZAS. Sua megalomania, sua vaidade, seu lado "egocêntrico", sua presunção, seu esnobismo, suas frivolidades, seu estilo "burguês conservador", sua agorafobia crônica.

IDADE. Se considerarmos apenas a figura central, nela distinguimos uma mulher ou um personagem hermafrodita que se aproxima dos 30 anos. Entretanto, o Mundo evoca um macrocosmo em que todos os seres humanos são representados sem distinção de idade.

NÚMERO DE IDENTIFICAÇÃO. 21. Sinônimo de perfeição na Bíblia, encarna a realização suprema, o paraíso na terra. Além disso, 21 = 7 x 3. Ao triplicarmos o valor do Carro, obtemos o triunfo absoluto no plano material, o sucesso é total.

UNIVERSO PROFISSIONAL

Como regra geral, o Mundo traduz um modelo de êxito socioprofissional ao modo americano e, de maneira mais ampla, uma evolução da carreira coroada de sucesso. Encarna tanto os homens de negócios e empresários de todos os horizontes, que conseguiram erigir grandes impérios, quanto perfeitos desconhecidos, cujas atividades vão de vento em popa. Portanto, nele encontramos uma boa quantidade de personagens-chave da vida econômica, tais como os grandes industriais, mas também as pessoas importantes por seu nível social e sua filiação. Com frequência, o Mundo encarna as pessoas que se tornaram célebres ou que fizeram um nome na cena internacional graças às suas funções. Na história do Tarô de Marselha, o Mundo tradicionalmente materializa o êxito profissional, a ascensão social, as entregas de prêmios e os diplomas. Contudo, seu campo de ação encontra-se à altura de sua reputação. É tão vasto que não se limita apenas a esse conceito de sucesso.

Transpostas para o mundo empresarial, essa lâmina do tarô encarna os recursos humanos, homens e mulheres comuns, cujas riquezas acumuladas constituem a força de uma sociedade, o orgulho de uma nação. Materializa, de fato, os **diretores de recursos humanos** (sobretudo em contato com a Papisa). O Mundo envolve todas as atividades, comerciais ou não, em contato com o público. Representa as pessoas de modo geral, todos aqueles que compõem uma clientela, uma atividade comercial. Sem distinção, materializa a clientela de um comerciante, de um advogado, os pacientes de um médico, os consulentes de uma cartomante... Desse modo, quando mal acompanhado, esse arcano fala de queda de clientela, mercados perdidos, redução de competitividade. Essa lâmina enfatiza claramente as relações públicas e a importância de constituir uma vasta rede de relações quando se tem a intenção de ser designado para um ou outro cargo. Por isso, o Mundo costuma se referir a um ambiente bem definido, como um ministério, uma sociedade fechada, uma rede de influência... A coroa de louros forma um círculo, portanto, um universo fechado, sem contato com o exterior. A iconografia reflete um hemiciclo e remete, por força dos louros, a todos os eleitos:

parlamentares, senadores... Nela encontramos naturalmente os membros de associações de prestígio, como o Rotary Club, o Lions Club ou a Fundação Rothschild, mas também anônimos que evoluem no universo da maçonaria ou da Rosa-Cruz.

Vale lembrar que a notoriedade desse arcano ultrapassa as fronteiras, pois goza de uma importância internacional e materializa todas as grandes organizações internacionais, como a ONU, a OTAN, o Parlamento Europeu, o Conselho Europeu, mas também as embaixadas e os consulados. O mundo, que representa perfeitamente o globo e o multiculturalismo, é o único a evocar todas as carreiras ligadas ao comércio internacional, bem como todas as profissões que exigem um domínio de línguas estrangeiras, como a dos **intérpretes** (sobretudo perto do Papa), das **comissárias de bordo** (próximo ao Louco ou à Temperança) e dos **professores de línguas estrangeiras**. Verdadeiro macrocosmo social, o Mundo costuma encarnar todas as pessoas que estudam a evolução da sociedade, como os **sociólogos**, os **antropólogos**, os **etnólogos** e os **pesquisadores**.

Por fim, esse arcano assume um aspecto particular quando aparece próximo de seus vizinhos, de maneira que define um grupo de profissões ou uma área de competência. Dependendo do contexto, a área médica se traduz pela combinação Mundo + Pendurado (arcano da saúde por definição); a imobiliária pela de Mundo + Lua (arcano do lar, da habitação, da hotelaria...); a agrícola se caracteriza pela dupla Mundo + Arcano sem Nome (alegoria da ceifa, das colheitas...). Esse arcano se comporta desse modo em inúmeros casos, permitindo uma multiplicidade de combinações que são tanto de profissões quanto de riquezas. Procure sempre demonstrar discernimento em suas interpretações, pois, conforme o caso, "Mundo + Pendurado" também pode representar o universo carcerário, uma vez que o Pendurado materializa igualmente os prisioneiros.

Bem aspectado. Autorrealização; êxito espetacular; vitória; projeto coroado de sucesso; você receberá honrarias; clientela florescente; o domínio de línguas estrangeiras é bem-vindo; competitividade; diploma recebido com distinção; êxito em um exame ou em um concurso (sobretudo quando associado à Justiça); você recebe um prêmio; indivíduo com muitos diplomas; apoio de uma sumidade ou de uma personalidade influente; rede eficaz de relações.

Mal aspectado. Queda vertiginosa da clientela; perda de rentabilidade; preocupações ligadas à globalização e à conjuntura econômica; filial estrangeira à beira da falência; falta de competitividade; sucesso frustrado; problemas relacionais preocupantes; fraco nível linguístico; triunfalismo estéril.

CONTA BANCÁRIA

Como regra geral, o Mundo é indício de uma boa saúde financeira. Embora em boa parte dos casos o arcano represente aqueles com uma polpuda conta bancária, ele encarna mais um estilo de vida ao qual estão ligadas as grandes fortunas e a elite mundana. O Mundo também costuma encarnar as celebridades, as estrelas de um dia ou de sempre, as pessoas com um estilo de vida suntuoso, os novos-ricos que levam uma vida de magnata, em que o champanhe é servido não apenas nas grandes ocasiões. Quer seu prestígio lhe tenha sido conferido no nascimento, quer decorra de sua fortuna pessoal, uma coisa é certa: ao longo do tempo, seu gerente de banco se tornou seu melhor amigo. Desse modo, sempre lhe estendem o tapete vermelho a cada visita sua ao banco e, por força de sua posição econômica e social, você tem direito a um consultor financeiro exclusivo para tratar de seus últimos investimentos muito lucrativos, do curso de suas ações e de seus títulos. No melhor dos mundos, terão o cuidado de verificar se seu cartão *gold* ou *premium* ainda corresponde às suas necessidades atuais e, se a sorte lhe sorrir, o diretor do estabelecimento aparecerá para cumprimentá-lo pessoalmente. O Mundo frequenta os locais "selecionados"; é alguém da alta sociedade, habituado a gastar somas astronômicas em festas de gala ou particulares, que organiza com luxo nos quatro cantos do mundo. Essa vida de opulência e viagens intercontinentais apresenta a contrapartida de sujeitar todo esse belo mundo ao imposto sobre a fortuna, de maneira que muitos se sentem tentados pelas montagens financeiras e pelos paraísos fiscais *offshore*. Mal acompanhada, essa lâmina também encarna todos aqueles que mantêm um padrão de vida muito superior a seus rendimentos reais ou que perderam toda a noção da realidade, vivendo em um mundo particular. Por fim, em aspectos muito ruins, o Mundo materializa um contexto de crise econômica mundial, que causa um sério impacto aos rendimentos ou às receitas de todos, seja qual for sua condição social.

Bem aspectada. Grande nível econômico e social; vida de VIP, de bilionário; detentor de cartões internacionais (American Express, por exemplo), *gold*, *premium* e *platinum*; contas bancárias polpudas; riqueza; grandes lucros; altos rendimentos; investimentos lucrativos; contas no exterior; paraísos *offshore*; posse de obras de arte e quadros de pintores renomados.

Mal aspectada. Crise econômica mundial; evasão fiscal; nichos fiscais; investimentos *offshore*; luxo ostensivo; imposto sobre grandes fortunas; fortuna mal adquirida; frivolidades caras; vive-se acima dos próprios recursos.

AMORES

O Mundo materializa um casal radiante, para o qual a vida conjugal é um longo rio tranquilo. Como regra geral, nossos pombinhos têm uma vida social intensa, com eventos de todo tipo. Apreciam particularmente a ópera, o teatro, os concertos e as exposições culturais. Uma *love story* com o Mundo é também uma relação de amor com um(a) estrangeiro(a).

Com efeito, o Mundo evoca os encontros inter-raciais. Ele abre suas fronteiras ao "outro" e convida a compartilhar nossas diferenças culturais para que avancemos de mãos dadas.

Bem aspectados. Florescimento sensual; plenitude conjugal; grande abertura mental no casal; encontro com um(a) estrangeiro(a); vida social arrebatadora; romance com uma pessoa rica.

Mal aspectados. Falta de abertura no casal; vida a dois muito tradicional; nível social difícil de manter; sacrifica-se a autenticidade em benefício das aparências; busca frenética do amor impossível; hermetismo perante os outros; dificuldades prejudiciais de relacionamento; comunicação quase inexistente; frivolidades irritantes; falta de classe ou de elegância.

SAÚDE

Que bom presságio é ver surgir esse arcano em uma tiragem de tarô sobre a saúde! Com efeito, sua presença é quase sempre sinal de boa saúde ou cura completa. A não ser em caso de força maior ou quando está realmente mal acompanhada, raras vezes essa carta é negativa. Por si só, o Mundo evoca um indivíduo, homem ou mulher, em plena posse de suas faculdades, tanto físicas quanto psicológicas.

Dado seu perfil cosmopolita, o Mundo evoca com naturalidade as doenças vindas do exterior. Assim, materializa as pandemias e os riscos epidemiológicos. Aparece nas doenças tropicais de origem viral, tal como a malária, o cólera, a febre amarela, a chikungunya ou o coronavírus. O Mundo recomenda tomar todas as precauções em viagens para regiões pantanosas ou países afetados por essas doenças.

Bem aspectada. Excelente saúde; boa vitalidade; cura completa (especialmente perto da Estrela ou do Sol).

Mal aspectada. Pandemias; doenças tropicais de origem viral (febre amarela, malária, cólera, coronavírus, chikungunya).

CONCLUSÃO

Apoteose, excelência, coroação, prestígio... Quantos superlativos para qualificar esse belo arcano pitoresco! O Mundo encarna, ao mesmo tempo, o homem que alcançou o auge de sua arte, a obra de toda uma vida, o fim de uma odisseia, de um périplo (o do nosso Mago, que chegou à maturidade). O Mundo também é a obra-prima da humanidade, a alquimia do *yin* e do *yang*. Traz uma tonalidade decididamente positiva a uma tiragem de tarô e lhe insufla dinamismo. Embora raras vezes seja negativo, às vezes transmite problemas conjunturais, independentes de nossas ações.

O LOUCO

FICHA DE DADOS

IMAGEM. Composto por um andarilho que transporta sua trouxa amarrada a um bastão apoiado em seu ombro direito, o Louco (o "Mat") representa um personagem barbudo, vestido com uma roupa ornada com guizos e um estranho capuz amarelo, como um curinga. Impedido em sua marcha por um cão que parece ter rasgado a parte de trás de sua calça, nosso personagem segue imperturbável por seu caminho, com o bastão de peregrino na mão. A cena se passa em ambiente externo, conforme sugerem os cinco arbustos no solo.

PERFIL. Por simbolizar um intermediário entre o Mundo e o Mago, a carta do Louco encarna tanto o prefácio de uma história quanto seu epílogo. Esse arcano simboliza a evolução, o movimento incessante da vida. O Louco avança, marcha para a direita e, portanto, para seu futuro; não se vira para o passado, ao contrário do Eremita que, por sua vez, precisa dessa retrospectiva. O personagem mostra-se próximo do que é da ordem de outro mundo, do paranormal; seus propósitos neste mundo transcendem o domínio material. Simboliza o princípio da alma que perambula, evoca a reencarnação, a vida após a morte. O Louco materializa um indivíduo que foge às convenções. Muitas vezes, passa por um "iluminado", um vanguardista, um ser deslocado, à margem da sociedade atual e de seus preceitos capitalistas.

Igualmente chamado de "le Fou" (o Louco) em algumas versões do Tarô de Marselha, o Louco reflete o bufão do rei, que era encarregado de animar grandes banquetes para Sua Majestade e a corte de vassalos. Seus trajes clownescos e até carnavalescos, coroados por um capuz improvável e guizos, conferem-lhe a aparência de um personagem cômico que beira o burlesco.

Movido por uma séria necessidade de avançar, de caminhar incansavelmente para onde seu destino o leva, o personagem do Louco evoca os fluxos migratórios e os grandes movimentos de êxodos pelo mundo. O grafismo simboliza tanto alguém que passeia, ou um peregrino, quanto um exilado que precisou fugir de sua pátria para se refugiar em local seguro.

O Louco faz uma viagem leve: carrega consigo poucos pertences. Tem por única bagagem uma pequena trouxa. Esse embrulho simboliza sua história, sua vivência, a soma de seus conhecimentos passados e presentes, que o acompanharão nessa nova aventura.

Olhando mais de perto, a cena como um todo evoca a errância de um mendigo ou as peregrinações de um marginal profundamente ferido, rejeitado pela sociedade. Por si só, o animal que o impele, e parece ter mordido seu flanco direito, simboliza essa sociedade que tende a excluí-lo.

Há que se constatar que nosso andarilho costuma assumir a aparência de um ladrão ou assaltante em fuga. Vestido com um capuz e tendo um cão em seu encalço, o Louco dá a impressão de ser um malfeitor que foge com o fruto do roubo após ter cometido o delito.

O "Mat" remete à expressão "xeque e mate", tomada de empréstimo do árabe para significar que a partida está perdida para um dos dois jogadores. Portanto, simboliza uma derrota e um fracasso tanto no sentido próprio quanto no figurado.

FORÇAS. Seu vanguardismo, seu anticonformismo, sua independência, seu gosto pela aventura, sua originalidade, sua genialidade, sua inventividade, seu lado "faz-tudo", sua comicidade.

FRAQUEZAS. Sua marginalidade, sua insociabilidade, seu lado "extraterrestre", sua excentricidade, seus caprichos, sua imaturidade, sua falta de pragmatismo, sua personalidade confusa, sua tendência a não encarar os problemas, seu toque de loucura, sua errância psicológica, sua aparência negligente, sua personalidade "fora da realidade".

IDADE. A cena evoca um adulto; no fundo, um indivíduo mais velho. Sua idade é muito variável: pode representar tanto um mendigo de 50 anos quanto um viajante de 30.

NÚMERO DE IDENTIFICAÇÃO. Esse arcano não traz nenhum número, é inclassificável e faz pensar em um curinga ou na "desculpa" do baralho de tarô tradicional. Entretanto, por razões práticas e porque segue o 21, com frequência a ele se atribui o número 22.

UNIVERSO PROFISSIONAL

Como regra geral, o Louco é sinônimo de movimento e encarna de fato os deslocamentos profissionais de toda sorte. Assim, é encontrado entre os **carteiros**, os **comerciantes**, os **entregadores**, os **transportadores**, os **caminhoneiros**, os **condutores de ambulância**, os **vendedores ambulantes**, os **camelôs** e todas as profissões que exigem mobilidade. Grande viajante, nosso *globe-trotter* costuma encarnar os **navegadores**, quer se trate de **pilotos de companhias aéreas** ou de **comissárias de bordo** (sobretudo quando justaposto ao Mundo ou à Temperança). Transferido para o mundo empresarial, o Louco materializa as mudanças ou a mobilidade interna, em especial perto da Roda da Fortuna. Nesse caso, fala da evolução na carreira, de uma nova etapa em sua vida profissional. Contudo, quando mal acompanhado, esse arcano materializa não apenas um colega "confuso", um colaborador desorganizado ou pouco atento, mas também uma grande desordem profissional em um cenário de abatimento. Com muita frequência, o Louco encarna um indivíduo à beira do esgotamento psíquico, para o qual o trabalho se tornou um calvário cotidiano. Pode-se até falar em assédio moral quando ele aparece perto do Pendurado. Em termos de imagem pública, o Louco representa sobretudo um personagem vanguardista e um pouco "louco", cuja genialidade faz dele um **criador** único em seu gênero. Ele se aventura fora das ideias comuns e não hesita em lançar novas tendências da moda, em explorar novos conceitos revolucionários. O Louco faz pensar em um Einstein dos tempos modernos! Seus trajes atípicos, semelhantes ao de um saltimbanco, fazem dele o bufão do rei. Esse aspecto improvável, nos limites do paranormal, remete aos **comediantes**, aos **atores de teatro** vestidos com roupas medievais, aos **palhaços** e aos **artistas de rua**.

O Louco, que vagueia com sua trouxa nos ombros como um sem-teto, também materializa os **assistentes sociais** de todas as correntes, tal como os **funcionários do Samu social*** e os **profissionais da área de reinserção social** (sobretudo em contato com o Pendurado ou a Papisa).

Por fim, nosso andarilho representa ora o mundo da loucura e da psiquiatria, ora o universo da deficiência. Portanto, costuma encarnar os **neurologistas**, os **psiquiatras**, os **geriatras**, os **educadores especializados** e os **terapeutas ocupacionais**.

Bem aspectado. Mobilidade bem-sucedida; mudança bem-vinda (sobretudo 22 + 10); evolução esperada; projeto de expatriação na ordem do dia; ano sabático.

Mal aspectado. Projetos irracionais, mal definidos, de contornos vagos; errância profissional; má decisão; impulsividade perigosa; insegurança material; pedir a demissão ou ser mandado embora (sobretudo 22 + 13); esgotamento psíquico; assédio moral (em especial 22 + 12); indivíduo disperso; falta de constância.

CONTA BANCÁRIA

O Louco não tem uma personalidade venal, não é atraído pelo dinheiro, tanto que, com frequência, negligencia a gestão de sua conta bancária. Sua falta de ancoragem no mundo material faz com que às vezes se encontre com um saldo negativo exorbitante. Muitos de seus reveses financeiros provêm de seu lado boêmio e de um percurso profissional desorganizado. Costuma encadear períodos sem trabalho e atividades de curta duração. No pior dos casos, seu modo de vida anticonformista o leva a viver à margem da sociedade e na precariedade mais absoluta. Nesses casos, sobrevive graças aos auxílios sociais e os gestos de generosidade de associações beneficentes.

---

* Na França, grupo de associações não governamentais que presta assistência social a pessoas desfavorecidas. (N.T.)

Bem aspectada. Consegue se virar; recebe auxílio como portador de deficiência; beneficia-se de microcrédito; ajuda de assistente social (sobretudo 22 + 12); vultosas indenizações.

Mal aspectada. Grande falta de realismo; gestão errática da própria conta bancária; saldo negativo com regularidade; grande precariedade; miséria social; benefícios sociais; recurso ao Socorro Popular* e às associações humanitárias; importantes despesas de deslocamento.

AMORES

O Louco é muito apegado à sua liberdade. Sua filosofia conjugal permanece anticonformista, de modo que raras vezes deixa-se prender a uma visão clássica das relações afetivas. Sua independência quase doentia é vivida como um medo do compromisso amoroso no lar. Ele dá a impressão de querer fugir dos problemas conjugais. Quando aparece bem acompanhado, nosso andarilho anuncia uma verdadeira evolução na vida conjugal, uma vontade de passar para a etapa seguinte, de superar uma nova fase, que pode ser a decisão de ter um filho ou mudar para a casa do parceiro... Entretanto, na maioria dos casos, o Louco sofre de instabilidade afetiva; seu modo de vida fora da realidade e seus amores tumultuados são vistos como marginalidade amorosa. Sofrendo por feridas que ainda não tratou, esse náufrago do amor pena para se estabelecer em uma relação estável. Com frequência, esse ser ultrassensível vai de uma desilusão a outra e se sente incompreendido por seus parceiros. Do ponto de vista negativo, esse personagem atípico representa um apaixonado rejeitado, que você expulsa de sua existência com veemência ou, ao contrário, um(a)

---

* Organização francesa sem fins lucrativos, criada em 1945, com o objetivo de combater a pobreza. (N.T.)

parceiro(a) sem escrúpulos que o(a) abandona de um dia para outro de maneira impulsiva.

Também é importante saber que esse *globe-trotter* costuma evocar o encontro com um imigrante ou indivíduo que com frequência viaja fora do território. Por fim, às vezes o Louco materializa um verdadeiro projeto de vida no exterior.

Bem aspectados. Encontro por ocasião de um deslocamento ou de uma viagem; evolução na vida conjugal; uma nova fase é superada; passa-se para a etapa seguinte; projeto de expatriação.

Mal aspectados. Medo de compromissos; independência quase doentia; sentimento de impotência perante o distanciamento entre os parceiros; instabilidade afetiva; marginalidade amorosa; busca quimérica; personagem pouco confiável; encontro com um indivíduo "fora da realidade"; apaixonado recusado ou rejeitado; ação irrefletida; tendência a fugir dos problemas conjugais; impressão de tomar o caminho errado.

SAÚDE

Raramente a presença do Louco em uma tiragem de tarô sobre a saúde é bom sinal. Como regra geral, esse arcano prevê problemas neurológicos ou psiquiátricos e, em menor grau, sintomas relativos à depressão. Na maioria dos casos, indica claramente um episódio depressivo e uma sensação de esgotamento psíquico, tendo por pano de fundo um mal-estar socioeconômico. Preconiza um acompanhamento psicológico e, conforme o caso, exames neurológicos específicos. O Louco é conhecido por representar os doentes mentais e, de modo mais genérico, as patologias comportamentais que necessitam de acompanhamento hospitalar durante o dia ou em clínica psiquiátrica. Sem contar sua ligação com o universo da loucura, costuma-se associar o Louco às doenças na região da cabeça e, sobretudo, às ocorrências de enxaqueca e cefaleia. Assim, perto da Roda da Fortuna, a presença do nosso Louco materializa um exame de ressonância magnética ou uma tomografia computadorizada. No nível neurológico em sentido estrito, com frequência ele aparece nos distúrbios da memória e, em particular, nos pacientes que sofrem de amnésia ou do mal de Alzheimer. Com frequência o Louco é sinônimo de doença mental, mas também representa deficiências motoras e, mais especificamente, pessoas claudicantes ou que possuem alguma má-formação nos membros inferiores. Tomado por alucinações e crises de demência, causadas pela ingestão de substâncias ilícitas, o Louco facilmente afunda no universo das drogas. Com efeito, esse estranho personagem costuma encarnar os dependentes químicos. Assim, às vezes frequenta os centros de desintoxicação.

Bem aspectada. Acompanhamento psiquiátrico benéfico; tratamento com metadona.

Mal aspectada. Depressão; esgotamento psíquico; impressão de *burnout*; dores de cabeça; problemas neurológicos; mal de Alzheimer; senilidade; amnésia; deficiência física ou motora; claudicação (sobretudo em contado com o Pendurado); dependência química; recurso a drogas pesadas.

CONCLUSÃO

O Louco, cujo aspecto surrealista desconcerta qualquer um que cruze seu caminho, marcha inexoravelmente rumo a seu destino sem nunca voltar em sua história. Intermediário entre o Mundo e o Mago, nosso louco em trajes de arlequim é da ordem do que nos escapa, do irracional, do "extraterrestre". Princípio da reencarnação e da alma que sobrevive após a morte, o Louco materializa um eterno recomeço, o do ser humano que, enriquecido por sua vivência e suas experiências anteriores, volta-se incessantemente para novas aventuras. Quando bem acompanhado, encarna um personagem original e atípico, cujo anticonformismo tornou-se um trunfo. Em contrapartida, de tanto se marginalizar e negligenciar o aspecto material das coisas, às vezes afunda em uma inquietante forma de esquizofrenia à beira da loucura. Nesse caso, vive em um universo absurdo, compreendido apenas por ele.

CAPÍTULO 2

A TIRAGEM EM CRUZ: MANUAL DE INSTRUÇÕES

TIRAGEM EM CRUZ: TÉCNICA E LEITURA

Na segunda parte desta obra, pretendo explicar a técnica da tiragem em cruz, para que ela possa ser compreendida e interpretada como convém. Esse método de tiragem, que me agrada particularmente, foi testado e aprovado por centenas de aprendizes que assistiram a meus cursos nesta última década. Essa tiragem apresenta a vantagem de fornecer uma multiplicidade de detalhes passados, presentes e futuros sobre a vida do consulente e as problemáticas que a eles se referem. Tentarei decompor essa tiragem e, sobretudo, revelar as armadilhas que estão na origem de muitos erros de interpretação, tomando cuidado para sempre me colocar na pele do iniciante. Depois de transportar o leitor para os meandros teóricos da tiragem em cruz, exporei diversos casos práticos, derivados de minhas consultas particulares, com o retorno da experiência dos principais interessados.

Desejo a todos uma boa leitura...

1) APRESENTAÇÃO DA TIRAGEM EM CRUZ

A tiragem em cruz é composta de cinco arcanos maiores que, como seu nome indica, são posicionados em forma de uma cruz que gira em torno de seu eixo central. Portanto, os arcanos, que chamaremos de A, B, C, D e E, são colocados na seguinte ordem:

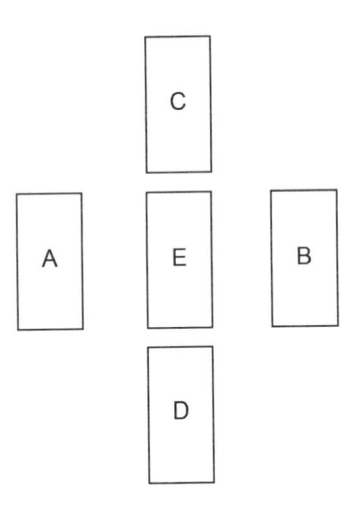

2) LEITURA DA TIRAGEM EM CRUZ

A tiragem em cruz deve ser lida da esquerda para a direita, em sentido anti-horário, conforme mostra o esquema a seguir:

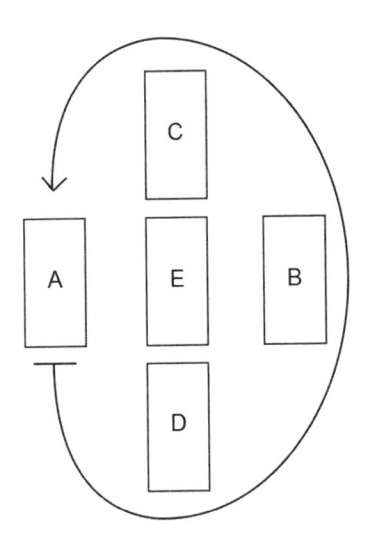

3) MODO DE TIRAGEM DOS CINCO ARCANOS

Não existe um modo de tiragem melhor do que outro. Na minha opinião, dispor os 22 arcanos em semicírculo à nossa frente ou completamente embaralhados não tem nenhuma importância, desde que permaneçamos concentrados na pergunta que desejamos fazer. De acordo com minha experiência, é primordial formular a pergunta ao menos uma vez em voz alta a fim de materializá-la, depois a repetir mentalmente, respeitando um silêncio quase religioso.

De minha parte, peço a meus consulentes que embaralhem os 22 arcanos maiores à sua frente, depois escolham cinco cartas "ao acaso", que disponho de acordo com o esquema anterior. A leitura da tiragem pode, então, começar.

4) TEMPORALIDADE E TIRAGEM EM CRUZ

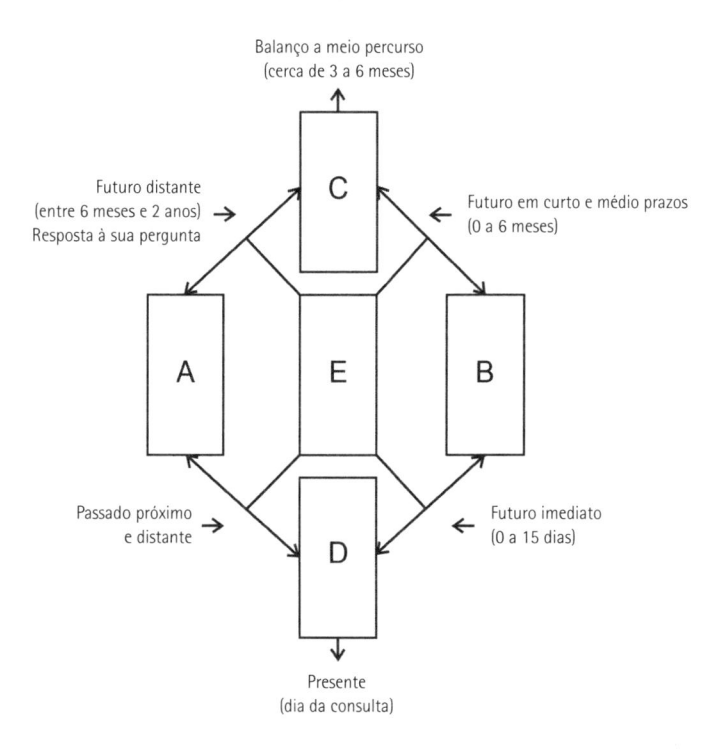

```
                    Balanço a meio percurso
                    (cerca de 3 a 6 meses)
                              ↑
                            ┌───┐
  Futuro distante           │   │    Futuro em curto e médio prazos
  (entre 6 meses e 2 anos) →│ C │←   (0 a 6 meses)
  Resposta à sua pergunta   │   │
                            └───┘
                    ↙               ↘
              ┌───┐   ┌───┐   ┌───┐
              │   │   │   │   │   │
              │ A │   │ E │   │ B │
              │   │   │   │   │   │
              └───┘   └───┘   └───┘
                    ↖               ↗
                            ┌───┐
  Passado próximo    →      │   │    Futuro imediato
  e distante                │ D │ ←  (0 a 15 dias)
                            │   │
                            └───┘
                              ↓
                           Presente
                         (dia da consulta)
```

Os espaços e tempos se articulam em torno de quatro pontos cegos, cada um deles composto de dois trinômios. Abordaremos os pontos cegos na seção nº 7. Esses espaços e tempos se decompõem da seguinte maneira:

- o ponto cego nº 1, materializado pelo triângulo A + D + E, engloba os acontecimentos relativos à história do consulente. Fala do passado próximo e distante, de acordo com os eventos descritos;
- o valor D representa o dia "D" da consulta. Aqui, situamo-nos no presente imediato. Ele descreve a situação do interessado no dia da consulta e às vezes cobre fatos que remontam a uma semana antes ou após o dia "D";
- o ponto cego nº 2, materializado pelo triângulo D + B + E, cobre o futuro imediato e dá indicações suplementares sobre o teor dos acontecimentos presentes. Inclui eventos futuros quase instantâneos, de cerca de 0 a 15 dias;
- o ponto cego nº 3, materializado pelo triângulo B + C + E, cobre acontecimentos do futuro em curto e médio prazos, ou seja, de um a seis meses, dependendo da natureza dos fatos e eventos relatados;
- o valor C oferece um balanço em curto e médio prazos. Ele responde parcialmente à pergunta feita pelo consulente. Em algumas tiragens, sua mensagem é quase definitiva e já dá o sentido a ser atribuído à sua resposta;
- o ponto cego nº 4, materializado pelo triângulo C + A + E, cobre os acontecimentos situados no futuro em longo prazo, um período que oscila entre alguns meses e vários anos, de acordo com os fatos estudados. Além disso, esse ponto cego engloba o resultado definitivo para a sua pergunta.

Observação. Embora seja comum admitir que a duração de uma tiragem em cruz raramente excede um ano, seu espaço-tempo não é fixo e permanece extensível dependendo do contexto. Algumas tiragens em cruz nos permitem, por exemplo, remontar a vários anos no passado ou, diferentemente, captar acontecimentos futuros muito além de um ano. Quanto ao futuro próximo, ela costuma oscilar entre um e seis meses, de acordo com a natureza dos fatos e a área abordada.

5) PAPEL DOS CINCO ARCANOS MAIORES

Cada um dos cinco arcanos que formam a tiragem em cruz assume um significado bem determinado em função de sua posição no jogo. Portanto, cada um desempenha um papel preciso, como indicado abaixo:

- **A** = o consulente. Nele encontramos suas qualidades intrínsecas, suas competências e seus pontos fortes e vemos sobretudo suas atividades e sua área profissional. Em geral, trata-se de todos os elementos favoráveis a você diante da pergunta.

- **B** = os outros. Essa posição, também chamada de "contrária" em diversos manuais de tarô, materializa a adversidade e a problemática perante as quais se encontra o consulente. Nela vemos o que contraria seus projetos. Dependendo do contexto, percebemos claramente as fraquezas do consulente. Também se trata de todos os elementos externos sobre os quais você não tem nenhuma influência.

- **C** = a orientação. Essa posição materializa o futuro em curto e médio prazos e dá uma indicação muito precisa dos acontecimentos vindouros. Em alguns tipos de tiragem, às vezes anuncia o resultado quase definitivo para suas interrogações. Esse elemento interveniente é fundamental para a interpretação da sua tiragem; é preciso estudá-lo com cuidado, pois ele influencia o resultado final e avalia as reviravoltas, boas ou ruins, inerentes à tiragem em cruz.

D = o aqui e o agora. Representa o presente imediato e traduz a situação com a qual você é confrontado no momento da pergunta. Essa posição materializa suas forças e suas fraquezas no dia da consulta.

E = estado de espírito do consulente. Geralmente chamada de "síntese", essa carta central confere uma coloração à totalidade da tiragem em cruz, pois exerce sua influência em todas as outras lâminas do tarô. Disposto bem no centro da tiragem em cruz, esse arcano desempenha um papel importante em todos os níveis de interpretação da tiragem. Permite sobretudo calcular os pontos cegos e os trinômios que abordaremos na seção nº 7.

6) BEM ASPECTADO/MAL ASPECTADO

Bem aspectado. Terminologia empregada para definir todo arcano posicionado em **A**, em uma tiragem em cruz, ou para qualificar toda lâmina de tarô cercada por outros arcanos com polaridades positivas, independentemente de sua posição na tiragem.

Mal aspectado. Terminologia empregada para definir todo arcano posicionado em **B**, em uma tiragem em cruz, ou para qualificar toda lâmina de tarô cercada por outros arcanos com polaridades negativas, independentemente de sua posição na tiragem.

7) OS PONTOS CEGOS

Em número de quatro, cada ponto cego engloba dois pares de trinômios que resultam da soma dos três arcanos maiores que os compõem. Esses quatro pontos cegos produzem uma boa quantidade de informações capitais, que permitem enriquecer e dar sustentação à interpretação da tiragem em cruz. Representam a face oculta da tiragem e são distribuídos de acordo com o seguinte esquema:

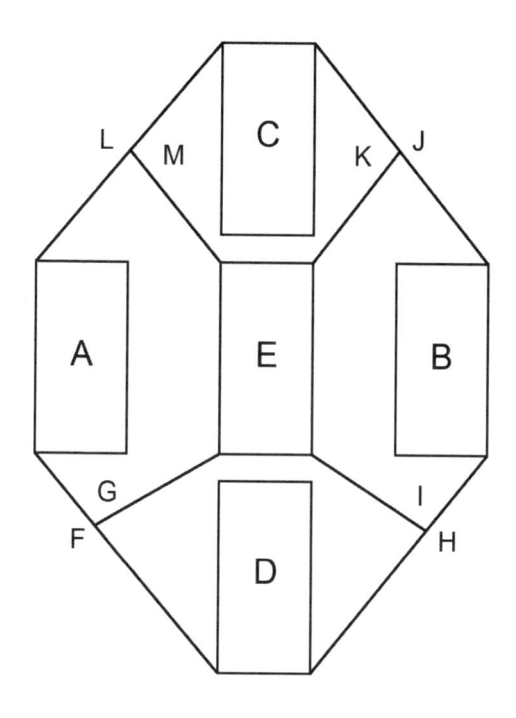

Observando mais de perto, você poderá constatar que existe um par de trinômios por ponto cego. Em número de oito, eles estão presentes em cada espaço-tempo. Portanto, encontramos dois trinômios no passado, dois no presente, dois no futuro próximo e dois no futuro distante. Esses trinômios resultam da adição dos três arcanos maiores, cada um deles formando pontos cegos.

Os arcanos A + D + E formam um triângulo isósceles que representa um ponto cego do passado. Ao somarmos A + D, obtemos um novo valor, nomeado "F", que, por sua vez, soma-se a E para a obtenção do valor G. Provenientes da adição dos três arcanos iniciais, esses dois novos valores, F e G, formam os dois trinômios do passado, respectivamente A + F + D e F + G + E. Segundo o mesmo modo de cálculo, obtemos os trinômios D + H + B e H + I + E no presente, os trinômios B + J + C e J + K + E no futuro próximo e, por fim, os trinômios C + L + A e L + M + E no ponto cego do futuro mais distante.

Uma vez que o Tarô de Marselha é composto de 22 arcanos maiores, o resultado proveniente da soma de dois arcanos maiores sempre deve ser reduzido a um valor inferior ou igual a 22, valor do Louco. No caso contrário, o resultado obtido deve ser transformado de acordo com o princípio da adição teosófica, própria da numerologia. Assim, à guisa de exemplo, se somarmos o arcano 21 (o Mundo) ao arcano 11 (a Força), obteremos o número 32 (21 + 11), resultado de uma simples adição aritmética. No entanto, para ser utilizado no Tarô de Marselha, esse número tem, necessariamente, de ser reduzido a um valor inferior ou igual a 22. Ao se aplicar o método da adição teosófica, somamos o 3 e o 2, que formam o número 32, e obtemos 5 como resultado, ou seja, o arcano 5, o Papa.

Observação. Convém prestar atenção em cada um dos quatro pontos cegos que compõem nossa tiragem em cruz, mas uma atenção particular deve ser dada ao ponto cego do futuro mais distante, pois ele fornece a resposta definitiva para sua pergunta. Assim, os trinômios C + L + A e L + M + E lhe permitirão aperfeiçoar suas previsões.

8) TIRAGEM EM CRUZ COBERTA

A tiragem em cruz coberta nos dá acesso a um segundo nível de interpretação. Eu a aconselho a quem deseja dar sustentação à sua análise. A participação de um arcano suplementar permite circunscrever cinco novos pares de binômios, aos quais convém atribuir grande importância. De fato, às vezes acontece de essa nova grade de leitura modificar o sentido inicial de uma tiragem em cruz padrão. Essa tiragem em cruz coberta se apresenta conforme o modelo a seguir:

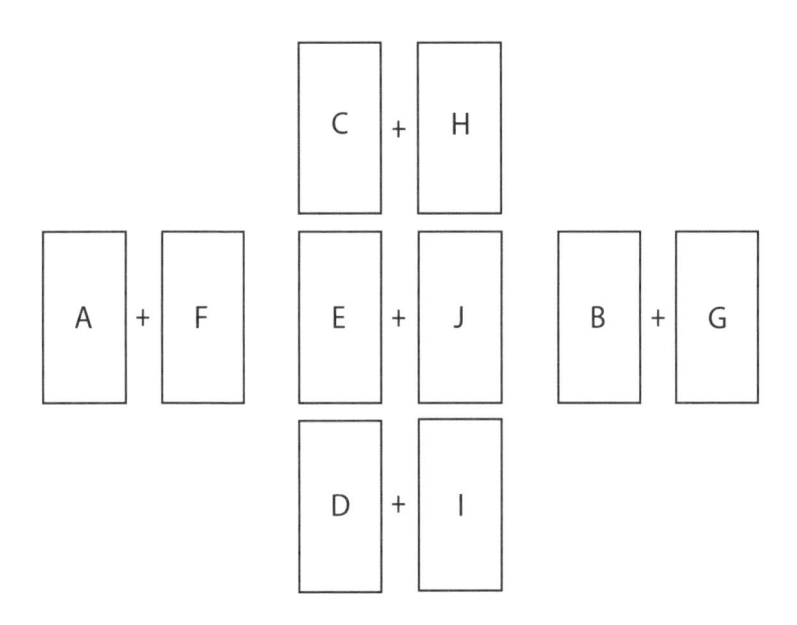

```
            C + H

A + F       E + J       B + G

            D + I
```

9) TEMÁTICA E ARCANOS EMBLEMÁTICOS

Como você pôde constatar por conta própria ao estudar os perfis traçados na primeira parte desta obra, alguns arcanos maiores se referem mais a uma ou outra temática. Assim, algumas lâminas do tarô se tornam verdadeiras instituições, caso você aborde uma questão relativa a seu trabalho, ao estado de suas finanças, seus sentimentos amorosos ou sua saúde.

Portanto, é importante definir os "arcanos emblemáticos" que regem os quatro domínios explorados neste livro, a fim de facilitar a leitura de suas tiragens de tarô. Dependendo da posição que esses arcanos emblemáticos ocuparem ou se forem bem ou mal aspectados (sobretudo em posição B), terão um impacto considerável na leitura da tiragem em cruz.

- **Universo profissional**
  Em uma tiragem sobre o trabalho, convém observar a presença e a posição do Carro (arcano emblemático do trabalho e das atividades), do Imperador (arcano emblemático em matéria de segurança no emprego ou estabilidade profissional), e da Justiça (arcano emblemático dos contratos e históricos de carreira). Desse modo, esses três arcanos maiores e emblemáticos do domínio profissional devem ser controlados com o máximo cuidado quando você interpretar as tiragens relativas às profissões. Se esses arcanos maiores forem bem ou mal aspectados, o tarô transmitirá uma mensagem totalmente diferente.

- **Finanças**
  No universo impiedoso das finanças, convém observar a presença e a posição do Diabo (arcano emblemático das finanças e dos investimentos), da Roda da Fortuna (arcano emblemático dos créditos) ou da Justiça (arcano emblemático dos salários e da contabilidade).

- **Amores**
  No nível amoroso, é importante notar a presença e a posição do Sol (carta emblemática do casal), do Enamorado (carta emblemática dos encontros), do Papa (carta emblemática da união e da seriedade) ou do Pendurado (carta emblemática dos relacionamentos).

- **Saúde**
  Em uma tiragem sobre a saúde, é importante observar a presença e a posição do Pendurado (arcano emblemático da saúde),

da Estrela (arcano emblemático dos tratamentos), da Casa de Deus (arcano emblemático das emergências e das intervenções) e do Louco (arcano emblemático do aspecto mental).

Na ausência de arcanos emblemáticos que representem o domínio abordado, convém pesquisar sua posição nos trinômios ou fazê-los aparecer, cobrindo a tiragem em cruz.

Fora das temáticas abordadas acima, cada arcano maior é emblemático de um ou vários domínios de predileção. Portanto, elaborei a lista a seguir com conhecimento de causa, a fim de fornecer mais conteúdo para suas interpretações:

O Mago: arcano emblemático da aprendizagem e dos recomeços na vida;

A Papisa: arcano emblemático dos estudos e da escrita;

A Imperatriz: arcano emblemático das correspondências e das relações públicas;

O Imperador: arcano emblemático da autoridade;

O Papa: arcano emblemático das formações, dos cursos e das conferências;

O Enamorado: arcano emblemático das escolhas, dos amigos e dos colegas de trabalho;

O Carro: arcano emblemático das atividades e dos deslocamentos terrestres;

A Justiça:	arcano emblemático das administrações, dos contratos e das instituições;
O Eremita:	arcano emblemático do passado, da lentidão e da busca;
A Roda da Fortuna:	arcano emblemático das oportunidades, da mobilidade e das vicissitudes da vida;
A Força:	arcano emblemático dos independentes, das responsabilidades e da motivação;
O Pendurado:	arcano emblemático dos bloqueios, da saúde, da ecologia e da espiritualidade;
O Arcano sem Nome:	arcano emblemático das rupturas, do desemprego e dos traumas (luto, separação...);
A Temperança:	arcano emblemático dos contatos telefônicos, das viagens aéreas e do descanso;
O Diabo:	arcano emblemático da política, dos negócios e da negociação;
A Casa de Deus:	arcano emblemático das reestruturações, das obras, das reviravoltas e dos fracassos;
A Estrela:	arcano emblemático do futuro, dos artistas e da cultura;

A Lua: arcano emblemático da psicologia, dos bens imobiliários e dos espaços públicos (hospitais, lojas...);

O Sol: arcano emblemático da família, do auxílio mútuo e da gravidez;

O Julgamento: arcano emblemático dos tribunais e da comunicação (*web*, televisão...);

O Mundo: arcano emblemático da clientela, da globalização e dos estrangeiros;

O Louco: arcano emblemático dos sem-teto, dos deficientes, dos imigrantes e dos viajantes.

Observação. Essa lista não é exaustiva. Convido o leitor a enriquecê-la de acordo com suas próprias análises de tiragem. Nela retomo os grandes temas próprios de cada arcano, os mesmos que já abordamos na primeira parte desta obra.

10) ARCANOS MÓVEIS E ESTÁTICOS

Alguns arcanos ditos "móveis" influem na ação. Exprimem uma dinâmica própria e imprimem um movimento à tiragem, enquanto outros, mais "estáticos", atribuem-lhe uma dimensão de ordem psicológica, gerando uma reflexão sobre os acontecimentos em curso.

Parece-me importante saber distinguir as lâminas de tarô que transmitem energia a suas tiragens daquelas que, diferentemente, convidam a parar e a refletir por certo tempo. Também ressalto que alguns arcanos mais neutros não entram nessa classificação.

- **Arcanos móveis:** o Mago, o Carro, a Roda da Fortuna, a Força, o Arcano sem Nome, a Temperança, a Casa de Deus, o Sol, o Julgamento, o Louco.

- **Arcanos estáticos:** a Papisa, o Eremita, o Pendurado, a Estrela, a Lua.

Conforme sejam móveis ou estáticos, os arcanos influenciam a duração da realização dos acontecimentos. Uma tiragem constituída exclusivamente de arcanos "estáticos" desacelera de maneira considerável o curso dos acontecimentos futuros e necessita de uma abordagem mais psicológica de seu conteúdo. Inversamente, um grande número de arcanos "móveis" acelera o curso dos acontecimentos e às vezes reduz a duração habitual da tiragem em cruz de modo significativo. Apenas a experiência lhe permitirá ajustar suas previsões e ver em um piscar de olhos com que tipo de tiragem você está sendo confrontado.

11) DATAÇÃO

Sem dúvida, a datação é o exercício mais arriscado em matéria de adivinhação. Para ajudá-lo a circunscrever o espaço-tempo e, portanto, a datar suas tiragens da melhor forma, pretendo oferecer-lhe certo número de indícios que já foram comprovados. Não tenho a pretensão de lhe dar um *kit* "pronto", apenas vários elementos que são fruto de múltiplas observações, oriundas de minhas consultas particulares há mais de dez anos.

a) Os dias

É extremamente raro datar um evento precisamente no dia "D" de sua realização, mas é possível recorrer à numeração dos arcanos maiores para definir sua data. Fora os anos bissextos, cada mês do ano é composto de 30 ou 31 dias.

Simplesmente utilizo o número do arcano para os 22 primeiros dias do mês; assim, o Mago evoca o 1º dia útil, o Mundo evoca o 21º e assim por diante. Embora eu atribua ao Louco o 22º dia do mês, ele permanece atemporal, pois não tem número oficial. Partindo do princípio de que aparece após o Mundo e exprime um "além", uma continuidade, atribuo-lhe um valor superior. Desse modo, o Louco materializa invariavelmente um dia compreendido entre o 22º e o 31º dia do mês.

b) Os doze meses do ano

Segundo um sistema análogo ao anterior, considero que os doze primeiros arcanos do tarô cobrem os doze meses do ano. Portanto, utilizo o Mago para o mês de janeiro, a Papisa para o de fevereiro e assim por diante, até o Pendurado para o mês de dezembro.

c) Início e fim

É natural que o Mago, o número 1, evoque o ponto de partida e em geral encarne o mês de janeiro, mas ele também anuncia o início de um período ou de uma estação quando está perto de outros arcanos maiores. Desse modo, o binômio 1 + 18 materializa o começo da estação fria e, portanto, do inverno, enquanto o binômio 1 + 19 materializa o início do período estivo. No mesmo sentido, o binômio 1 + 4 faz referência ao princípio de abril, o binômio 1 + 6 ao princípio de junho etc.

O Eremita, que encarna um velho no crepúsculo da vida, também representa o fim de uma etapa, um período que chega ao fim. Assim, encontramos os binômios 18 + 9 e 19 + 9 para evocar, respectivamente, o fim do período invernal e o fim do verão... Do mesmo modo, o binômio 5 + 9 materializa o fim de maio, o binômio 11 + 9 nos remete ao fim de novembro etc.

O Eremita, que carrega o número 9, fala essencialmente do mês de setembro, no hemisfério norte, sobretudo quando segue o 19 (verão), mas não de maneira exclusiva. Notei várias vezes, ao longo de minhas consultas, que esse arcano também evoca o mês de janeiro (em particular quando próximo do Mago). Prova disso é a lentidão desse arcano, que está em perfeita analogia com o signo de Capricórnio. Além disso, o personagem está coberto, como em um período de grande frio. Forma um casal de idosos com a Papisa, que também veste roupas quentes. Dependendo dos arcanos que o cercam, o Eremita pode encarnar ora o mês de janeiro, ora o de setembro.

d) Passado e futuro

- O passado: como já assinalamos ao estudarmos seu perfil, o Eremita caminha para a esquerda; portanto, volta-se para seu passado. Esse homem idoso representa a história e o tempo vivido. Portanto, é natural que materialize o passado no Tarô de Marselha. Evoca tanto o ano que passou quanto acontecimentos muito antigos.
- O futuro: a Estrela encarna o futuro. Esse arcano representa os astros e, por extensão, todas as pessoas que os estudam a fim de prever o futuro. De fato, ela é o arcano do futuro e de suas grandes esperanças. Encarna tanto o futuro imediato quanto o futuro distante.

e) As estações

- O Sol que brilha materializa o verão e representa o dia.
- A Lua simboliza o inverno e é o astro da noite.
- A Estrela representa a primavera. O arcano evoca o derretimento da neve (sobretudo ao final do inverno, ou seja, 18 + 17). O grafismo fala de um verdadeiro renascimento. O solo está fértil, a erva está verde, a água corre em abundância.

- O Arcano sem Nome simboliza o outono. É chegado o momento da austeridade. Ele representa a ceifa, a colheita, as vindimas tardias... O grafismo simboliza um solo árido e sombrio, é preciso varrer as folhas mortas. O arcano materializa esse período do ano sobretudo porque também encarna o mês de novembro e o dia de Todos os Santos.

f) Diversos

- A Temperança simboliza o ócio e os períodos de lazer. Representa os feriados, os descansos, as férias escolares...
- O Diabo. Às vezes, sua sede de poder, seu espírito de revolta ou sua necessidade insaciável de seduzir materializa o mês de novembro em razão de sua afinidade com o signo de Escorpião.
- O Arcano sem Nome e seu aspecto esquelético materializam a morte e, portanto, o mês de novembro em razão da festa dos mortos. De resto, existe uma analogia com Plutão, que rege o signo de Escorpião.

FÓRUM DOS INICIANTES: PERGUNTAS E RESPOSTAS

Nesta sessão, considerei útil fazer uma lista das perguntas feitas com mais frequência pelos neófitos ao longo de minhas oficinas de tarô. Vale ressaltar que alguns estudantes já tinham boas noções de tarologia, de modo que os debates despertaram muito entusiasmo em todos os participantes. Respondo a essas perguntas segundo meu método de trabalho, em especial graças aos bons resultados que ele me permitiu obter durante minhas consultas particulares.

- **Qual o valor exato de D?**
  Enquanto muitas obras de tarô vendem D como o resultado da tiragem em cruz, isso não é verdade. É o que a prática de minhas consultas me demonstra todos os dias. Fonte de inúmeros erros de interpretação, é primordial restituir seu verdadeiro lugar a D, a fim de termos êxito em nossas análises.

  Conforme explicamos anteriormente, D une o passado e o futuro próximo. Seu valor é o do presente imediato, do aqui e agora. Exprime a situação atual perante a qual se encontra o consulente no momento da tiragem. Por essa razão, que depende mais da lógica do que da clarividência, D não pode ter um duplo valor presente e futuro. A resposta à pergunta não pode, de maneira alguma, situar-se nessa área, pois se trata do

presente. Como poderia D ser presente e futuro ao mesmo tempo? Sem dúvida, isso não faz nenhum sentido. No entanto, por causa dessa confusão de termos diferentes, inúmeros participantes das oficinas não conseguiam compreender por que o resultado de sua pergunta não correspondia em nada à realidade de sua situação futura. Observavam uma diferença que não conseguiam explicar, pois pensavam, de maneira errônea, que D fizesse as vezes de resultado, quando na realidade se tratava do presente. Portanto, é fundamental ter em mente que D corresponde exclusivamente aos acontecimentos presentes e às problemáticas que a eles se referem no dia "D" da consulta.

Além disso, se você ler a tiragem em cruz como convém, ou seja, no sentido anti-horário, começará sua análise partindo de A (o passado), depois percorrerá o tempo fazendo escala no presente imediato (D), antes de seguir viagem rumo a C (seu futuro). Esse ciclo reflete o próprio princípio da evolução e simboliza a ciranda da vida que não para de se perpetuar ao longo dos séculos: nascemos (A), somos (D) e nos tornamos (C).

- **É necessário calcular a síntese (E)?**
Parto do princípio de que nossas mãos são guiadas e de que o fato de tirar este ou aquele arcano não é fruto do "acaso". Por que sou levado a escolher esta lâmina de tarô em vez daquela? Calcular a síntese equivale a intervir na tiragem e orientá-la, atribuindo a E um valor "artificial" que sem dúvida teria sido diferente se você o escolhesse manualmente. Portanto, por que E deveria ser resultado da soma teosófica dos outros quatro arcanos maiores? Por que recorrer a esse modo de cálculo que tira do consulente uma parte de seu livre-arbítrio e reduz o campo das possibilidades? Por uma questão de credibilidade e para deixar que a mão do consulente disponha plenamente de

seu destino, encorajo o aprendiz a tirar os cinco arcanos da mesma maneira, sem exceção.

- **A cor de uma tiragem é importante?**
Nesse nível, repito a outros colegas que insistem na importância da cor em uma tiragem em cruz: embora seja verdade que uma tiragem em cruz colorida e até flamejante é auspiciosa, enquanto uma tiragem escura representa mau agouro, por experiência própria, nem sempre é o caso. A cor do arcano 19, que ilumina nossas tiragens em cruz, é um bom exemplo disso: quando ele aparece mal acompanhado ou mal posicionado (em B, por exemplo), sua mensagem é marcada por negatividade. Dependendo do contexto, pode tratar-se de um casal em perigo, de uma parceria mal iniciada, de um distúrbio cardiovascular, de um problema bancário... Essa constatação é válida para todo arcano de cores vivas. Não há dúvida de que a cor é importante na tiragem em cruz, mas é preciso tomar cuidado para não reduzir sua interpretação apenas a esse aspecto visual. Como diz a máxima: "É melhor não confiar nas aparências!".

É necessário interpretar os arcanos do tarô em posição invertida?

De minha parte, trabalho somente com os arcanos do tarô na posição correta. Tal como muitos videntes que utilizam esse suporte, considero que a posição invertida não traz nenhuma informação suplementar à tiragem em cruz, apenas complica inutilmente a interpretação do tarô para os iniciantes. Ao querer utilizar esse princípio, pude constatar que muitos aprendizes se lançam em considerações metafísicas tão distantes da realidade da tiragem que têm dificuldade para ler as mensagens mais simples do tarô.

Alguns autores da última geração argumentam que essa posição, chamada de "invertida", acrescentaria uma dimensão psicológica à tiragem, permitindo analisar o estado de espírito do consulente. De um lado, o Tarô de Marselha não foi concebido para interpretar os arcanos na posição invertida e, de outro, essa prática tem o dom de confundir o iniciante e alterar o sentido inicial de cada arcano maior.

Cada arcano é naturalmente carregado de polaridades positivas e negativas, tal como um humano normalmente constituído, de modo que não há nenhuma necessidade de tirar um arcano em posição invertida para atribuir-lhe um valor negativo. Cada lâmina do tarô não é boa nem ruim em si. Ela lembra um jogo de sombras e luzes que exprimem toda a sua quintessência em contato com as outras. Com efeito, se uma tiragem profissional lhe anuncia que você está para ser demitido ou que seu cargo está para ser extinto (13), acha mesmo que o trauma será mais impactante se o Arcano sem Nome tiver sido tirado "na posição invertida" ou na correta? É a alquimia ou a interação dos arcanos entre si que permite definir o grau de positividade ou negatividade dessa ou daquela mensagem.

Além disso, tal como o Eremita e a Lua, alguns arcanos encerram uma dimensão psicológica suficientemente manifesta, sem que seja necessário tirá-los "na posição invertida" para que esse aspecto apareça.

Originalmente, a tiragem em cruz previa as posições A e B para definir os bons e os maus aspectos, os "prós" e os "contras". Por exemplo, a carta do Carro em posição B, também chamada de "contrária", em uma tiragem profissional com frequência falará de um problema no local de trabalho ou do fato de não se ter trabalho. Ela assume uma dimensão negativa pelo simples fato de estar posicionada em B. Posso assegurar que o fato de apresentá-la também "ao contrário" nessa posição B não acrescentará nada à gravidade dos problemas encontrados pelo consulente em matéria de emprego. Inversamente proporcional, o Carro em posição A é um bom presságio em uma tiragem profissional, quer esteja invertido, quer não!

Como esse método não me parece interessante, preconizo o uso do tarô na posição correta, a fim de facilitar sua compreensão, mas também para respeitar o espírito do tarô, tal como ele foi concebido em sua origem.

- **Que valor dar ao Louco: 0 ou 22?**
Essa é a pergunta mais difícil de responder. Os puristas lhe dirão que o Louco não tem número e que convém atribuir-lhe o valor 0. Mesmo não tendo número, não deveríamos dar-lhe nenhum valor, nem 0, nem 22. Ele seria, então, utilizado como um curinga ou como a Desculpa no baralho de tarô clássico. Pessoalmente, atribuo-lhe o valor 22 por razões práticas. Existem 22 arcanos maiores, e esse arcano materializa a união entre o Mundo (21) e o Mago (1). Para mim, o Louco evoca a continuidade, a sequência, a reencarnação... Portanto, ainda que seja contestável, atribuo-lhe um valor superior a 21.

- **Os personagens são importantes?**
Sim. Os personagens representados nas imagens alegóricas do Tarô de Marselha são um enorme auxílio na interpretação das tiragens em cruz. O sexo, a idade e a indumentária também são informações úteis que lhe permitirão apurar suas previsões. O arcano da Força representará principalmente uma mulher forte ou com excesso de peso, enquanto o Arcano sem Nome indica, antes, uma pessoa magra e até esquelética. Convém compreender todos esses pequenos detalhes "insignificantes" para realizar boas consultas.

- **Onde se situa o resultado definitivo da tiragem em cruz?**
  Conforme mencionei anteriormente, o resultado definitivo para suas perguntas deve ser procurado no ponto cego do futuro distante. Portanto, convém analisar respectivamente os trinômios C + L + A e L + M + E com a máxima atenção, pois é a alquimia desses arcanos maiores que lhe permitirá entregar suas conclusões ao consulente. Nesse sentido, os valores L e M geralmente dão o resultado definitivo por si só. Entretanto, como constatei várias vezes, o valor C (futuro em curto e médio prazos) pode dar uma resposta quase definitiva às suas perguntas. Em um cenário como esse, o ponto cego do futuro distante não traz nenhum detalhe suplementar que possa enriquecer mais a tiragem.

- **O arcano 13 é ruim?**
  Já nem conto o número de consulentes que estremece só de ver o Arcano sem Nome. De fato, esse mal-amado do Tarô de Marselha parece causar-lhes arrepios. Dizem-me: "Mas é a morte, que horror!" ou: "Ele me dá medo; eu sabia que ia tirar uma carta ruim...". Na realidade, embora o grafismo desse personagem incômodo seja suscetível de gerar uma reação negativa no inconsciente coletivo, sua significação raramente é nefasta. É claro que às vezes ele anuncia tristezas e ignomínias, mas também é vetor de renovação. Parece-me mais sinônimo de transformação e metamorfose do que de trauma. Quando lhe reconheço um valor "negativo", isso se dá essencialmente em virtude de seu caráter brutal, imprevisto e repentino. Ainda que a ação desse mal-amado seja, no fim das contas, um mal por um bem, raramente o consulente percebe o benefício dessa transformação no momento em que sofre essa mudança de estado. De fato, o Arcano sem Nome modifica profundamente

a percepção dos elementos e das pessoas que o cercam. Embora às vezes indique a morte física, não é suficiente para anunciar a morte de um parente do consulente. Com muito mais frequência, o arcano 13 materializa uma fratura, um corte e até uma cirurgia, em vez da morte de um ente querido. Para que você possa se familiarizar com todos os aspectos positivos desse arcano, tente analisar seu perfil. Em conclusão, esse arcano não tem uma conotação mais negativa do que qualquer outro. É tão útil quanto seus outros 21 companheiros.

- **O arcano 21 é uma boa carta!**
Essa afirmação, que compromete apenas seu autor, é em parte verdadeira. Sem dúvida, ele evoca o triunfo e o sucesso, como estudamos na primeira parte desta obra. No entanto, dependendo das cartas circunstantes e de sua posição na tiragem, esse arcano pode ser catastrófico. Posicionado em B, fala invariavelmente de um estabelecimento comercial abandonado pela clientela ou de uma grave crise econômica, como a que atravessamos atualmente, de um problema de concepção ou do nascimento de um bebê. Mais uma vez, embora a coroa de louros atraia o olhar e sugira de imediato um sucesso, é sempre bom dar uma olhada em seus companheiros e em sua posição antes de dar um diagnóstico sobre a tiragem que você está analisando.

A CAIXA DE FERRAMENTAS

Nesta seção, pretendo oferecer-lhes as ferramentas necessárias para uma interpretação de qualidade. Trata-se do "mínimo necessário" em matéria de associações. Encorajo vivamente todo estudante de tarologia a decorar essas associações, pois elas lhe abrirão as portas da vidência. Essas combinações são classificadas por temas e por ordem de frequência. São fruto de anos de trabalho em contato com a clientela e constituem uma base de dados preciosa. Longe de ser exaustiva, essa lista lhe permitirá desenvolver interpretações rápidas e ganhar tempo na leitura de suas tiragens em cruz.

1) O UNIVERSO PROFISSIONAL

7 + 8 = contrato (8) de trabalho (7)
5 + 8 = contrato (8) de estágio/formação (5)
9 + 7 = busca (9) de emprego (7)
9 + 20 = busca (9) por meio da internet (20)
20 + 7 = entrevista (20) profissional (7)
8 + 13 = seguro (8) desemprego (13)
8 + 19 = protocolo (8) de acordo (19) e, dependendo do contexto, oferta pública de aquisição (OPA), fusão, parceria, associação

5 + 2   = formação/estágio (5) teórico, acadêmico (2)
5 + 15 = agência (5) de emprego (15)
5 + 13 = consultor (5) da agência nacional de emprego (13)
8 + 6   = contrato (8) de seis meses (6) e, dependendo do contexto, de três meses por meio período
10 + 22 = mudança de cargo: mobilidade (10)/alteração (22)

Observação: esses binômios podem ser lidos nos dois sentidos.

– Organograma e hierarquia na empresa:

O Papa (5) = presidente ou diretor geral. O Papa materializa os cargos. Engloba igualmente todos os empregados masculinos de meia--idade ou próximos da aposentadoria, de todas as corporações.

A Papisa (2) = embora às vezes consiga alçar-se à categoria de presidente ou diretora geral, materializa sobretudo os chefes de departamento. Com frequência é encontrada no cargo de diretora de recursos humanos (2 + 21). Encarna sobretudo as mulheres de meia-idade ou próximas da aposentadoria dentro da empresa, de todas as corporações.

O Imperador (4) = diretor geral. Dependendo do contexto, obtemos 4 + 9 (informática) = diretor de informática, 4 + 15 (finanças) = diretor financeiro, 4 + 21 (recursos humanos) = diretor de recursos humanos, 4 + 17 (artistas) = diretor artístico... O Imperador também representa os supervisores.

A Imperatriz (3) = representa essencialmente as secretárias, os assistentes de direção (3 + 11) e, por extensão, a equipe feminina. Dependendo do contexto, a Imperatriz também encarna uma jovem diretora tanto quanto o Imperador, sua contraparte masculina.

O Carro (7) = os assalariados, os funcionários masculinos (sobretudo os de 30 anos).

O Arcano sem Nome (13) = os operários, os funcionários que realizam trabalhos de manutenção. É também o arcano que materializa o trabalho duro e penoso.

O Mago (1) = um estagiário, um aprendiz (sobretudo os adolescentes e jovens adultos).

A Força (11) = os responsáveis de todas as áreas, mas sobretudo os independentes, os empreendedores individuais.

O Enamorado (6) = uma equipe de trabalho.

Temperança (14) = recepcionistas, telefonistas.

2) O MUNDO FINANCEIRO

5 + 15 = auditor (5) fiscal (15) ou inspetor tributário
8 + 15 = administração (8) fiscal (15)
13 + 15 = malha-fina (13) do imposto de renda (15)
8 + 13 = documentos (8) notariais (13) ou direito de sucessão/copropriedade
8 + 10 = encargos das contribuições sociais...
8 + 19 = promessa (19) de venda (8)
19 + 20 = acordo de princípio
2 + 10 = montagem (2) financeira (10)
13 + 10 = dívidas (13) ligadas a créditos ao consumo (10)
1 + 10 = corretor, negociador (1) de empréstimos (10)
19 + 15 = as instituições bancárias
18 = os legados, as heranças
10 = os empréstimos
8 = os encargos, a contabilidade
13 = as dívidas

3) O AMOR

1 + 6 = novo (1) encontro (6)
6 + 15 = encontro (6) físico (15), carnal
15 + 19 = atração magnética
13 + 6 = ruptura (13) amorosa (6)
13 + 9 = ruptura (13) passada (9)
5 + 16 = união (5) em perigo (16), crise conjugal
13 + 8 = divórcio, ruptura (13) dos vínculos oficiais (8)
20 + 6 = *sites* (20) de encontros (6)
19 + 8 = casamento, casal (19) que oficializa sua união (8)
8 + 6 = noivado, união estável
12 + 6 = ligação (12) + amorosa (6)
8 = pessoa casada ou em união estável
5 = pessoa que tem um relacionamento amoroso
13 = viúvo(a) ou divorciado(a)

4) A ÁREA MÉDICA

18 + 12 = hospital, posto (18) de saúde (12)
16 + 17 = clínica, casa (16) de recuperação (17)
16 + 12 = emergências (16) médicas (12)
13 + 1 = centro (1) cirúrgico (13)
12 + 13 = aborto voluntário ou involuntário, feto (12) suprimido (13)
1 + 6 = exames (1) de sangue (6)
2 + 19 = teste de gravidez, exames (2) ligados aos bebês (19)
9 + 12 = início de gravidez, descoberta (9) de um feto (12)
20 + 19 = anúncio (20) de uma gravidez (19)
5 + 2 = radiologia
20 + 18 = ultrassom

20 + 10 = exame de ressonância magnética, tomografia computadorizada
19 = arcano emblemático da gravidez, dos bebês e da infância
5 = professor, cirurgião...
2 = enfermeira (sobretudo 2 + 12)
14 = a equipe de enfermagem; 2 + 14 = os auxiliares de enfermagem

5) DIVERSOS

Se há uma esfera em que é difícil acabar com os clichês e os preconceitos é a que inclui a religião e as origens de todo ser humano. Prova disso são todos os pequenos detalhes que às vezes escapam ao neófito e permitem aguçar suas previsões. A lista a seguir demonstra a importância do aspecto visual na análise de suas tiragens. Essas constatações foram feitas por meio da vivência obtida em minhas consultas, mas também graças à experiência compartilhada pelos diferentes protagonistas que participaram das oficinas de tarô. Essa lista é uma amostra representativa da riqueza perpetuada por essa magnífica ferramenta divinatória que é o Tarô de Marselha.

A Papisa (2) usa um véu e, por isso mesmo, representa a religião muçulmana. Assim, o binômio 2 + 19 materializa os magrebinos.

Por seu próprio nome, o Papa (5) representa a religião cristã.

O Diabo (15) representa principalmente os asiáticos em razão de seus olhos puxados. Assim, o binômio 21 + 15 = o continente (21) asiático (15). Por outro lado, vale notar que o sexo do Diabo é circuncidado e evoca invariavelmente a religião judaica ou muçulmana, em especial quando próximo da Papisa. Apenas o contexto permitirá definir com exatidão do que se trata.

A religião budista é amplamente representada pela Estrela (17), que encarna uma filosofia de vida "zen".

O Arcano sem Nome (13) representa os negros em razão de sua cor. Isso se mostra verdadeiro sobretudo quando essa lâmina aparece contígua ao Sol (19), que representa os países ensolarados. Em geral, o binômio 13 + 19 materializa, portanto, os africanos subsaarianos ou os antilhanos.

O Sol (19) = o Sul, os países quentes. Assim, 21 + 19 = o continente africano ou a América do Sul. Dependendo do contexto, trata-se às vezes do contorno do Mediterrâneo ou da Europa meridional.

A Lua (18) = o Norte, os países frios. Assim, 21 + 18 = o continente norte-americano ou a Europa setentrional.

O Mundo (21) representa o globo e o estrangeiro em geral. Ao evocar a globalização e o comércio internacional, materializa os anglo-saxões pelo fato de que o inglês se tornou a língua universal.

O Louco (22) materializa os viajantes e os migrantes.

Observação: para aqueles que desejam saber mais sobre a alquimia dos arcanos entre si, sugiro que adquiram meu primeiro livro, *Guide d'interprétation des 462 binômes* (Guia de Interpretação dos 462 Binômios, em tradução livre e ainda não publicado no Brasil), que elenca um grande número de associações, resultantes de minhas consultas particulares há mais de dez anos.

CASOS PRÁTICOS

Nesta seção, proporei o estudo dos casos práticos, resultantes da experiência com minhas consultas. Portanto, apresentarei vários exemplos concretos para cada área estudada nesta obra. Procederei à interpretação das tiragens segundo o método exposto no capítulo anterior e, em seguida, exporei o retorno da experiência dos consulentes envolvidos.

1) TRABALHO

a) Qual é meu futuro profissional?

Sophie T., de 39 anos, veio me consultar em abril de 2012 visivelmente preocupada com seu futuro profissional. Desejava aprofundar essa área com uma pergunta aberta. Pedi-lhe, então, que embaralhasse as cartas e depois escolhesse cinco arcanos, um a um, que dispus da seguinte maneira:

Procedi a uma análise inicial do conjunto, percorrendo a tiragem com os olhos.

Em um piscar de olhos, logo percebi que essa tiragem era bastante desfavorável, que a cor do conjunto era mais escura e que alguns arcanos, como o 13 e o 16, anunciavam problemas. Constatei que o arcano 13 se situava no presente imediato e materializava uma mudança quase instantânea. Também notei que o arcano emblemático do trabalho (7) estava colocado no futuro a médio prazo, o que *a priori* parecia de bom agouro para seu futuro profissional. Pus-me, então, a calcular mentalmente os trinômios dos pontos cegos, a fim de iniciar de fato minha interpretação. Após o cálculo dos pontos cegos,* a tiragem se materializou conforme o esquema seguinte:

---

* Como vimos no Capítulo 7, os valores 7 e 5 que encontramos nos dois trinômios que formam o ponto cego do passado são obtidos de acordo com

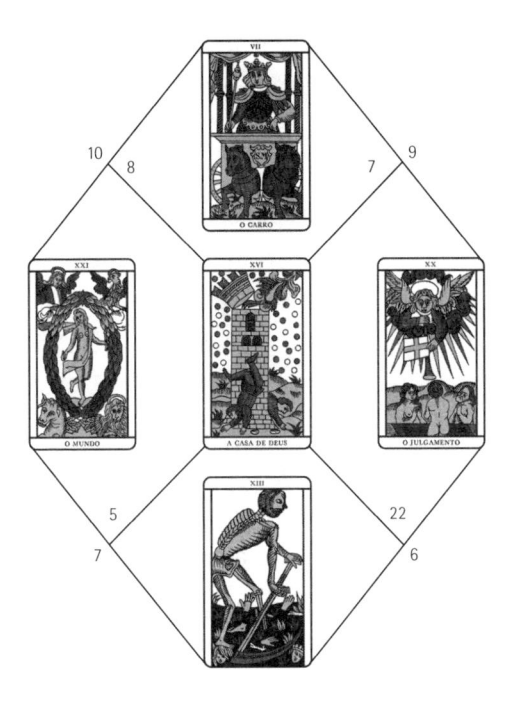

Comecei interpretando os cinco arcanos maiores segundo suas respectivas posições antes de me lançar em uma interpretação muito mais aprofundada.

O arcano 21 (o Mundo) em posição A apresentava Sophie como uma consulente habituada com o grande público e experiente em relações humanas. Percebi nela um perfil cosmopolita. Também intuí um bom tino para os negócios e a comunicação, com aptidão para a venda e o comércio.

---

o método da adição teosófica: somando-se o arcano 21 (o Mundo) ao arcano 13 (o Arcano sem Nome), obtemos 34, número superior a 22 (o Louco), que convém reduzir segundo o princípio da adição teosófica, a saber: 34 se torna 3 + 4, ou seja, 7 (o Carro). Em seguida, adiciona-se esse novo valor 7 ao 16 (a Casa de Deus), o que nos dá 23, ou seja, 2 + 3, isto é, 5 (o Papa). Convém proceder de modo idêntico com os quatro pontos cegos que compõem a tiragem em cruz.

O arcano 20 (o Julgamento) em posição B vaticinava uma comunicação ruim na equipe ou na empresa que a havia contratado. Nessa posição, o arcano também anunciava revelações repentinas, suscetíveis de contrariar seus projetos. É também a carta emblemática das entrevistas e dos contatos de todo tipo. Colocada ali, essa lâmina de tarô ressalta relações humanas ruins, contatos esporádicos infrutíferos ou raras entrevistas mal iniciadas. Em seu aspecto negativo (em posição B), às vezes o Julgamento pressagia um processo ou um litígio em curso.

O arcano 7 (o Carro) em posição C fala de trabalho e é emblemático desse tema. Parece de bom agouro encontrá-lo no futuro. Esse arcano confere uma boa dinâmica à tiragem.

O arcano 13 (Arcano sem Nome) em posição D indica uma mudança brusca e repentina. Nessa circunstância, trata-se de uma rescisão contratual, de uma partida ou de uma interrupção de trabalho, desejada ou não. Seja como for, é questão de uma transformação radical no dia "D" da consulta.

O arcano 16 (a Casa de Deus) em posição E logo me fez pensar em um grande nível de estresse, gerado pela reestruturação em curso. Colocado no eixo central, esse arcano anuncia perturbações e remanejamentos no âmbito do trabalho. Vale notar que o grafismo dessa lâmina simboliza o bem imobiliário e a habitação.

MINHA INTERPRETAÇÃO. Sophie estava a ponto de perder o emprego ou ser demitida, mas encontraria trabalho rapidamente. Explico: notei uma reestruturação (16) profissional (7) em um dos dois trinômios do passado. Além disso, o trinômio 21 + 7 + 13 materializava a transformação (13) de seu universo (21) profissional (7). Observando mais de perto, parecia que Sophie estava seguindo naquele momento uma formação (5) profissional (7) que chegava ao fim (13) ou acabava de se encerrar. Eu estava convencido do fato de que Sophie ocupava um posto em contato direto com uma ampla clientela (21), provavelmente em uma grande empresa. Na vertical, o binômio 16 + 13 me fazia pensar de imediato em uma reestruturação (16) que acarretaria rescisões contratuais (13). Esse binômio quase sempre indica uma rescisão contratual ou uma demissão.

Essa intuição de cortes na equipe se confirmava no ponto cego do presente imediato por meio do trinômio 13 + 6 + 20, anunciando (20) rescisões contratuais (13) nas equipes de trabalho (6). A lâmina 6 é a dos colaboradores e dos colegas de trabalho. Por meio do trinômio 16 + 22 + 6, pareceu-me nitidamente que essa reestruturação (16) ocasionaria a partida (22) de alguns colaboradores (6). De acordo com minha experiência, o fato de que o arcano das revelações e das novidades (20) estivesse posicionado em B indicava ainda problemas de comunicação, mas também que essa má notícia lhe havia sido revelada no último minuto. Ao passar os olhos pela tiragem de Sophie e concentrar-me na lâmina C (o futuro em médio prazo), observei com alegria a presença reconfortante do Carro, que me levou a crer que Sophie encontraria um novo emprego rapidamente, ou seja, em um período de cerca de seis meses. Contudo, o futuro próximo apresentava um cenário completamente diferente: mesmo constatando que Sophie buscaria (9) trabalho (7) essencialmente pela internet (20), o Julgamento posicionado desse modo me evocou sobretudo atrasos e entrevistas (20) profissionais (7) que tardariam (9) a se concretizar. Expus a Sophie minha preocupação quanto a um possível litígio com o empregador (o Julgamento em B), e ela aquiesceu. Entretanto, aconselhei-a a manter as esperanças e a continuar sua busca (9) por emprego (7), ainda que os contatos (20) não se realizassem em um futuro próximo. Não lhe escondi que sua busca (9) por trabalho (7) seria bem estressante (16). Insisti no fato de que ela poderia dirigir-se ao ramo imobiliário ou da habitação (16), o que a fez sorrir. Por fim, fiquei aliviado ao observar um retorno (10) ao emprego (7) em um dos trinômios que compunham o futuro em longo prazo. Ao avançar na análise desse futuro, percebi claramente um contrato (8) de trabalho (7) por tempo indeterminado em uma grande empresa (21). O binômio 7 + 8 é quase sempre a expressão de um contrato por tempo indeterminado. O futuro falava tanto de contabilidade administrativa, auditoria e cálculos de todo tipo (8) quanto de um possível redirecionamento de carreira (10). Falei-lhe de um retorno ao emprego entre julho (7) e outubro (10), especialmente após o período de férias. Tomei a precaução de lhe alertar para não aceitar simplesmente esse espaço-tempo, indicando-lhe que às vezes é difícil delimitar esse aspecto com precisão.

Por fim, pedi a Sophie que cobrisse esses arcanos com outras cinco lâminas de tarô, para assim obter cinco novos pares de binômios, repartidos como segue:

Com essa nova distribuição de cartas, enriqueci minha análise com as seguintes informações suplementares:

- o binômio 21 + 18, posicionado em A, reforçava minhas primeiras impressões. Com efeito, a Lua é o arcano emblemático das casas, da habitação, dos bens imobiliários e, por extensão, dos hotéis, dos hospitais, das universidades... Em resumo, dos lugares públicos. Colocada ao lado do Mundo, a Lua confirmava minha intuição de que Sophie trabalhava no comércio ou se ocupava de uma carteira de clientes;
- o binômio 20 + 8, posicionado em B, me fez pensar espontaneamente em um julgamento (20) judicial (8) ou em discussões (20) salariais (8). O arcano 8 é o dos contratos e da contabilidade. Embora materialize dificuldades para fechar um novo contrato, pressagia mais um imbróglio de ordem financeira;
- o binômio 7 + 10, posicionado em C, dinamizava a tiragem de maneira significativa. Falava claramente de uma oportunidade (10) de trabalho (7) ou de um retorno (10) ao emprego (7). A presença da Roda da Fortuna, arcano considerado "móvel", sugeria uma importante aceleração no processo de busca por emprego e, muitas vezes, anunciava um redirecionamento (10) profissional (7);
- o binômio 13 + 22, posicionado em D, anunciava uma situação nada agradável. Era definitivo e evocava uma rescisão contratual, uma demissão ou uma suspensão temporária do contrato de trabalho. Não especificava se se tratava de rescisões contratuais por motivos econômicos...;
- o binômio 16 + 3, posicionado em E, permitia revelar o estado de estresse (16) da consulente (3). A Imperatriz materializava

bem Sophie com 39 anos. Notava-se uma mudança brusca, que causava um impacto direto sobre Sophie, instalada nas proximidades da torre em queda.

RETORNO DE EXPERIÊNCIA. Ao final da consulta, Sophie me contou que trabalhava no departamento comercial (21) de uma pequena agência imobiliária (16) de bairro, que tinha acabado de ser informada de seu fechamento e que suas esperanças de contratação tinham acabado na mesma ocasião. Sophie estava seguindo um treinamento (5) na empresa (16) antes que toda a equipe fosse demitida do dia para a noite, sem aviso prévio. O ambiente ficou ruim, e dois colaboradores mais antigos entraram com um processo (20) contra o empregador por irregularidades no tratamento de seus salários e bonificações (8). Sophie me telefonou em setembro para me informar as novidades de sua vida profissional. Após três meses procurando trabalho sem resultado e sentindo-se deprimida (entrevistas canceladas, nenhuma resposta a seus e-mails = 20 em posição B), finalmente conseguiu marcar uma entrevista de trabalho (7 + 20). Ao final de um curto período de teste, foi contratada por tempo indeterminado e assumiu suas novas funções. Ainda trabalha no ramo imobiliário/da habitação (16), mas foi redirecionada (10) para a gestão (8) de patrimônio (18), a serviço de um grande administrador de condomínios no centro de Paris.

b) Vou encontrar um emprego estável rapidamente?

Catherine B, veio me consultar em dezembro de 2002 para saber se sua situação profissional teria uma rápida melhora. Desempregada havia quase dois anos, essa ex-comerciante me perguntou o que seu futuro próximo lhe reservava.

Logo lhe pedi para tirar cinco arcanos, que dispus da seguinte maneira:

Comecei percorrendo a tiragem de Catherine com os olhos, antes de lhe dizer minhas primeiras impressões: logo notei que predominava uma cor agradável. O arcano 14 em posição C acrescentava certa serenidade à tiragem e evocava de imediato contatos profissionais (arcano emblemático da comunicação telefônica) futuros. Situado no presente, o arcano 3 me falava de correspondências e me indicava que Catherine permanecia ativa em sua busca por emprego. O Mago (1) em posição central lançava luz em seu espírito de iniciativa e anunciava um recomeço em nível profissional. Segundo minhas primeiras percepções, Catherine deveria reatar os vínculos com o mundo do trabalho em pouco tempo, e isso apesar do arcano 20 em posição B, que fala sobretudo de entrevistas mal iniciadas e contatos infrutíferos. Lancei-me, então, ao cálculo dos trinômios, a fim de sustentar minha análise inicial. Assim, obtive a seguinte tiragem em cruz:

Tomei a precaução de interpretar os cinco arcanos maiores de acordo com suas respectivas posições antes de fornecer uma análise mais precisa.

O arcano 6 (o Enamorado) em posição A apresentava Catherine como uma consulente segura de suas escolhas e de sua orientação profissional. Como também materializa as emoções e a amizade, esse arcano assim posicionado me revelou uma pessoa cativante, com facilidade para travar amizades. Experiente no trabalho em equipe, como permitia pressagiar o Enamorado em posição A (arcano emblemático dos colegas), intuí que Catherine buscava, antes de qualquer coisa, desenvolver-se no emprego de que gostava (o Enamorado) e que teria escolhido. O arcano 6, que materializa essencialmente o setor do vestuário, logo me sugeriu uma profissão ligada à moda ou ao luxo.

O arcano 20 (o Julgamento) em posição B refletia entrevistas complicadas, sujeitas a polêmicas, bem como uma real dificuldade para convencer seus interlocutores. Esse arcano também evocava uma busca por emprego via internet (20 = arcano emblemático da rede). Colocado ali, parecia que essa busca havia permanecido estéril e que as comunicações pela *web* não tinham rendido frutos. Além disso, às vezes o Julgamento em B fala de aborrecimentos jurídicos.

O arcano 14 (Temperança) em posição C era positivo para seu futuro profissional. Sugeria contatos telefônicos e uma possível viagem aérea (arcano emblemático dos aviões), ligada a seu futuro cargo. Nesse estágio, precisei de mais indícios para sustentar minha interpretação.

O arcano 3 (a Imperatriz) em posição D materializava minha consulente. Ela aparecia de maneira onipresente no aqui e agora, o que, *a priori*, era um bom presságio para a sequência dos acontecimentos. Dedicava-se à sua busca por emprego, sobretudo porque a Imperatriz (arcano emblemático das correspondências) sugeria uma correspondência em curso ou o envio de um currículo na ordem do dia.

O arcano 1 (o Mago) em posição E estimulava o conjunto da tiragem. Anunciava a renovação profissional e um recomeço. Esse Mago em posição central evocava uma pessoa empreendedora, decidida a encontrar trabalho.

MINHA INTERPRETAÇÃO. Ao analisar o ponto cego do passado, logo notei que Catherine (3) estava em busca (9) de novas (1) oportunidades (10). Apesar da demora (9), Catherine conseguiu reiniciar (1) e reativar (10) sua busca (9) por emprego. Examinou meticulosamente (9) cada nova (1) oportunidade (10). A presença do Julgamento em B (arcano emblemático das entrevistas) me dizia que inúmeros contatos não tiveram resultado e que às vezes o diálogo com seus interlocutores foi acalorado. Não insisti em seu passado – afinal, ela o conhecia melhor do que eu – e decidi consagrar-me plenamente a seu futuro. Levando a análise para o presente, intuí uma mulher (3) enérgica. Na vertical, percebi o binômio 1 + 3, que, nesse contexto bastante preciso, materializava a redação (1) de correspondências (3), no caso, currículos ou cartas de apresentação... O ponto cego do presente me trouxe mais esclarecimentos, evocando sobretudo o encontro (6) iminente com um homem de meia-idade (5), talvez um amigo experiente ou um *coach*, com quem ela se aconselharia (5). Transpondo esse fato para o universo profissional, suspeitei que Catherine já se havia encontrado (6) com algum consultor (5) em uma agência de emprego. Por outro lado, sabendo que o arcano 6 representa principalmente panos e tecidos, portanto, o setor da moda e da alta-costura, a aliança deste com o Papa me sugeriu um potencial recrutador (5) que realizaria uma seleção (6 = uma escolha) entre vários candidatos (6) para um posto de vendedora. Como esse ponto cego do presente continha uma multiplicidade de indícios, contentei-me em lhe predizer o encontro quase imediato com um homem de meia-idade, que poderia desempenhar um papel em seu futuro profissional, ao que ela aquiesceu.

Ao dirigir meu olhar para o futuro próximo, constatei com alegria a presença do trinômio 1 + 7 + 8, que indicava claramente um novo (1) contrato (8) de trabalho (7). Fui invadido por uma imensa felicidade e não pude evitar anunciar-lhe a boa notícia antes mesmo de continuar minha análise. Percebi que ela ficou profundamente emocionada, tanto que me confiou que seu seguro-desemprego terminaria em três meses. Fazendo escala no futuro mais distante, vi que lhe estava reservado um posto de dimensão internacional. Notei comunicações (14) com países estrangeiros (21). Suspeitei de passagens aéreas (14) intercontinentais (21) no âmbito de missões (1) de curta duração. Observando mais de perto, percebi que o arcano emblemático da comunicação (20) estava no centro do ponto cego do futuro mais distante. Era bem possível que Catherine fosse fazer carreira em uma empresa internacional (21) e tivesse de se exprimir (20) exclusivamente em língua inglesa (21) no contexto de suas comunicações (14). Com efeito, sei por experiência que o arcano 21 representa a globalização (21) e materializa de fato a língua inglesa, que se tornou a língua do comércio e da comunicação internacional. Contando com essa análise detalhada, garanti então a Catherine um retorno ao emprego no futuro próximo, ou melhor, nos três próximos meses. Imaginei um cargo internacional ou em um grupo estrangeiro.

Por fim, por desencargo de consciência, pedi a Catherine que cobrisse esses arcanos maiores com outras cinco lâminas do tarô, para assim obter cinco novos pares de binômios, repartidos como segue:

Graças a essa segunda tiragem de cartas, tentei acrescentar uma informação suplementar à minha interpretação inicial, a saber:

- o binômio 6 + 19 em posição A reforçou minhas primeiras impressões. Esse binômio pitoresco me falava de criadores no ramo da moda, de desfiles de alta-costura, de séries de vestimentas (6) de luxo (19)... Esse binômio também evocava uma futura equipe (6) unida (19) que, *a priori*, trabalharia com alegria e bom humor. O 19, arcano do luxo por excelência, falava-me de uma verdadeira vocação;

- o binômio 20 + 15 em posição B sugeria conflitos (15) jurídicos (20) e até mesmo um conflito trabalhista não resolvido. Supus que as conversas poderiam ter se agravado no nível das pretensões salariais (15). Presumi que Catherine não se deixou intimidar nem abriu mão de nada nesse nível;
- o binômio 14 + 21 em posição C me assegurou que existia um vínculo com viagens (14) internacionais (21) no futuro trabalho. Vi viagens-relâmpago, organizadas por uma empresa representada no exterior;
- o binômio 3 + 5 em posição D me mostrou que Catherine (3) dirigia-se a um homem mais velho (5) no âmbito de sua procura atual por emprego. Valia, então, seguir o olhar da Imperatriz para o Papa! Tudo indicava que Catherine contava com a experiência desse homem de meia-idade (um *coach*, um amigo, um diretor?);
- o binômio 1 + 7 em posição E era um excelente presságio: anunciava com bastante clareza um novo (1) emprego (7). Além disso, marcava o entusiasmo e o espírito de iniciativa (1) da consulente (3), que desejava avançar (7) em sua vida profissional.

RETORNO DE EXPERIÊNCIA. Ao final de nosso encontro, Catherine me confiou que foi me consultar em desespero de causa. Explicou-me todos os seus insucessos profissionais, sobretudo os fracassos repetidos nas entrevistas de emprego (20 em B), em razão das pretensões salariais consideradas muito elevadas (15 em B). Também tinha acabado de perder um processo (20 em B) por assédio (15) contra seu ex-empregador, o que a deixou furiosa (15). Pouco tempo antes, havia reelaborado seu CV (3), pois devia entregá-lo a um amigo (6) de meia-idade (5) em alguns dias. Também me confirmou que iria a muitos encontros, não com seu consultor, mas com o diretor (5) artístico (6) de uma grande marca de luxo francesa dois dias após nossa sessão. Catherine retomou o contato comigo dois meses após minha vidência para me dar notícias de sua situação e me anunciar que havia assinado (8) um contrato por tempo indeterminado em janeiro, ou seja, pouco mais de um mês depois de nossa sessão. Obteve seu posto por intermédio desse diretor, um senhor de meia-idade (5) que, na ocasião das seleções (6), apresentou-lhe (6 = arcano emblemático das apresentações) seu auxiliar americano. Atraído por seu perfil e pelo fato de que ela dominava a língua de Shakespeare (21), decidiu propor-lhe um posto de encarregada da clientela (21 = os clientes) para sua filial internacional (21). Ela me especificou que faria viagens aéreas regulares (14) entre a França e os EUA (21) no âmbito de suas novas funções. No momento, atua em um universo de trabalho cosmopolita, onde muitos estrangeiros foram recrutados ao mesmo tempo que ela para desenvolver a marca nos Estados Unidos. Também participa de reuniões (6) de tipo *brainstorming* (20), relativas ao marketing (20), para o *showroom* da empresa em Nova York.

c) Minha empresa tem salvação?

Marc se apresentou a mim em outubro de 2012 por uma questão bem precisa. Dono de uma sociedade de responsabilidade limitada, confiou-me que estava preocupado com o futuro dos negócios e me confessou não ter nenhuma previsão em médio prazo. Logicamente me perguntou, então, se conseguiria atravessar esse período de austeridade. Pedi-lhe que tirasse cinco arcanos maiores, que dispus do seguinte modo:

Logo observei que a maioria dos arcanos trazia cor a essa tiragem em cruz, com exceção da Casa de Deus, que escurecia um pouco o conjunto. Também notei de imediato o caráter carismático e determinado do consulente (4), que, *a priori*, tinha bom senso (4), o que, dadas as circunstâncias, era um bom presságio. Intuí que ele se encontrava em uma encruzilhada e que escolhas (6) difíceis teriam de ser feitas. O arcano 16 me evocava reestruturações estressantes na ordem do dia, enquanto o Mundo (a multidão, a clientela) em posição B me falava de uma baixa afluência considerável. Sentiam-se exasperações e negociações futuras (15) a fim de reparar a situação atual. À primeira vista, não percebi falência nem declaração de insolvência, embora o arcano 16, assim posicionado, me fizesse temer o pior. Para ter certeza, decidi calcular os pontos cegos e os trinômios, o que me deu a seguinte tiragem em cruz:

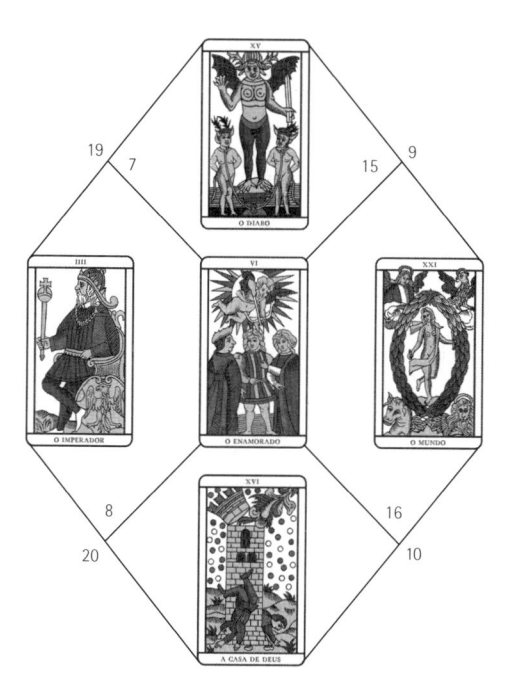

Comecei por interpretar os cinco arcanos inicialmente escolhidos por Marc, segundo sua posição na tiragem.

O arcano 4 (o Imperador) em posição A me falava de uma pessoa estruturada, bem ancorada em sua vida socioprofissional. O Imperador logo me fez pensar em sua necessidade visceral de segurança e me falava de um homem apto a dirigir uma equipe. Esse arcano indicava que Marc tinha claramente a bagagem de um chefe empresarial e dispunha, *a priori*, dos recursos necessários para recuperar seu negócio.

O arcano 21 (o Mundo) em posição B exprimia um déficit de clientela. Colocado nessa posição, esse arcano evocava uma atividade que não via a multidão dos dias de glória; em outras palavras, o "mundo" havia abandonado sua loja. Além disso, essa lâmina de tarô assim posicionada também me falava dos danos da globalização sobre os comerciantes locais.

O arcano 15 (o Diabo) em posição C me especificava que seu combate ocorreria no terreno espinhoso da tributação. A presença do Diabo, arcano emblemático do mundo das finanças e dos negócios, previa acordos financeiros e ásperas negociações em curto e médio prazos. Desse modo, mais uma vez era possível intuir toda a agressividade e a motivação que animavam Marc nessa batalha que ele teria de conduzir.

O arcano 16 (a Casa de Deus) em posição D refletia a angústia em que se encontrava esse pequeno empresário. Esse arcano falava de uma verdadeira onda de choque, de uma conscientização repentina e traumática sobre o atual estado de sua empresa. Embora me fizesse pensar em uma queda nas vendas, não chegava a ser uma declaração de insolvência.

O arcano 6 (o Enamorado) em posição E cristalizava as dúvidas de Marc, que se encontrava em uma encruzilhada em sua vida profissional. Acima de tudo, tive a impressão de que era chegada a hora das escolhas. O Enamorado assim posicionado também me falava de negociações com colaboradores propensos a ajudá-lo em suas decisões.

MINHA INTERPRETAÇÃO. Ao observar o ponto cego do passado, percebi que o futuro dessa pequena empresa já havia sido tratado em negociações (20) entre o dono (4) e os delegados (6) sindicais (8). Imaginei que os estatutos (8) jurídicos (20) tivessem sido levados à ordem do dia. No entanto, o arcano 8 (arcano emblemático da contabilidade), que aparecia no centro do trinômio 6 + 8 + 20, chamou mais minha atenção, pois sua presença me informava diretamente a respeito do exercício da contabilidade (8) de sua empresa. Embora nele fosse possível identificar pedidos (20) de pagamento (8) angustiantes (6), que impactaram e desestabilizaram (16) o equilíbrio orçamentário (8), não notei nenhum indício que me levasse a apontar um passivo alarmante ou atrasos no pagamento de encargos que pudessem evocar uma declaração de insolvência. Fiz questão de tranquilizar Marc, exprimindo-lhe minhas primeiras impressões. Contudo, reconheci que a presença repetida da Casa de Deus em D e depois perto da Roda da Fortuna não era o melhor dos presságios. Ela me falava de reestruturações (16) iminentes (10), como uma mudança rápida (10) de sede (16) ou de uma reforma. A conjuntura do momento me fez pensar em um capital de giro (10) em queda livre (16) e até mesmo em uma redução na produção (10). Essa impressão de perda de velocidade me foi confirmada pela presença do arcano 21 posicionado em B, que materializava uma clientela "em baixa". Sem dúvida, essa queda (16) de clientela (21) estava na origem das flutuações (10) atuais. Também suspeitei que Marc tinha grandes dificuldades (16) para honrar seus compromissos (10) ou que um de seus empréstimos (10) lhe causava problemas (16). Não me senti totalmente tranquilo ao navegar pelo ponto cego do futuro próximo. Este me indicava uma redução (9) séria (6) no caixa (15), bem como uma busca potencial (9) de investidores (15) ou de capitais (15). Quanto à presença do Diabo no topo da tiragem, ele me informava que Marc teria de investir toda a sua agressividade e seu poder (15) em negociações financeiras que tivessem por objeto a tributação e a contribuição (15) de sua empresa. Por fim, voltei a sorrir ao avançar na análise. De fato, percebi que essas negociações financeiras (15) terminariam com um acordo (19). Materializando essencialmente os estabelecimentos bancários, o binômio 15 + 19 me falava de reuniões de negócios com seu gerente de banco. Notei que o arcano 19 (arcano emblemático da solidariedade e do auxílio mútuo) se encontrava relativamente bem cercado e que sua presença no futuro em prazo mais longo era de bom agouro. Diante de todos esses elementos, concluí que Marc faria a escolha (6) de se associar (19) a um jovem empreendedor (7) a fim de relançar seu negócio. O ponto cego do futuro distante me fez ver uma atividade (7) em expansão (19), que recuperava os benefícios (15). No nível da temporalidade, sem dúvida o Sol me fez pensar no verão, e o Carro, no mês de julho. Previ, então, uma recuperação de sua empresa para o período estivo, sobretudo graças ao encontro (6) com um novo elemento interveniente (7), ao qual ele escolheria (6) associar-se (19).

Pedi, então, a Marc que cobrisse os cinco arcanos maiores e anteriores com outras cinco lâminas de tarô, a fim de obter indícios suplementares. Dispus os cinco novos pares de binômios da seguinte maneira:

O binômio 4 + 11 em posição A reforçou minha impressão quanto às capacidades administrativas desse chefe. Marc era animado por uma forte vontade (11) de retomar o controle das coisas (11). Esse binômio descrevia um dirigente de empresa corajoso, capaz de assumir as responsabilidades (11) que seu papel de chefe (4) implicava.

O binômio 21 + 8 em posição B logo me fez pensar em um déficit de clientela, que se refletia diretamente em seu volume de negócios (8). Nele se viam consumidores (21) hesitantes, menos inclinados a gastar (8).

O binômio 15 + 19 em posição C anunciava, *a priori*, uma saúde financeira em expansão dentro de alguns meses. Pressenti que seus futuros negócios (15) se normalizariam (19). A alquimia desses dois arcanos me fez pensar em encontros de negócios com seu banco e especialmente na negociação (15) de acordos (19) indispensáveis para a sobrevivência de sua pequena empresa. Também previ negociações (15) relativas a uma potencial parceria (19).

O binômio 16 + 10 em posição D me sugeria uma restruturação (16) na ordem do dia (10), como uma mudança da sede (16) ou até mesmo uma transferência (16) da produção (10). Suspeitei do não pagamento (16) de empréstimos (10) ou da dificuldade para honrar contratos. Essa crise (16) financeira (10) me pareceu ser a consequência de uma queda (16) de clientela (21 em B).

O binômio 6 + 7 em posição E anunciava escolhas (6) profissionais (7). Tratava-se de tomar (7) o bom caminho (6). Embora o Carro falasse em relançar a atividade, ele me evocava o encontro informal (6) com um jovem de cerca de 30 anos (7), propenso a colaborar com Marc.

RETORNO DE EXPERIÊNCIA. Marc voltou a entrar em contato comigo em agosto de 2013 para dar um retorno sobre minhas previsões. Confessou-me que havia sido tomado pelo pânico (16) em razão de uma segunda queda (16) de clientela (21) quando veio me consultar. Havia se reunido (6) com os delegados (6) sindicais (8) de sua empresa a fim de estudar a possibilidade de mudar de estatuto (8) jurídico (20) e modificar a convenção (8) coletiva, com o objetivo de economizar. Essas negociações (20) fracassaram (16), uma vez que a contabilidade da empresa não justificava medidas tão drásticas, o que lhe havia sido confirmado por seu contador. Ele me explicou que sua angústia também se devia à transferência (16) iminente (10) de parte da produção (10) para o exterior (21 em negativo), o que o colocava em uma situação difícil perante alguns funcionários. Confiou-me que o vencimento de seu empréstimo (10) imobiliário (16) também havia sido rejeitado pelo banco. Após nosso encontro, seguiu-se um longo período de dúvidas e incertezas (6), durante o qual a empresa acusou uma redução (9) nas receitas (15), a tal ponto que ele pensou em dispensar dois de seus vendedores. Diante dessa lenta agonia financeira, Marc começou a renegociar (15) suas margens e seus custos de produção. Confessou ter batalhado duro (15) para obter garantias financeiras suscetíveis de salvar sua pequena empresa. Graças à sua tenacidade (15) e a favor das circunstâncias, conseguiu, entre outras coisas, beneficiar-se de uma negociação vantajosa de seu financiamento imobiliário junto ao banco. Marc me informou que tinha se associado a um jovem no último mês de julho, permanecendo sócio majoritário. Recentemente, Marc me disse que superou as dificuldades e espera até poder empregar um estagiário em contrato de aprendizagem depois das férias.

d) Qual será a evolução de meu trabalho atual?

Isabelle, de 33 anos, veio me consultar em outubro de 2012. Desejava abordar exclusivamente seu futuro profissional e logo me perguntou se poderia esperar uma evolução em seu atual emprego. Pedi-lhe que tirasse cinco cartas, que dispus da seguinte maneira:

Comecei minha análise percorrendo a tiragem com o olhar.

De imediato, fiquei impressionado com o dinamismo dessa tiragem em cruz. O 1 bem no centro me fez pensar em uma renovação, e o arcano 10, em uma necessidade imperiosa de movimento, de evolução. O 22 também me falava de transformação ou partida, o que confirmava essa primeira impressão de movimento. A lâmina 11, que acompanhava essa tiragem, materializava com toda a certeza a motivação de Isabelle, o que, *a priori*, era um bom presságio. Uma bela harmonia parecia destacar-se dessa tiragem, uma vez que a cor do conjunto era bastante agradável. Decidi proceder aos cálculos dos pontos cegos a fim de detalhar minha interpretação. A tiragem se apresentou, então, do seguinte modo:

Antes de fornecer uma interpretação mais completa dessa tiragem, tomei o cuidado de analisar os cinco arcanos maiores segundo suas respectivas posições, a saber:

- o arcano 10 (a Roda da Fortuna) em A era um excelente presságio no âmbito de uma evolução na carreira. Intuí uma consulente que buscava recomeçar sua vida profissional o mais rápido possível. Descobri uma personalidade dinâmica, alguém que gosta de estar em constante movimento. Percebi Isabelle como uma moça vigorosa e reativa, que precisava evoluir rapidamente em seu emprego. Eu também tinha em mente o fato de que o arcano 10 exprime a mobilidade por definição (uma roda é feita para girar). De imediato, o 10 me remetia ao setor automobilístico ou de tecnologia de ponta;

- o arcano 22 (o Louco) em B reforçou minhas primeiras impressões. Embora esse arcano emblemático das transformações e das mudanças de cargo aparecesse "em oposição", reformulava o desejo que a consulente nutria de querer avançar. Também suspeitei de um profundo abatimento físico ou de uma forma de assédio subjacente a essa decisão;
- o arcano 11 (a Força) em C indicava uma vontade de assumir o controle de seu destino. Também notei que a presença desse arcano fazia sentido diante do que havia sido perguntado. Com efeito, a Força encarna as aptidões para dirigir uma equipe ou as possibilidades de tentar obter um cargo de responsabilidade. Era bem possível que a consulente também tivesse de mostrar do que era capaz para merecer um cargo melhor;
- o arcano 5 (o Papa) em D me falava inicialmente de uma formação ou preparação para um concurso, mas também de uma eventual discussão com um superior hierárquico, no caso, um homem de meia-idade;
- o arcano 1 (o Mago) em E me evocava um novo serviço. Colocado bem no centro, o Mago pretendia ser tranquilizador e materializava sobretudo um reinício profissional, com novas bases sendo lançadas.

MINHA INTERPRETAÇÃO. Ao examinar o ponto cego de seu passado, logo fiquei impressionado com a presença do Diabo perto da Casa de Deus. Com efeito, a alquimia desses dois arcanos sempre exprime uma grande efervescência e, às vezes, até mesmo uma situação que beira a explosão (16). Se por um lado se intuía uma manifestação de revolta entre os funcionários, por outro, esse binômio me fazia pensar sobretudo em uma situação anárquica (16) e conflituosa (15), geradora de tensões exacerbadas (15) e rivalidades internas (16) na empresa. Um dos dois trinômios me falava claramente de tensões (15) relativas à restruturação (16) de um departamento (1). Senti um intenso descontentamento; cada um literalmente extravasava (16) sua raiva (15). Nesse contexto profissional hostil, imaginei que Isabelle se sentisse muito impaciente (15) com a ideia de conseguir uma mudança (22) ou uma evolução qualquer na carreira (10). Essa energia excessiva (15), demonstrada por ela na expectativa de obter uma mobilidade (10), realmente a conduziu a conversar com seu superior hierárquico (5), a fim de esclarecer suas perspectivas de evolução. Deduzi, portanto, que a intervenção do Papa no presente imediato era um sinal de apaziguamento e conciliação. Logo interpretei essa presença do pontífice como uma discussão com um homem de meia-idade que lhe desse bons conselhos. Intuí que ele lhe havia sugerido esperar (9) uma nova (1) oportunidade (10) para mudar de cargo. O trinômio 5 + 9 + 22 me dizia que lhe fora aconselhado (5) aguardar (9) sua ordem de mudança (22). A julgar pelo segundo trinômio 1 + 10 + 9, parecia que a consulente teria de resignar-se em esperar (9) um próximo (1) plano de mobilidade (10). Percebi que o dinamismo da Roda da Fortuna havia sido freado pela presença do Eremita. Além disso, o arcano emblemático das mudanças aparecia em B e reforçava minhas primeiras impressões, segundo as quais sua partida havia sido atrasada. Também pressenti que sua impaciência se devia em parte a um esgotamento psíquico, causado pelo assédio moral (22). Diante das circunstâncias, já fui logo imaginando Isabelle com sua mochila nos ombros, pronta a levantar acampamento, tal como o Louco! Ao percorrer o ponto cego do futuro próximo, notei de imediato uma escolha (6) profissional (7). Sem dúvida, tratava-se de uma escolha (6) que implicava uma nova (1) equipe (6) de trabalho (7). Vi uma evolução ou um avanço na carreira (22) sob a forma de um novo (1) cargo (7) como líder (11). Sem contar a grande vontade (11) exibida por Isabelle, a Força me indica que um cargo de responsabilidade lhe seria atribuído. Além das funções soberanas e das aptidões para o comando, esse arcano materializa todos os cargos que exigem autoridade. Na vertical, notei a presença do binômio 11 + 1, que logo me fez pensar em um estágio (1) na área administrativa (11). Portanto, tudo levava a crer que nossa consulente iria finalmente ter acesso a um cargo de gestão. Fiquei ainda mais confiante na evolução de sua carreira ao ver que o ponto cego do futuro mais distante lhe era totalmente favorável. O simples fato de o Louco, arcano emblemático das mudanças, encontrar-se próximo do Mundo era um excelente presságio. Assim, o binômio 22 + 21 me falava de uma mudança (22) coroada de sucesso (21). Presumi que esse avanço na carreira implicava deslocamentos (22) junto a um vasto público (21). Portanto, concluí minha interpretação anunciando a Isabelle que ela seria nomeada como responsável (11) por um novo departamento (1), ligado a uma clientela importante (21). Informei-lhe a respeito da realização de reuniões (6) nos próximos três meses, ao final dos quais sua nomeação seria efetiva.

Por fim, pedi a Isabelle que cobrisse esses cinco arcanos maiores com outras cinco lâminas de tarô, a fim de ajustar minhas previsões. Desse modo, obtive os cinco pares de binômios seguintes:

O binômio 10 + 7, posicionado em A, mostrava um dinamismo a toda prova, bem como uma verdadeira vontade de mover-se (10). Pareceu-me evidente que a consulente esperava uma verdadeira oportunidade (10) para progredir (7) no cargo que tinha no momento. A simples presença do Carro, arcano emblemático do trabalho, posicionado em A, era um excelente presságio no âmbito de uma potencial evolução da carreira. A associação desses dois arcanos maiores me fez pensar no setor automobilístico.

De imediato, o binômio 22 + 12, posicionado em B, falava-me de uma mudança (22) bloqueada (12) e até mesmo do adiamento (12) de uma promoção (22). Portanto, Isabelle estava impedida (12) de progredir (22). Pressenti que, *a priori*, essa situação paralisada (12) era a causa de seu profundo abatimento (22). A fisionomia desse binômio também me fez temer uma forma de assédio moral (cf. *Guide d'interprétation des 462 binômes* [Guia de Interpretação dos 462 Binômios], p. 485 – ainda não publicado no Brasil).

O binômio 11 + 4, posicionado em C, evocou-me, se não uma intensa vontade de ter sucesso (11), ao menos o acesso a um grau superior. O Imperador, que é uma figura de proa da autoridade masculina, falava-me sobretudo de uma forma de orientação monitorada por um responsável hierárquico. Pensei, então, que se tratasse de um período de experiência, durante o qual Isabelle deveria mostrar sua capacidade (11) de dirigir (4) uma equipe. Como se vê, o Imperador avalia a Força!

O binômio 5 + 21, posicionado em D, indicava-me um responsável (5) pelos recursos humanos (21). Deduzi que a consulente tinha acabado de discutir suas possibilidades de evolução no departamento de recursos humanos de sua empresa.

O binômio 1 + 2, posicionado em E, pressagiava um estágio alternado com os estudos ou uma formação que aliasse teoria (2) e conhecimento da área (1). Embora eu estivesse intimamente convencido de que esse estágio ocorreria, não sabia datar com precisão o início (1) dessa formação (2). Supus que se tratasse de uma formação em administração.

RETORNO DE EXPERIÊNCIA. Isabelle voltou a me consultar em outubro de 2013 por razões de saúde, ou seja, um ano após nosso primeiro encontro. Antes de iniciar essa segunda consulta, fez questão de me parabenizar, pois havia sido nomeada gerente (11) de uma equipe (6) do departamento comercial (21) na empresa onde trabalhava no momento, uma grande concessionária de automóveis (10 + 7), seis meses após nossa sessão. Participou de um estágio de dois meses (1), monitorado por um responsável (4) da área de vendas, antes de assumir suas funções. Chegou a viajar (22) algumas vezes ao exterior (21) para cumprir estágios de curta duração (1) na matriz. Também me confirmou ter se decepcionado muito com antigos colegas, tomados pela inveja (15). Esteve a ponto de ter um colapso nervoso. De tanto insistir (15), conseguiu uma entrevista com o responsável (5) pelo departamento de recursos humanos (21), um homem de meia-idade, que tentou tranquilizá-la quanto às suas possibilidades de evolução e lhe disse que o período passado em sua função a favoreceria em uma próxima seleção (6) para um cargo (7) como responsável (11). Sua determinação (15) valeu a pena, pois, três meses após essa entrevista, um novo (1) cargo (7) de responsável (11) na área de vendas (6) havia sido liberado. Ela foi transferida (22) para outro bairro de Paris, a fim de aumentar o volume de negócios da concessionária.

2) DINHEIRO

a) Como será o futuro das minhas finanças?

Martine, de 52 anos, veio me visitar em dezembro de 2012. Pediu-me para analisar seu futuro financeiro, pois me disse que estava iniciando mudanças importantes em sua vida particular. Desse modo, pedi-lhe que tirasse cinco arcanos maiores, que dispus de acordo com o seguinte esquema:

Procedi a uma primeira análise do conjunto, percorrendo sua tiragem com o olhar.

Em um piscar de olhos, notei que essa tiragem era bastante fria, e sua cor, cheia de contrastes. Os arcanos selecionados eram austeros e traziam um grande rigor ao conjunto da tiragem. O arcano 8, que simboliza a matemática e os cálculos, fez-me pensar em um puro espírito cartesiano e em uma necessidade de racionalizar tudo. Poderíamos dizer que era chegada a hora de acertar as contas! O arcano 13 escurecia nitidamente a tiragem: anunciava dificuldades financeiras importantes e me evocava dívidas ou preocupações ligadas a uma copropriedade. De imediato, sugeria-me uma "ruptura", como um divórcio ou um falecimento, um trauma que poderia ser a causa das preocupações de Martine. O arcano 11 me remetia à imagem de uma consulente que tinha o controle e o domínio de suas finanças e, *a priori*, não estaria passando por dificuldades. Por fim, dada a posição do arcano 10, estimei que uma soma em dinheiro deveria ser-lhe concedida em pouco tempo. Para tornar meus pensamentos mais claros, parti para o cálculo dos pontos cegos. Desse modo, obtive a seguinte tiragem em cruz:

Dispondo dessa informação suplementar, decidi começar o estudo dos cinco arcanos maiores segundo suas respectivas posições na tiragem, a saber:

- o arcano 11 (a Força) em posição A apresentava-me Martine como uma mulher inteligente e decidida, que aspirava a manter o controle dos acontecimentos. Deu-me a impressão de reger seus negócios com habilidade. Contrariamente ao Eremita, que materializa uma carência ou uma redução, a Força sempre fala de excedentes, excessos e elevações... Pressenti, portanto, que suas contas bancárias estavam bem abastecidas. Sem nenhuma dúvida, Martine tinha o controle de suas finanças;

- o arcano 13 (o Arcano sem Nome) em posição B anunciava uma mudança radical, uma transformação traumática, que vinha impactar o estado de suas finanças. Intuí uma perda de emprego ou uma situação conflituosa, ligada a uma herança ou a dívidas. Além disso, o simples fato de o Arcano sem Nome estar posicionado perto da senhora Justiça logo me fez pensar em um documento (8) notarial (13);

- o arcano 10 (a Roda da Fortuna) em posição C me falava espontaneamente de dinheiro ou de futuras consequências financeiras. Ainda que o grafismo me sugerisse de imediato um ganho nos jogos de azar (a roda remete à da loteria), desconfiei de uma soma em dinheiro proveniente de um empréstimo ou de operações na Bolsa de Valores. Diante desse quadro e dadas as cartas circunvizinhas, sobretudo as da Justiça e do Arcano sem Nome, eu estava intimamente convencido de que o arcano 10 evocava mais uma cota-parte ligada a um divórcio ou a um falecimento;

- o arcano 5 (o Papa) em posição D mostrava-me que Martine havia buscado esclarecimentos com um especialista. Na falta de elementos comprobatórios nesse estágio, não pude definir com certeza se se tratava de seu consultor financeiro ou de outra pessoa. Presumi que esse homem de meia-idade fosse seu marido. Essa presença pontifical, ainda que solene, fez-me pensar em uma ajuda isenta de interesses, uma benevolência natural;

- o arcano 8 (a Justiça) em posição E me falava essencialmente de contabilidade e cálculos. Disposto bem no centro da tiragem, esse arcano me evocava o depósito de um salário ou de uma renda que lhe asseguraria um equilíbrio orçamentário. Arcano emblemático dos contratos e das administrações, pensei que Martine estivesse esperando uma entrada de dinheiro suplementar (pensão, seguro de vida...) após a assinatura de um contrato ou documento. Também entendi a que ponto ela estava preocupada com o estado atual de suas finanças, pois sei por experiência própria que esse arcano materializa os encargos e as contribuições. Portanto, pareceu-me que as circunstâncias a obrigavam a calcular seu orçamento com regularidade.

MINHA INTERPRETAÇÃO. Ao analisar com minúcia os pontos cegos dessa tiragem em cruz, a história de Martine me saltou aos olhos. Seu passado me falava de uma perturbação (16) afetiva (6). Intuí que uma terceira pessoa (6) havia semeado discórdia (16) no lar conjugal (5). Também constatei que Martine mantinha relações de força (11) explosivas (16) com seu marido (5). O binômio 5 + 16 materializa quase sistematicamente um lar (5) em efervescência ou em decadência (16), algo bem distante da felicidade conjugal. Logo compreendi que as preocupações de Martine tinham por origem desordens afetivas. Forneci-lhe minhas primeiras observações, e ela me respondeu afirmativamente. De um ponto de vista estritamente fiscal, desconfiei que o valor venal (8) do patrimônio (16) do casal já tivesse sido objeto de discussões (6). Pressenti uma angústia (6) ligada a uma perda (16) de rendimento (8). O presente imediato me sugeria duas grades de leitura: inicialmente, fazia-me pensar na venda (8) de um bem imobiliário (18) por intermédio de um homem de meia-idade (5), talvez o diretor de uma agência. *A priori*, tratava-se de estimar (8) o preço (8) da casa da família (18). O ponto cego do presente me indicava que Martine havia se aconselhado (5) com um advogado (8) no âmbito de um divórcio (13). De fato, a presença do binômio 8 + 18 no presente imediato me falava, sem distinção, de um palácio (18) da justiça (8), de um escritório (18) de advocacia (8) ou de um tabelionato (18, 8). No contexto financeiro, supus que a venda (8) da casa (18) havia sido levada à ordem do dia no âmbito de uma separação (13) entre os cônjuges (5). O futuro próximo confirmava minhas primeiras impressões: logo notei a presença do trinômio 8 + 13 + 5, que no mesmo instante me fez pensar na ruptura (13) de um contrato (8) de matrimônio (5). Muito provavelmente se tratava de um documento (8) notarial (13), relativo à venda (8) da casa (18), que permitia a Martine obter sua parte (10). Desse modo, os arcanos que formavam o ponto cego do futuro próximo também forneciam uma leitura bem diferente: sugeriam uma mediação (5) relativa a indenizações (8) por rescisão contratual (13) com efeito retroativo (10). Apesar do drama pessoal que afligia Martine, fiquei otimista em relação a seu futuro pecuniário. Ao observar com calma o ponto cego do futuro mais distante, notei que suas finanças (8) cresceriam (11) de maneira exponencial (21). Seria possível dizer que essa soma (10) aumentaria (11) consideravelmente (21) sua conta bancária (8). Portanto, informei Martine sobre o fato de que ela atravessaria um curto período de austeridade (13), seguido de uma alta (10) nos rendimentos (8), devido à venda de sua casa (18).

Pedi-lhe que cobrisse esses cinco arcanos maiores com outras cinco cartas, a fim de ajustar minha análise. Obtive, então, os cinco pares de binômios seguintes:

O binômio 11 + 15, posicionado em A, anunciava uma excelente capacidade (11) financeira (15). A presença do Diabo, arcano emblemático das finanças, ao lado da Força logo me fez pensar em uma vantagem ou reserva financeira que reforçavam minha ideia, segundo a qual Martine receberia recursos financeiros substanciais. Presumi que a consulente conhecia bem o valor do dinheiro e saberia fazer render (11) seu capital (15).

O binômio 13 + 19, posicionado em B, falava-me espontaneamente de um pacto ou de uma parceria (19) rompida (13). Dado o contexto, pressenti que esse binômio marcava o fim (13) de uma história de amor (19) e exprimia claramente uma ruptura (13) entre o casal (19). A imagem que me apareceu foi a de uma lâmina de fundo, que vinha para varrer um esquema conjugal desgastado, uma vida em comum (19) que havia se tornado conflituosa (13).

O binômio 10 + 20, posicionado em C, sugeria-me que uma soma em dinheiro (10) seria objeto de negociações (20) dentro de algum tempo. Presumi que essa vantagem financeira (10) provinha de uma decisão judicial (20). Parecia haver uma discussão (20) entre as respectivas partes (10) de cada um.

O binômio 5 + 16, posicionado em D, acentuava as preocupações encontradas por Martine no presente imediato. Por certo, nele se via um casamento (5) em decadência (16), mas sobretudo uma relação conjugal violenta, que pontuava o cotidiano. Além disso, eu estava intimamente convencido de que esse binômio também falava de um especialista (5) imobiliário (16).

O binômio 8 + 2, posicionado em E, é a expressão de uma análise (2) fiscal (8). Notei a presença de uma mulher de meia-idade (2), examinando um livro-caixa (8). Intuí que provavelmente se tratava da própria consulente ou de uma contadora. Com frequência, essa associação de cartas simboliza uma mulher da área do direito, como uma advogada tributarista. No caso, pensei que poderia tratar-se tanto da tabeliã encarregada da partilha dos bens quanto da advogada que redigiria o divórcio.

RETORNO DE EXPERIÊNCIA. Martine me ligou um ano depois de nossa consulta para me dar notícias e marcar outra sessão na mesma ocasião. Explicou-me que tinha iniciado um processo de divórcio oito meses antes de nossa primeira sessão e que na época estava muito preocupada quanto a seu futuro financeiro, sobretudo porque se ocupava voluntariamente da contabilidade do marido. Precisou interromper seu trabalho na Secretaria de Segurança Pública por razões de saúde cinco anos antes. Ficou tão confusa quando descobriu a existência de uma rival que pediu à sua irmã mais velha (6) que a acolhesse em seu apartamento em Paris (16) antes de arrumar um lugar para morar. Esse drama conjugal causou efeitos colaterais (16) entre seus outros irmãos e irmãs (6), que se intrometeram em suas questões conjugais. Ela me contou que a residência (18) do casal havia sido vendida (8) cinco dias após a visita ao meu consultório. Ela havia acabado de se encontrar com um corretor (5) para fazer uma avaliação da casa (18). Martine se divorciou (13) seis meses depois, para seu grande alívio, pois o entendimento (19) havia se tornado impossível (13). Confessou-me ter atravessado um período de frugalidade (13) antes de conseguir restabelecer-se (10) graças ao dinheiro do divórcio que lhe foi atribuído vários meses depois. Sua advogada (2) também havia conseguido obter para ela uma indenização compensatória (10) considerável, que lhe permitiu reerguer-se. Graças a essa importante (21) soma em dinheiro (10), Martine me informou que queria adquirir um pequeno apartamento, a fim de recomeçar a partir de novas bases. Confessou-me que pretendia voltar a me consultar para saber se permaneceria ou não na região parisiense e se eventualmente reconstruiria sua vida amorosa.

b) Vou conseguir sanar minha situação financeira?

Yvan, de 48 anos, veio me consultar em fevereiro de 2012 para saber se sua situação financeira iria deslanchar. Comecei pedindo-lhe para escolher cinco arcanos, que dispus de acordo com o esquema seguinte:

Procedi a uma primeira análise no mesmo instante, percorrendo a tiragem com os olhos.

À primeira vista, notei que a cor do conjunto era nuançada. Logo constatei que o único arcano pitoresco (19) era mal aspectado, o que, *a priori*, pareceu-me de mau agouro. No entanto, não identifiquei nenhum arcano "sombrio" a ponto de me evocar uma situação financeira desesperadora. Suspeitei da existência de uma problemática ligada a empréstimos (10) como sendo a causa das preocupações que atormentavam Yvan. Também notei a presença ativa do consulente (4) no presente imediato. Ele parecia querer intervir nos acontecimentos. A expressão de sua vontade (11) também me apareceu no futuro em médio prazo. Decidi analisar os pontos cegos dessa tiragem em cruz para embasar minha interpretação. Após o cálculo, obtive o seguinte esquema:

Antes de me lançar na análise completa dessa tiragem, comecei por interpretar os cinco arcanos maiores, segundo suas respectivas posições.

O arcano 9 (o Eremita), posicionado em A, descrevia-me Yvan como um personagem introvertido, ponderado, de espírito analítico. Pressenti que tinha a tendência a viver em seu passado (9). Em nível pecuniário, o Eremita me fez pensar em poucos recursos financeiros e em um padrão de vida simples. Posicionado nesse lugar, o arcano traçava o retrato de um homem prevenido, que aprendeu a se contentar com pouco e viver em conformidade com sua situação.

O arcano 19 (o Sol) em posição B me falava espontaneamente de um desacordo. Eu tinha em mente o fato de que esse arcano é o do casal. Portanto, presumi que seu casamento era a causa de suas angústias financeiras. Além disso, com sua cor dourada, o arcano 19 reflete o brilho do ouro e do luxo em geral. A julgar por sua posição nessa tiragem, pressenti que o consulente havia realizado compras ostentatórias, que o colocaram em uma posição difícil com seu banco.

O arcano 11 (a Força) posicionado em C me permitia entrever um indivíduo motivado e bem decidido a resolver seus problemas, o que, no caso, era algo positivo. Esse arcano também me fez pensar em uma possível queda de braço no futuro.

O arcano 4 (o Imperador) em posição D materializava nosso consulente. Pareceu bem presente no aqui e agora. À primeira vista, esse arcano evocava uma estabilidade socioprofissional que proporcionava ganhos regulares. Imaginei, portanto, que sua situação no momento, por mais difícil que pudesse ser, não era irreversível. Sabendo muito bem que o Imperador também encarna um homem poderoso, não descartei a possibilidade de que um personagem influente agiria em favor de seus interesses.

O arcano 10 (a Roda da Fortuna) posicionado em E anunciava o pagamento de empréstimos. Eu estava intimamente convencido de que o consulente havia contraído um ou vários créditos ao consumo (10) e que no momento se encontrava em uma espiral (10) infernal que o obrigava à máxima prudência em matéria orçamentária.

MINHA INTERPRETAÇÃO. Ao examinar escrupulosamente os pontos cegos dessa tiragem em cruz, compreendi que a situação financeira de Yvan era bem mais grave do que eu havia imaginado. Explico-me: o ponto cego do passado me fez pensar em uma situação de superendividamento (13) que durava havia muito tempo (9). Logo vi atrasos no pagamento (9) de dívidas (13) intimamente ligadas a créditos rotativos (10). Também suspeitei que essa espiral (10) infernal (13) fosse mantida pelo pagamento (10) sistemático de juros (13) sobre as faturas não pagas. A presença do Papa em um dos trinômios do passado me levou a pensar que cinco (5) empréstimos (10) eram a causa das dívidas (13) contraídas por Yvan (4). Além disso, esse Papa me falava sobretudo de um agente (5) encarregado de cobrar as dívidas (13). Ao levantar a cabeça, notei com surpresa a expressão trágica de meu interlocutor, que, pelo que intuí, leu minhas preocupações em meu rosto. Procedi, então, a um primeiro balanço da situação que, segundo suas declarações, correspondiam perfeitamente à sua história. Ao passar os olhos pelo ponto cego do presente imediato, fiquei cético quanto a uma resolução amigável (5) de seus problemas. De fato, notei a presença de um consultor (5) fiscal (15) e até mesmo de um inspetor (5) tributário (15) em um dos trinômios; por isso, temi o pior. Imaginei que Yvan talvez tivesse caído na malha-fina. Uma coisa era certa: os impostos eram afetados por suas dívidas. À luz dos arcanos que compunham o ponto cego do presente, compreendi que o consulente (4) intervinha nos acontecimentos. Ele estava tentando encontrar uma solução amigável (5) ou consolidar (5) suas dívidas (10). Uma vez que o Imperador evocava uma situação socioprofissional tranquilizadora, intuí que o montante de seus empréstimos provavelmente era muito elevado e que seus rendimentos já não eram suficientes para conter esse escoamento de recursos. A presença do Sol em oposição confirmava minhas intuições e me levava a pensar que nenhuma parte entraria em acordo (19 em B) sobre as modalidades de pagamento. Também me perguntei a que ponto essa situação impactaria a vida familiar (19) de Yvan. Seu casamento parecia em perigo (19 em B). Ao analisar esse presente mais de perto, logo percebi que o arcano 15 era contíguo ao Sol e que esse binômio costuma materializar os estabelecimentos bancários. Suspeitei, então, de que o desacordo (19 em B) em questão se situava principalmente entre ele e seu banco (19). Lamentei constatar que sua situação econômica não melhoraria no futuro próximo. Com efeito, a conjunção dos arcanos 10 e 13 me indicava, ao contrário, que suas dívidas ainda não haviam sido liquidadas. Pensei que ele até tivesse recebido uma nova cobrança, uma solicitação (10) por escrito (3), e que essa carta talvez fosse a causa da queda de braço (11) que parecia iniciar-se no futuro a médio prazo. Também supus que a Imperatriz representasse sua companheira ou até mesmo uma mulher com a qual Yvan tivesse entrado em conflito (13). Não fiquei muito otimista perante essa situação que parecia escapar-lhe. Contudo, ao passar os olhos pelo ponto cego do futuro mais distante, notei que os arcanos não estavam tão carregados de polaridades negativas quanto os anteriores. Embora fossem bastante inexpressivos no nível das cores, a situação parecia clarificar-se ligeiramente. Constatei que o consulente assumiria o controle das coisas (11), apresentando sua situação (11) a uma comissão (20) encarregada de estudar (9) um plano de amortização (9) ou liquidação de sua dívida. Era possível que essa instância fosse presidida por uma mulher (3). Pressenti que a Imperatriz era, na realidade, uma jurista (20), pois o binômio 3 + 20 me fez pensar em textos (3) jurídicos (20). Tomei o cuidado de analisar as cartas ao redor do Julgamento, pois, por outro lado, sabia que muitas vezes esse arcano anuncia imprevistos que podem mudar a distribuição inicial das cartas. Vi apenas que uma mulher (3) influiria sobre essa comissão (20) e que haveria uma verdadeira análise (9) da situação. Dispondo de minhas observações, previ para Yvan um futuro, em curto e médio prazos, repleto de incidentes de pagamentos e conflitos ligados às suas dívidas, mas também lhe disse que sua ação (11) seria favorável ao final de um processo (20) de longa duração (9). No nível das datas, intuí negociações (20) para o final (9) de novembro (11), depois das quais imaginei um escalonamento da dívida em pelo menos três anos (3).

Por fim, pedi a Yvan que cobrisse esses cinco arcanos com outras cinco lâminas de tarô, a fim dar sustentação à minha interpretação. Obtive, então, os cinco pares de binômios seguintes:

O binômio 9 + 8, posicionado em A, falava-me literalmente da análise (9) contábil (8). A alquimia desses dois arcanos evocava essencialmente uma busca (9) de equilíbrio (8). À luz desses elementos, pressenti que o consulente tinha a sabedoria do poupador, o senso da economia, e que os pequenos recursos de que dispunha o obrigariam à máxima prudência em matéria de despesas.

O binômio 19 + 15, posicionado em B, anunciava quase sistematicamente um imbróglio com seu banco. Apesar de seu aspecto ponderado, continuei a acreditar que o consulente havia bancado a cigarra ao gastar somas astronômicas (15) em artigos de luxo (19) e realizado compras compulsivas, que sem dúvida pesaram em seu orçamento.

O binômio 11 + 20, posicionado em C, reforçava minha ideia de que o consulente se encontraria no centro de uma queda de braço (11) jurídica (20). Intimamente, eu estava convencido de que o arcano 20 representava nesse caso uma comissão que decidiria sua situação financeira. Estimei que talvez se tratasse da comissão de superendividamento do Banque de France.

O binômio 4 + 5, posicionado em D, representava dois personagens masculinos lado a lado. O fato de estarem de costas um para o outro me dizia que não necessariamente se entendiam bem. Intuí que se tratava do consulente (4) e de um homem mais velho, com quem ele se aconselhava (5). Suspeitei que essa presença pontifical reproduzia, na realidade, uma tentativa de mediação (5).

O binômio 10 + 13, posicionado em E, exprimia claramente uma situação financeira difícil. Em matéria tributária, o arcano 13 simboliza, se não as dívidas, ao menos um período de austeridade orçamentária. Com esse binômio no eixo central de uma tiragem sobre as finanças, Yvan estava imerso na espiral (10) do superendividamento (13). Com toda certeza, havia contraído empréstimos (10) que geraram débitos importantes (13) em sua conta bancária.

RETORNO DE EXPERIÊNCIA. Yvan voltou a me procurar um ano após nossa consulta para me informar a respeito de sua situação, que aos poucos começava a se esclarecer. Explicou-me que tinha contraído cinco créditos ao consumo (10), um dos quais muito importante junto à *Cofinoga**, para comprar um carro novo em folha e uma aliança (19) para sua futura esposa. Confessou-me que as autoridades tributárias (15) tinham acabado de adverti-lo, pois ele apresentava uma dívida de imposto predial (15), bem como multas consideráveis, ligadas a pagamentos em atraso. Ele tentou consolidar (5) suas dívidas (10), mas teve sua proposta rejeitada pelos diferentes estabelecimentos bancários (19 + 15 em B). Além disso, Yvan me explicou que os juros tinham ultrapassado em muito o valor de sua dívida. Foi quando, em desespero de causa, decidiu

---

* Empresa de crédito pessoal. (N.T.)

recorrer ao Banque de France, a fim de encontrar uma solução para seu superendividamento, uma vez que seus rendimentos não lhe permitiam saldar as taxas. Seu primeiro recurso (5) foi rejeitado (13) pela comissão (20) de superendividamento (13) do Banque de France um mês antes de nosso encontro, pois seu principal credor se opusera terminantemente a seu processo. Pouco depois dessa primeira recusa, Yvan conseguiu pagar dois de cinco empréstimos, pegando dinheiro emprestado com seu sogro (5). Com essa nova situação e o apoio de um advogado apresentado por sua companheira, Yvan decidiu recorrer novamente à comissão de superendividamento, seis meses após nossa sessão. Em outubro de 2012, ele se beneficiou de uma decisão de princípio sobre a admissibilidade de seu processo. Ao final de uma verdadeira queda de braço entre a comissão e seu advogado, decretou-se um plano de amortização (9) de dois anos em função de seus rendimentos e de sua capacidade de pagamento. Na época dessa nossa conversa, estava pagando seus três credores e o fisco. Disse-me que se sentia aliviado, mas não totalmente tranquilo; contudo, garantiu-me que não estava disposto a contrair novos créditos ao consumo.

3) AMOR

a) Qual é o futuro do meu relacionamento?

Sabine me consultou pela primeira vez em setembro de 2012. Queria conhecer seu futuro amoroso e, mais especificamente, a evolução de seu relacionamento. Depois de ter embaralhado os 22 arcanos maiores à minha frente, pedi-lhe para escolher cinco lâminas, que dispus como segue:

Comecei por me concentrar na tiragem, percorrendo-a com o olhar. Logo constatei que era harmoniosa e apresentava uma bela cor em seu conjunto. Os arcanos 19 e 6 me falavam de amor e sedução. Traziam alegria e uma grande luminosidade a essa tiragem em cruz, enquanto a conjunção dos arcanos 7 e 11 exprimia uma verdadeira vontade (11) de evoluir (7), de se projetar no futuro. Com exceção do Imperador, que de imediato me fazia pensar em um marido recalcitrante e até potencialmente autoritário, fiquei bastante otimista quanto às perspectivas da evolução do seu relacionamento. Com essa primeira constatação, lancei-me na leitura dos pontos cegos, a fim de embasar minha interpretação. Após o cálculo, obtive o esquema seguinte:

Tomei a precaução de analisar as cinco cartas escolhidas por Sabine em função de suas respectivas posições no jogo antes de fornecer minha interpretação.

O arcano 19 (o Sol) em posição A evocava espontaneamente a imagem de um casal unido, afetuoso, uma história de amor movida por sentimentos nobres e recíprocos. Por outro lado, como o Sol é o arcano emblemático do matrimônio, intuí que Sabine dava uma enorme importância ao seu relacionamento e buscava a todo custo preservar sua união. A julgar por esse belo Sol radiante, tudo parecia indicar que Sabine e seu companheiro viviam imersos na felicidade.

O arcano 4 (o Imperador) em posição B me parecia mal colocado. O simples fato de essa figura emblemática do poder se apresentar em B me fez pensar em um excesso de autoritarismo ou, diferentemente, em um indivíduo cuja autoridade era contestada até dentro da família. Intuí que havia uma insidiosa relação de poder entre os cônjuges. Com efeito, tive a estranha sensação de que esse homem de meia-idade, embora em plena posse de suas faculdades, tinha dificuldade para encontrar seu lugar ou se afirmar. Nesse caso, pareceu-me que esse "imperador decaído" revelava um sentimento de insegurança e desconforto.

O arcano 7 (o Carro) em posição C me falava de uma continuidade na evolução dos cônjuges e exprimia a vontade de avançar e caminhar juntos. Portanto, via-se um casal que se projetava no futuro. Além do Imperador, que suspeitei ser o companheiro de Sabine, notei, a título indicativo, que o Carro representava o segundo homem da tiragem, de modo geral um homem de cerca de 30 anos. Nesse estágio, cheguei a me perguntar sobre a existência de outro homem na vida de Sabine.

O arcano 6 (o Enamorado) em posição D materializava um presente afetivo, dominado pela angústia mal disfarçada da consulente. Supus, *a priori*, que Sabine nutria sérias dúvidas quanto à natureza dos sentimentos de seu parceiro. Ela me pareceu estar diante de uma escolha difícil. A presença desse arcano também anunciava o encontro com uma terceira pessoa.

O arcano 11 (a Força) em posição E revelava uma forma de impaciência por parte de Sabine, que tinha a firme intenção (11) de seguir adiante (7). Esse arcano simbolizava a existência de uma boa energia no casal. Contudo, a força que se opunha ao Imperador confirmava um relacionamento pontuado por uma relação de poder entre os dois parceiros.

MINHA INTERPRETAÇÃO. Ao percorrer com o olhar o ponto cego do passado, logo observei que o casal tinha mudado de casa recentemente. Notei a presença do trinômio 11 + 7 + 18, que relatava essa vontade (11) manifestada por eles de mudar (7) de casa (18). A presença do Carro, que influi sobre os deslocamentos terrestres, costuma anunciar uma mudança do lugar onde se vive, especialmente quando aparece perto da Lua, arcano emblemático do lar. Vale notar, na mesma ocasião, que o arcano 11 materializa os profissionais ligados à área de mudanças (cf. Capítulo 1), e o binômio 11 + 18, as mudanças em si (cf. *Guide d'interprétation des 462 binômes*). Portanto, imaginei que Sabine vivesse havia pouco tempo com seu companheiro e que ambos quisessem (11) mudar (7) de casa (18). Ao avançar com a análise desse ponto cego, também foi possível ver um jovem de cerca de 30 anos (7) em uma relação de casal (19), que desejava (11) morar (18) com sua parceira (19). Tudo indicava que a intenção (11) de ambos era estabelecer um lar (18). Nesse estágio, constatei com alegria que o passado do casal não poderia ser mais favorável. Comuniquei a Sabine minhas primeiras impressões antes de me aventurar em seu presente afetivo. Ela logo me confirmou que, dois meses antes, havia pedido a Thierry, seu companheiro, que fosse viver com ela. Com essa resposta quase instantânea, decidi partir para o cálculo de sua situação amorosa. No mesmo instante percebi que Sabine se via confrontada com uma escolha afetiva (6) e parecia confusa quanto à natureza de seus sentimentos. O arcano 6, que se mostrava em seu presente imediato, marcava um tempo de hesitação (6), como para se assegurar de que estivesse fazendo a escolha certa (6). Embora eu estivesse intimamente convencido de que seus sentimentos amorosos (6) tinham evoluído (10) de maneira empírica rumo a uma abertura maior (21) – impressão que me foi confirmada pela presença do binômio 11 + 6 na vertical, uma vez que ele evocava fortes (11) sentimentos amorosos (6) –, vi desenhar-se um cenário totalmente diferente à medida que analisava o ponto cego do presente. Com efeito, observando mais de perto, o trinômio 6 + 10 + 4 me falava literalmente do retorno (10) de um namorado (6), um homem de meia-idade (4), que imaginei ser estrangeiro ou viver fora do país (21). Forneci minhas novas observações a Sabine, que esboçou um sorriso meio sem graça. Diante de seu embaraço, senti-me obrigado a lembrar-lhe de que minha função não é julgar meus clientes. Continuei convencido de que essa situação complicada semearia dúvidas (6) na autenticidade dos sentimentos de Sabine por seu companheiro atual. O fato de o Imperador estar colocado em posição negativa me fez pensar que o retorno (10) desse homem (4) não era necessariamente desejado. Compreendi, então, que o Imperador materializava um ex-namorado, enquanto o Carro encarnava o companheiro de Sabine. A título indicativo, vale lembrar que o Enamorado fala sobretudo de amizade, sedução ou delicadeza no amor, mas raramente de nobreza de coração, privilégio que pertence ao arcano 19, o mesmo visto duas vezes no futuro mais distante de Sabine. Ao me debruçar sobre seu futuro próximo, percebi que Sabine desejava (11) continuar (7) sua relação atual com Thierry. Embora a presença do Louco evocasse um namorado descartado (22), também observei que a consulente era animada por uma intensa vontade (11) de prosseguir (22) e continuar sua rota (7). Ao navegar pelo futuro mais distante, notei a presença do trinômio 11 + 19 + 8, que me informava sobre as intenções (11) de Sabine e Thierry de legitimar (8) seu relacionamento (19). Supus que os dois pombinhos haviam, portanto, decidido se casar. Após um período de incerteza e hesitação, constatei com alegria que sua relação se encaminhava (7) inelutavelmente para um reconhecimento (19) oficial (8) de seu amor (19). Não resisti à ideia de anunciar a Sabine que entrevia um futuro casamento e dois filhos como consequência. Datei a cerimônia no verão (19) e, mais precisamente, em agosto (8). A presença repetida do arcano 19, emblemático dos filhos e da família, também materializava uma ou várias gestações. Concluí minha interpretação indicando a Sabine que suas preocupações se atenuariam nos próximos seis meses e que ela formaria uma família feliz com Thierry, seu futuro noivo.

Por fim, pedi a Sabine que cobrisse esses arcanos com outras cinco lâminas de tarô, a fim de obter cinco novos pares de binômios, repartidos do seguinte modo:

O binômio 19 + 9, posicionado em A, evocava uma relação de casal (19) que se inscrevia na duração (9). Notei que Sabine estava em busca (9) de uma história de amor (19) durável (9). Presumi que também gostaria de ter filhos (19), a fim de assegurar sua descendência (9).

O binômio 4 + 1, posicionado em B, materializava uma problemática ligada a um homem (4) com um filho (1). Supus que essa figura paterna fosse a causa da angústia de Sabine. Paradoxalmente, colocado nesse lugar, esse binômio revelava um medo da paternidade ou de se assumir como pai. Presumi que seu companheiro no momento temesse tornar-se pai.

O binômio 7 + 5 em posição C anunciava uma relação que se tornaria (7) séria (5) e madura (5). A conjunção desses dois arcanos logo me fez pensar em um projeto (7) de casamento (5), em uma história de amor que tenderia a se sacralizar (5). O arcano 5 trazia paz e uma forma de bênção à união de ambos.

O binômio 6 + 14 em posição D me falava espontaneamente de comunicações e contatos telefônicos (14) com uma terceira pessoa, com toda evidência um sedutor ou um pretendente (6). Notei um clima propício à sedução (6) e ao ócio (14). Pressenti que Sabine fazia o jogo da sedução.

O binômio 11 + 22, posicionado em E, logo me confirmou que a consulente desejava (11) avançar (22) em sua relação amorosa. Além disso, esse binômio evocava uma vontade (11) de pôr alguém em fuga (22) ou expulsar (22) uma pessoa de sua existência com força (11).

RETORNO DE EXPERIÊNCIA. Sabine me telefonou um ano após nosso primeiro encontro para me informar de sua situação amorosa e relembrou a sessão: David, seu ex-companheiro, com o qual vivera três anos, havia reaparecido (10) em seu círculo de amigos (6). Tentou reconquistá-la (10) e não parou de assediá-la ao telefone (14) depois que Thierry, seu novo companheiro, havia decidido se mudar para a casa dela. Sabine ficava petrificada ao imaginar que Thierry pudesse descobri-lo. David, que na época tinha 40 anos (4), já tinha um filho de 6 (1) de uma relação anterior, e, embora ela ainda sentisse muito afeto (6) por ele, não estava mais apaixonada. Ela me confessou ter titubeado (6) por um momento em relação ao que sentia por seu novo namorado. Precisou ser firme (11) e despachar (22) David antes de retomar o fio de sua história com Thierry. Em seguida, atravessou um período de depressão (22), que durou aproximadamente três meses. Depois, em uma noite no início de janeiro, Thierry lhe disse que queria oficializar (8) a união de ambos. Sabine me contou que finalmente tinha contraído uma união estável (19 + 8) com Thierry no último verão (19) e que estava grávida. No entanto, confessou-me ter tido sérias dúvidas (6) em relação ao compromisso com seu parceiro, que, na época, temia muito tornar-se pai (4 + 1 em B), tema que foi causa de inúmeras brigas (11).

b) Vou ter um encontro amoroso neste ano?

Élodie, de 25 anos, veio me consultar na primavera de 2013. Sentia-se sozinha e deprimida e, para ser fiel às suas palavras, desejava encontrar o "grande amor". Propus-me, então, a responder à sua pergunta e lhe pedi para tirar cinco arcanos maiores, que dispus do seguinte modo:

Comecei "escaneando" a tiragem de Élodie, percorrendo-a com o olhar.

Uma harmonia geral logo se destacou dessa tiragem em cruz. Salvo a "escuridão" do Arcano sem Nome (13), que representava seu mal-estar atual e a solidão de seu coração, os outros arcanos pareciam luminosos. Contudo, percebi que o arcano 19, emblemático do casal, estava mal aspectado, o que me confirmou que a consulente ainda não tinha encontrado sua alma gêmea. A iconografia do Mago, no alto da tiragem, anunciava o encontro com um rapaz e poderia ser o ponto de partida para um novo romance.

Para poder ver com mais clareza, parti de imediato para a análise dos quatro pontos cegos. Obtive, então, o esquema seguinte:

A fim de exprimir toda a quintessência dessa tiragem, decidi analisar cada um dos arcanos escolhidos em função de suas respectivas posições:

O arcano 14 (Temperança) em A me apresentava Élodie como uma jovem gentil e agradável, que aspirava a encontrar a harmonia em suas relações com os outros e, *a fortiori*, em sua vida amorosa. A Temperança me dava a imagem de uma pessoa sociável e acolhedora, que tinha facilidade para fazer amigos. Eu disse a mim mesmo que a consulente, por ter uma natureza jovial, não teria dificuldade para conhecer um rapaz.

O arcano 19 (o Sol) em B me falava, sem distinção, de um casal em desarmonia ou da dificuldade de se projetar em uma verdadeira configuração de casal. O fato de esse arcano emblemático da família estar posicionado desse modo reforçava minha ideia de que a consulente ainda não tinha cruzado o caminho de sua alma gêmea.

O arcano 1 (o Mago) em C era uma vantagem, à medida que pressagiava um recomeço. Em nosso contexto, anunciava-me o encontro com um rapaz da mesma faixa etária da consulente.

O arcano 13 (o Arcano sem Nome) em D materializava os tormentos de uma ruptura amorosa. Pareceu-me evidente que o presente afetivo de Élodie era marcado pelas cicatrizes de uma recente separação. Ela poderia não ter concluído o luto de sua última relação amorosa.

O arcano 4 (o Imperador) em E exprimia o estado de espírito de Élodie e, sobretudo, a necessidade inconfessada de se estabelecer em uma relação estável e tranquilizadora. Ao que parecia, a consulente buscava construir um relacionamento sólido com um cônjuge maduro e protetor, que tivesse a estrutura de um chefe de família.

MINHA INTERPRETAÇÃO. Ao analisar o ponto cego do passado, vi claramente que a jovem tinha vivido uma separação (13) dolorosa em seu passado (9). Duas grades de leitura se impuseram espontaneamente à minha consciência. Se por um lado constatei de imediato uma antiga (9) ruptura (13), por outro também intuí a morte (13) passada (9) de seu pai (4). À medida que eu lhe narrava sua história, lia a angústia no rosto da jovem. A presença repetida do Arcano sem Nome no presente imediato me indicava que a consulente estava atravessando uma fase depressiva (13); portanto, tive de ser extremamente pedagógico e vigilante na escolha das palavras. Élodie me interrompeu e me informou que desejava virar a página (13) desse drama familiar e renascer para a vida. Embora a presença do Eremita no centro do trinômio 4 + 9 + 5 certamente constituísse uma menção às reminiscências passadas, ele evocava sobretudo a busca (9) de uma união (5) durável (9) e construtiva (4), a prioridade de Élodie, a julgar por suas palavras. No caso, o Eremita me falava mais da procura (9) por um homem (4) de meia-idade (5), como se Élodie buscasse (9), ao mesmo tempo, um marido (5) e um pai (4) para seus futuros filhos. Ao longo de minha análise, percebi que o futuro de Élodie se anunciava promissor. Com efeito, o ponto cego do futuro próximo logo me entregou todos os seus segredos. Inicialmente, constatei a presença reconfortante do Enamorado no centro do trinômio 4 + 6 + 20, um indício de uma situação afetiva melhor. Esse trinômio me fez pensar espontaneamente em uma correspondência (20) amorosa (6) com um homem de meia-idade (4). Ao decodificar essa combinação, observei que o arcano emblemático da internet (20) estava posicionado perto do Enamorado (6). Logo deduzi que muito em breve Élodie iria consultar *sites* (20) de encontros (6) *on-line*. Notei contatos amorosos (6) na rede (20) com o gênero masculino (4). A julgar pela posição do arcano 19, que fala de amor com "A" maiúsculo, parecia que Élodie ainda não tinha conseguido encontrar o grande amor (19). No entanto, notei que o Mago dominava a tiragem, evocando a imagem de um rapaz de cerca de 20 anos. Pressenti que a chegada desse namorado seria o ponto de partida para uma renovação na vida afetiva da consulente. Via-se que a jovem se comunicava na internet (20) com seu novo (1) amor (6). Ao explorar o futuro mais distante, compreendi que a consulente logo sucumbiria ao charme encantador (15) de seu novo namorado (1). Com efeito, o binômio 15 + 19 me falava de uma atração quase magnética (15), de uma paixão devoradora entre dois amantes que, além disso, me pareciam inseparáveis (19). O trinômio 1 + 15 + 14 evocava novas (1) comunicações (14) íntimas (15) no futuro. Constatei com alegria que o arcano 19, que antes era mal aspectado, ressurgia com força no ponto cego do futuro distante sob auspícios bem melhores. Sem dúvida, esse raio de sol (19) materializava seu futuro relacionamento. Por fim, ao examinar o horizonte de seu futuro mais distante, não distingui nenhuma nuvem que pudesse perturbar esse novo equilíbrio. Decidi, então, fornecer-lhe minhas últimas impressões. Disse-lhe que ela conheceria um rapaz gentil, da mesma idade que ela, e que seu coração tornaria a se acender, pois o amor bateria à sua porta ao longo do verão. Previ que seria um rapaz de origem muçulmana, que muito provavelmente ela conheceria em um *chat* ou em um *site* de encontros para solteiros. Confessei-lhe que não tinha certeza se esse era o homem de sua vida, mas o tarô não me falava de ruptura no futuro mais distante, sabendo que faço projeções até no máximo dois anos.

A fim de apurar minha análise, pedi a Élodie que cobrisse sua tiragem inicial com outros cinco arcanos maiores. Obtive, então, cinco pares de binômios, que se apresentaram da seguinte maneira:

O binômio 14 + 8 em posição A confirmava a tese segundo a qual Élodie tinha uma necessidade absoluta de equilíbrio em sua vida particular. Esse binômio revelava uma personalidade ponderada e conciliadora, que, no entanto, considerava um casamento no futuro.

O binômio 19 + 10 em posição B me informava que a oportunidade (10) de formar um casal apaixonado (19) ainda não se havia apresentado. A conjuntura não lhe era favorável, pelo menos por enquanto. Como o Sol representa o verão, supus que não haveria nenhuma novidade antes desse período e que o encontro provavelmente ocorreria ao longo (10) da estação estiva (19).

O binômio 1 + 6 em posição C simbolizava esse novo e tão esperado encontro amoroso. Poderíamos traduzi-lo literalmente por "um novo (1) namorado (6)". A conjunção desses dois arcanos maiores traria um vento de frescor e sedução, que animaria o cotidiano amoroso da consulente. Por isso, sem falar em nobreza de coração, esse binômio descrevia uma renovação afetiva, vivida na despreocupação da juventude.

O binômio 13 + 9 em posição D me falava literalmente de uma ruptura (13) passada (9). Portanto, vi uma consulente com dificuldade para superar o luto dessa antiga relação. O presente imediato representava sobretudo esse trauma e confirmava meu diagnóstico inicial.

O binômio 4 + 2 em posição E evocava um homem dominado pela mãe. A julgar pela presença da Papisa, que costuma materializar a religião muçulmana em razão de sua indumentária, eu não ficaria nem um pouco surpreso se esse rapaz fosse originário do Oriente Médio.

RETORNO DE EXPERIÊNCIA. Segundo as últimas notícias que recebi de Élodie, ela estava vivendo uma intensa (15) paixão com seu namorado marroquino (2), Samir, que conheceu na *web*, em um *site* (20) de encontros (6), em agosto (19) do mesmo ano. Havia recobrado o gosto pela vida e estava aproveitando cada instante. Ele a fizera esquecer sua tristeza (13) do passado (9). Élodie prometeu que me faria um relato detalhado da evolução de sua relação após um ano. Fiquei muito contente por ela. Espero que o amor de ambos perdure...

4) SAÚDE

a) Como minha saúde vai evoluir?

Monique, de 68 anos, veio me consultar em janeiro de 2013 para saber de seu estado de saúde. Logo lhe pedi para escolher cinco arcanos maiores, que dispus conforme o seguinte esquema:

Procedi a uma primeira leitura do conjunto, percorrendo a tiragem com o olhar.

Achei a tiragem de Monique muito desfavorável, uma vez que as cores não eram particularmente luminosas. De imediato, notei a presença da Papisa, que me fez pensar na consulente, uma mulher de meia-idade. O arcano 12, emblemático da saúde, anunciava uma disfunção qualquer em curto e médio prazos. O Eremita, em oposição, exprimia uma carência ou uma redução de vitalidade. Por fim, a Casa de Deus, que simboliza as emergências médicas, apareceu em seu presente, evocando espontaneamente uma queda ou fratura. Como não sou um profissional da saúde, parti para a análise dos pontos cegos, a fim de expor meu "diagnóstico". Após o cálculo dos trinômios, obtive a seguinte tiragem em cruz:

Decidi analisar os cinco arcanos maiores, selecionados por Monique, segundo suas respectivas posições na tiragem em cruz.

O arcano 1 (o Mago) em posição A me descrevia uma consulente dinâmica, que *a priori* não apresentava problemas mais importantes de saúde.

O arcano 9 (o Eremita) em posição B me comunicava uma carência, a falta de alguma coisa. Por simbolizar o envelhecimento do corpo, esse arcano naturalmente evocava as nevralgias ligadas aos tormentos do tempo que passa. Portanto, intuí que Monique apresentava uma insuficiência ligada à idade ou à hereditariedade (9). Apenas a combinação desse arcano com outro me permitiria identificar com exatidão do que a consulente sofria.

O arcano 12 (o Pendurado) em posição C anunciava um bloqueio iminente. Arcano emblemático da saúde, o Pendurado aparece principalmente nas problemáticas associadas aos membros inferiores e aos ligamentos. Sua presença ali pressagiava exames médicos ou uma potencial imobilidade.

O arcano 16 (a Casa de Deus) em posição D me falava inicialmente de uma queda. Arcano emblemático das emergências médicas, a Casa de Deus representa todos os traumas que implicam fraturas ou sérias lesões. Por extensão, também intervém com regularidade nos problemas de coluna e descalcificação óssea. Suspeitei, se não de uma queda, ao menos de dores pós-traumáticas associadas a um choque. Vale lembrar que a Casa de Deus evoca ora uma queda física, ora uma queda de qualquer outra ordem (de glicemia...).

O arcano 2 (a Papisa) em posição E refletia a consulente. Contudo, a Papisa e seu livro me faziam pensar mais em uma doutora expondo um diagnóstico ou prescrevendo exames médicos. Supus que o médico generalista de Monique era uma mulher perto da aposentadoria.

MINHA INTERPRETAÇÃO. Ao percorrer o passado da consulente, constatei que Monique tinha gozado de excelente saúde. Logo notei que o arcano 19 aparecia no centro do trinômio 2 + 19 + 17, o que me levou a crer que, *a priori*, ela possuía um bom tônus (1) cardiovascular (19). O ponto cego do passado me falava, portanto, de uma senhora (2) em forma (19) e com boa saúde (17). Salvo erro de minha parte, nada em seu histórico médico me permitia detectar uma preocupação maior com a saúde. No entanto, fiquei perturbado com a presença da Casa de Deus em seu presente. Seria possível dizer que essa serenidade (17) de antes havia sido repentinamente posta a uma dura prova (16). Não achei que se tratasse apenas de estresse; o simples fato de vir me consultar a esse respeito me dizia que deveria haver, necessariamente, uma preocupação. Imaginei vertigens ou dores consecutivas a uma queda recente. Além das emergências médicas, sei muito bem que a Casa de Deus materializa as dores nas costas, as nevralgias no cóccix e os politraumatismos associados a quedas. Sabendo que a Casa de Deus também simboliza a cartilagem e a massa óssea, presumi que muito provavelmente ela sofria de descalcificação óssea ou de osteoporose. Em se tratando dos ossos, também temi a presença de artrose. Decidi analisar o ponto cego do presente, a fim de eliminar toda ambiguidade sobre seu estado de saúde. O trinômio 2 + 9 + 7 evocava espontaneamente uma redução (9) de mobilidade (7). Suspeitei que uma queda (16) havia sido a causa de sua perda (9) de velocidade (7). Perto da Casa de Deus, o Carro costuma materializar as dores no nível da bacia. A julgar pelo trinômio 2 + 9 + 7, achei que a consulente estivesse para ir (7) ao médico (2) reumatologista (9). Confuso com seu presente, perguntei a Monique se ela havia tido vertigens ou tonturas nos últimos tempos, e ela me respondeu que havia caído dois dias antes em sua casa. Confirmou-me que sentia muita dor no quadril havia dois dias, tanto que quase cancelara nossa sessão. Revelou-me que, de fato, tinha uma consulta marcada com um reumatologista em uma semana (o que considerei ainda como pertencente ao presente). A partir de então, compreendi que Monique provavelmente havia sofrido um traumatismo no nível da bacia. Continuando meu estudo no futuro próximo, notei de imediato exames (2) de saúde em uma clínica (5) de análises (9) médicas (12). Além disso, o trinômio 2 + 5 + 21 me falava de um centro (21) de radiologia (2 + 5). Com efeito, o binômio 2 + 5 costuma representar os radiologistas, que leem (2) e comentam (5) os exames. A Papisa oferecia aqui uma dupla leitura: materializava Monique e, ao mesmo tempo, representava os exames (em referência ao livro que tem sobre os joelhos). O Pendurado, que coroava essa tiragem, anunciava uma imobilização iminente e até mesmo uma convalescência imposta pelas circunstâncias. Costuma aparecer para aqueles que precisam ficar de cama. Arcano emblemático da saúde, o Pendurado pode pressagiar uma disfunção ou um problema de saúde que dificulta o movimento. Tradicionalmente, seu grafismo evoca as patologias associadas às pernas ou à coluna lombar (cf. Capítulo 1). A leitura do futuro mais distante confirmava meus temores iniciais. Convenci-me de que Monique teria de fazer uma cirurgia. De fato, notei a presença do binômio 13 + 1 em um dos dois trinômios que formavam o ponto cego do futuro distante. Esse binômio materializava um bloco (1) cirúrgico (13). A partir de então, compreendi que esse bloqueio (12) necessitaria de uma intervenção (1) cirúrgica (13). Além disso, notei que a consulente (2) sentiria dores (15) nos ossos (13). Ao que parecia, tratava-se de uma operação (13) no quadril ou no joelho (15). Tal como o Pendurado, o Diabo me fez pensar no uso de meias de compressão, o que tendia a confirmar uma patologia ligada às pernas. Ao observar apenas a iconografia das lâminas em ação, também observei que o Mago estava em pé diante de uma mesa, sobre a qual se encontrava, entre outras coisas, uma faca; o Arcano sem Nome estava armado com uma foice, enquanto o Diabo brandia uma espada. Todas essas imagens "de guerra" evidentemente refletiam o escalpelo usado pelo cirurgião. Anunciei a Monique uma bateria de exames, sobretudo radiografias, e uma futura cirurgia em um departamento de ortopedia. Em contrapartida, eu não tinha certeza se existia uma relação de causalidade entre sua queda presente e a cirurgia futura. Encorajei-a a consultar seu clínico geral com urgência e a não permanecer como estava.

A fim de apurar minha análise, pedi a Monique que cobrisse sua tiragem com cinco arcanos suplementares. Essa nova distribuição de cartas me permitiu obter os cinco pares de binômios seguintes:

O binômio 1 + 9 em posição A me revelou uma consulente ativa. Intuí que Monique se cuidava com regularidade graças à prática de uma atividade (1) esportiva (19). O arcano 19 evocava cursos de ginástica aeróbica ou dança. Independentemente dos segredos de como ela mantinha a forma, esse binômio era o reflexo de uma boa vitalidade.

O binômio 9 + 20, posicionado em B, revelava-me uma deficiência (9) auditiva (20). Intuí que Monique sofria de baixa (9) audição (20), o que talvez fosse a causa de vertigens ou de uma queda.

O binômio 12 + 18 em posição C materializava os hospitais. Literalmente, podia ser traduzido como casa (18) de saúde (12). Portanto, já me era possível afirmar que a consulente seria hospitalizada em breve para a realização de exames.

O binômio 16 + 15 em posição D me falava de imediato de uma queda (16) dolorosa (15). O Diabo evocava sobretudo dores intensas, e a Casa de Deus me fazia pensar na cartilagem ou na massa óssea. Suspeitei de um início de osteoporose ou de problemas ligados a uma descalcificação óssea. Também sei que o arcano 15 aparece essencialmente nos traumatismos associados ao quadril, aos joelhos, à tireoide e às patologias intrauterinas. À luz dos elementos constatados, diagnostiquei um problema no quadril ou na bacia.

O binômio 2 + 5 em posição E encarnava os radiologistas. Evocava espontaneamente consultas médicas junto a especialistas, no caso, um homem (5) e uma mulher (2). Também pensei em Monique (2) consultando seu clínico geral (5). De todo modo, esse binômio anunciava uma série de exames.

RETORNO DE EXPERIÊNCIA. Monique voltou a me consultar em agosto de 2013, depois de ter passado por uma cirurgia (13) no quadril (15)! Havia feito uma bateria de análises médicas, dentre as quais um exame radiológico (2 + 5) e uma cintilografia nos três meses que se seguiram à nossa sessão. Embora as dores tivessem se acentuado após a queda (16) que sofrera em seu apartamento, seu reumatismo se tornara cada vez mais impeditivo no cotidiano. Na verdade, esses exames confirmaram que ela sofria de uma artrose severa (16) no quadril (15), o que sua reumatologista já havia diagnosticado no ano anterior. Monique me confessou ter-se recusado a fazer a cirurgia. Salvo uma leve forma de osteoporose ligada à sua idade avançada, ao longo dos meses tornou-se cada vez mais difícil para ela locomover-se. Assim, por indicação de sua médica generalista (2), uma mulher em idade de se aposentar, decidiu consultar um cirurgião ortopedista para considerar o implante de uma prótese de quadril. A operação foi um sucesso. Hoje ela caminha de maneira totalmente normal, e sessões de reeducação funcional a ajudaram muito. Também me contou sobre a descoberta de uma redução

(9) de audição (20) em seu ouvido esquerdo e que lhe aconselharam usar um aparelho em um futuro mais distante.

b) Vou engravidar?

Amanda, de 35 anos, apresentou-se a mim em novembro de 2012 com uma única ideia na cabeça: engravidar! Sem esperar mais, pedi-lhe que escolhesse cinco arcanos maiores, que dispus da seguinte maneira:

Fiel ao hábito, comecei por percorrer a tiragem com o olhar a fim de assimilá-la. À primeira vista, a tiragem se mostrou bastante colorida, o que era de bom agouro. Minha atenção recaiu de imediato sobre o arcano 19, cujo grafismo fala por si: as duas crianças que aparecem no arcano evocam espontaneamente uma forte vontade de ser mãe.

A presença do arcano 1 me animou, pois simbolizava tanto uma criança pequena quanto um recomeço. Minha primeira boa impressão se confirmou graças às imagens do arcano 12, cuja cena materializava um feto unido ao cordão umbilical. Apenas o arcano 8 parecia exprimir um desequilíbrio qualquer que eu precisava definir. Embora eu estivesse quase certo de que Amanda daria à luz no futuro, não infringi minha regra de ouro e calculei os pontos cegos dessa tiragem em cruz. Obtive, então, o seguinte esquema:

Comecei por interpretar os cinco arcanos selecionados por Amanda segundo suas respectivas posições, a saber:

- o arcano 19 (o Sol) em posição A simbolizava um forte apego aos valores familiares tradicionais. Arcano emblemático das crianças e da vida (as gestações), o Sol me sugeria sobretudo que a consulente sentia muita vontade de constituir uma família e ter ao menos dois filhos;

- o arcano 8 (a Justiça) em posição B evocava um desequilíbrio, como o medo ligado ao aumento de peso (8) durante a gravidez. Às vezes a Justiça representa uma problemática em torno do casamento: poderia tratar-se de um dilema sobre o fato de ter um filho antes de se casar (8), mas não foi o que pensei no caso dessa figura;
- o arcano 1 (o Mago) em posição C me falava espontaneamente de um recém-nascido. Esse arcano materializava os bebês e as crianças pequenas. Anunciava sobretudo um recomeço;
- o arcano 20 (o Julgamento) em posição D me falava sobretudo de um anúncio ou de revelações. Nele se viam conversas e discussões em curso. Presumi que Amanda se mantinha informada sobre os detalhes ligados à gestação. Também pressenti exames ginecológicos a título preventivo. No caso, um ultrassom;
- o arcano 12 (o Pendurado) em posição E evocava um feto por sua iconografia. Colocado no centro da tiragem, pareceu-me um bom presságio para o futuro. Esse arcano, que geralmente representa os bloqueios e os problemas de saúde, inspirou-me nesse caso a imagem de um embrião.

MINHA INTERPRETAÇÃO. De imediato notei uma anomalia (12) no ponto cego do passado. A presença repetida da lâmina 12 nas extremidades do trinômio 12 + 6 + 12 me sugeria uma disfunção ligada ao sangue (6). O arcano 6 materializa os escoamentos de sangue (hemorragias, menstruações...). À primeira vista, pareceu-me que as menstruações (6) de Amanda estavam atrasadas (12). Diagnostiquei sangramentos (6) uterinos potencialmente anormais (12), que poderiam ser provocados por um distúrbio hormonal. No entanto, o trinômio 12 + 6 + 12 também me fazia pensar em um bloqueio (12) natural das regras (6), causado pelo aparecimento de um feto (12). Apenas o estudo dos pontos cegos do presente e do futuro me esclareceria mais sobre o teor dessa disfunção. Ao analisar o presente imediato, logo notei a presença do Julgamento, que me informou a respeito da ocorrência de conversas (20). Suspeitei de que novas informações tinham chegado a seus ouvidos. Na vertical, o binômio 12 + 20 evocava espontaneamente novidades (20) de ordem médica (12). O arcano 20 também simboliza os aparelhos médicos de última geração, tais como os de ressonância magnética. Nesse estágio, pareceu-me bem possível que a consulente tivesse exames médicos mais especializados na ordem do dia. Levando a análise adiante, descobri que, na verdade, as discussões (20) se baseavam no início (22) de um novo ciclo (10) de ovulação. Quanto ao arcano 8 em posição B, eu estava intimamente convencido de que ele simbolizava nesse caso um desequilíbrio alimentar ou hormonal. Mal acompanhada, a Justiça exprime sobretudo patologias ligadas ao peso (8), com diversas origens, tais como um regime alimentar deficitário, um distúrbio hormonal, uma obesidade hereditária... Contudo, esse arcano, que costuma evocar a matemática e os números, inicialmente fazia referência a taxas (de colesterol, glicemia, hormônios...). Dependendo do caso, esse indício significaria um excedente ou um déficit qualquer. Nessa circunstância, intuí que a jovem tinha uma taxa anormalmente baixa de hormônios da tireoide, razão para o distúrbio (8) que estaria afetando sua fertilidade. Comuniquei minha análise a

Amanda, que aquiesceu quanto ao fato de que sofria de problemas hormonais e, sobretudo, de um leve hipotireoidismo. Não perdi de vista seu principal objetivo, que era engravidar. Portanto, continuei minha investigação percorrendo o ponto cego do futuro próximo. Logo compreendi que a gravidez era iminente. O trinômio 12 + 21 + 9 me falava de exames (9) em um grande centro (21) médico (12), durante os quais se descobria (9) a existência (21) de um feto (12). Continuando minha leitura, constatei com alegria que esse embrião (12) geraria (21) um bebê (1) em nove meses (9). Não notei a presença de outras lâminas de tarô suscetíveis de me sugerir um aborto espontâneo. Nesse caso específico, o Eremita, que encarna os obstetras (cf. Capítulo 1), falava-me sobretudo do período de gestação (retiro) e, portanto, de acompanhamento obstétrico. A presença do Mago em C reforçava minhas primeiras impressões, pois anunciava uma nova etapa (1) na vida de Amanda. Além disso, o grafismo da carta me sugeria automaticamente um bebê ou uma criança pequena. À medida que eu progredia na análise dessa tiragem, sentia uma felicidade iminente. Percebi que um profissional (5) da saúde (12), talvez seu ginecologista, estava para anunciar-lhe (20) o feliz acontecimento (19). Situado na intersecção dos dois trinômios que formavam o ponto cego do futuro mais distante, o arcano das revelações (20) estava cercado pelas duas únicas lâminas do Tarô de Marselha cuja iconografia remete diretamente às crianças, a saber, o Mago e o Sol. Confiando em minha interpretação, previ que sua gravidez era iminente e que o nascimento ocorreria no início (1) do verão (19).

A fim de embasar minhas primeiras impressões, pedi a Amanda que cobrisse as cinco lâminas originais com cinco novos arcanos. Obtive cinco novos binômios, que se apresentaram de acordo com o seguinte esquema:

O binômio 19 + 2 em posição A é dos mais positivos para quem quer um filho! Arcano emblemático da mãe, a Papisa traduz aqui o desejo manifesto da consulente de se tornar mãe (2). Sua presença em A me dizia que Amanda seria uma boa mãe, totalmente dedicada à sua prole. Esse binômio também me sugeria que ela já era mãe (2) de dois filhos (19).

O binômio 8 + 15 em posição B evocava espontaneamente um desequilíbrio (8) hormonal (15). Presumi que a consulente apresentava uma carência hormonal que talvez estivesse na origem das dificuldades de concepção. O arcano 15 também materializava as infecções urogenitais e as doenças sexualmente transmissíveis. Portanto, logo desconfiei de um distúrbio intrauterino que poderia perturbar o equilíbrio de minha consulente.

O binômio 1 + 21 em posição C me falava literalmente de um bebê (1) que viria ao mundo (21). A partir de então, já não tive nenhuma dúvida quanto ao fato de que a consulente daria à luz (21) uma criança (1).

O binômio 20 + 18 em posição D evocava de imediato um ultrassom. Com efeito, o arcano 18 materializa o ventre de maneira geral (incluído o útero), enquanto o arcano 20 reflete as tecnologias de ponta (exame de ressonância magnética, tomografia computadorizada). Aparentemente, tratava-se de uma ultrassonografia ginecológica para verificar se Amanda apresentava alguma anomalia particular. Embora eu também tenha constatado conversas (20) ligadas a um futuro lar (18), esse binômio me remetia a vômitos (20) ou ânsias, ligados a um estado de náusea (18), sintomas precursores de uma potencial gravidez. Estaria Amanda grávida já no momento de nossa sessão?

O binômio 12 + 9 em posição E reforçava minha ideia de que a consulente daria à luz uma criança. Embora à primeira vista esse binômio não fosse dos mais entusiasmantes, ele traduzia um início de gravidez. Nele se via claramente um embrião (12) examinado por um obstetra (9). O Eremita me fez pensar ainda mais na gravidez por carregar o algarismo 9.

RETORNO DE EXPERIÊNCIA. Amanda me telefonou em julho de 2013 para me anunciar o nascimento de seu filho Adrien. Dera à luz um belo menino de três quilos, em perfeita saúde. Relatou-me algumas questões da sessão, entre as quais o fato de que tivera problemas médicos no passado. Explicou-me que também havia feito uma série de exames em razão de seus distúrbios (8) na tireoide (15) e me confessou que sentira medo de engordar muito (8 em C), pois já havia sido muito gorda. Segundo esses cálculos, ela já estava grávida de alguns dias no momento da sessão, o que explicava a ausência (12 = bloqueio) de suas regras (6). Logo sentiu náuseas, embora só tenha comprado um *kit* de gravidez na farmácia três semanas após nosso encontro. Resultado: estava grávida, sim! Também me informou que já era mãe de dois filhos de um casamento anterior.

5) DIVERSOS

a) Vou conseguir meu diploma?

Sylvain veio até mim em 25 de fevereiro de 2011. Queria saber se obteria seu mestrado em medicina, que fazia na Bélgica. Depois de ter embaralhado as 22 lâminas do Tarô de Marselha, pedi-lhe para extrair cinco arcanos maiores, que dispus da seguinte maneira:

Iniciei percorrendo a tiragem com o olhar, a fim de colher minhas primeiras impressões. A maioria das lâminas presentes evocava espontaneamente um ambiente de estudo, a começar pelo arcano 9, que me descrevia, se não um rapaz repleto de conhecimento enciclopédico, pelo menos um longo trabalho de pesquisa. Os arcanos 5 e 2 iluminavam, um após o outro, esse percurso universitário, simbolizando respectivamente as provas orais e escritas. Representando a preciosa fórmula mágica que abre toda as portas, o arcano 8, mal aspectado nesse caso, deixou-me perplexo quanto aos resultados do mestrado. Em contrapartida, o arcano 17 descrevia-me um consulente cheio de esperança no momento da consulta. Decidi partir para a análise dos pontos cegos, a fim de dar corpo à minha interpretação. Obtive, então, o seguinte esquema:

Em seguida, iniciei a interpretação dos cinco arcanos maiores segundo suas respectivas posições nessa tiragem em cruz, a saber:

- o arcano 9 (o Eremita) em posição A me traçava o retrato de um personagem escrupuloso e meticuloso, preocupado com o menor detalhe. Presumi que os trabalhos de grande fôlego, que exigem paciência e perseverança, não assustavam nosso consulente, de natureza persistente e solitária; muito pelo contrário. Intuí sua vocação para a pesquisa (9) médica. O arcano 9, que materializa os estudos de pós-graduação e especialmente os doutorandos e os que já preparam sua tese, é um excelente presságio para uma futura carreira científica. Assim colocado, esse arcano lhe conferia uma grande erudição e o destinava a se tornar um grande cientista ou um professor emérito;

- o arcano 8 (a Justiça) em posição B me fez estremecer em um primeiro momento. Por materializar os diplomas e as certificações, a presença da senhora Justiça, tão mal posicionada, sugeria-me um resultado inferior à média nos exames de fim de ano. Arcano emblemático da matemática por definição, pressenti, como era natural, que Sylvain enfrentava dificuldades nessa matéria e só teria a ganhar se se dedicasse mais a ela;
- o arcano 2 (a Papisa) em posição C evocava os textos e os manuscritos. Nesse caso, a Papisa me sugeria a escrita de uma tese ou de uma dissertação, bem como um grande trabalho de documentação em biblioteca. À primeira vista, parecia que seu futuro em curto e médio prazos seria dominado pela redação de sua dissertação;
- o arcano 17 (a Estrela) em posição D me falava das esperanças de Sylvain. Essa lâmina também materializava as plantas e as ciências naturais. Presumi que ele estava preparando um estudo relacionado à biologia ou à farmacopeia. Percebi que ele estava sereno;
- o arcano 5 (o Papa) em posição E evocava os exames e os estudos universitários em geral. Essa carta também representava a seriedade e a aplicação com as quais o consulente abordava seus estudos universitários.

MINHA INTERPRETAÇÃO. Ao mergulhar no passado do consulente, logo intuí que Sylvain não obteve (13) a média (8) em seus exames (5) anteriores (9). À primeira vista, ele teria recebido um boletim (8) negativo (13) e, portanto, iria para os exames com um déficit de pontos a serem recuperados em junho. Infelizmente, o arcano emblemático dos diplomas reaparecia em B, o que anunciava reais dificuldades para recuperar o equilíbrio, no caso, alcançar a média. O arcano 8 também é conhecido por representar os algarismos e os cálculos de todo gênero. Pensei, então, que seu ponto fraco estaria nas provas de matemática. Em relação a essa primeira análise, anunciei-lhe que a partida não estava ganha e que seria conveniente redobrar os esforços nas matérias com peso 2, para assim recuperar seu atraso. Sylvain esboçou, então, um largo sorriso, à altura das esperanças (17) que nutria. Parecia atravessar seu presente com toda a serenidade (17). Em outro domínio, a Estrela me fazia pensar instintivamente na biologia, nas matérias ligadas à farmacopeia e nos medicamentos. Com frequência encontramos esse arcano entre os farmacêuticos. Avançando na análise, constatei que o ponto cego do presente imediato falava, como era de esperar, de estudos (5) de medicina (12) bem iniciados (7). No entanto, o arcano emblemático do trabalho (7) me levava a pensar que Sylvain ocupava um posto de trabalho (7) paralelamente a seus estudos (5) de medicina (12). Dado o contexto estudantil, deduzi que se tratava de uma formação (5) em um consultório (5) médico (12) ou em um laboratório farmacêutico (17), monitorado por um orientador em medicina geral. Temi que esse trabalho gerasse um desequilíbrio (8 em B) no nível da qualidade de seus estudos (5). Partindo para seu futuro próximo, notei um verdadeiro recrudescimento (10) de energia (15) a serviço de seus estudos (5), especialmente no nível dos textos

(2). Com efeito, suspeitei que Sylvain se aplicava em grande medida (15) na redação de uma dissertação (2) de fim de curso. Na presença dos arcanos 10 e 15, que evocavam respectivamente a biologia celular e molecular, presumi que o tema de sua dissertação se baseava na bioquímica ou na química molecular (15). Como não sou absolutamente especialista na matéria, contentei-me em emitir uma simples opinião em relação ao valor médico dos arcanos já citados. Por fim, ao navegar pelo futuro a longo prazo, a presença do trinômio 2 + 11 + 9 me confirmava que Sylvain conduzia importantes (11) pesquisas (9) ligadas à sua dissertação (2). Esse mesmo trinômio me indicava que ele seria bem-sucedido (11) nas provas escritas (2) em setembro próximo (9). Em contrapartida, em um primeiro momento, a Casa de Deus situada bem no centro do trinômio 11 + 16 + 5 me falava de uma decepção (16) ou de um fracasso. Não havia dúvida de que seus estudos universitários (5) abalariam (16) a confiança (11) de Sylvain. Pressenti que, após ler (2) seus textos, seu orientador (5) lhe pediria para modificar (16) sua dissertação a fim de melhorá-la (11). À luz dos elementos que levantei ao longo da última parte de minha análise, temi que Sylvain não obtivesse a média nos exames de junho (8 em B) e ficasse deprimido (16) nesse momento. Em contrapartida, previ que obteria seu diploma em setembro, sobretudo graças à defesa de sua dissertação de final de curso, que compensaria as provas com menos êxito. Também lhe confirmei um brilhante futuro como pesquisador.

 A fim de dar sustentação às minhas primeiras impressões, pedi a Sylvain que cobrisse a tiragem em cruz com outros cinco arcanos maiores. Obtive, então, cinco pares de binômios, distribuídos da seguinte maneira:

O binômio 9 + 12 em posição A reforçava minha ideia de que Sylvain era um cientista destinado à pesquisa (9) médica (12). Arcano emblemático da medicina, o Pendurado assim posicionado pressagiava uma carreira médica sem sombra de dúvida.

O binômio 8 + 6 em posição B era suspeito quanto aos resultados finais. O 8 em B indicava um boletim negativo e dificuldades potenciais em algumas matérias, como a matemática... Arcano emblemático dos exames, o 6 assim posicionado anunciava um fracasso em suas provas. Portanto, à primeira vista, parecia que Sylvain não obteria a média (8) nos testes de junho (6) e que seria obrigado a recuperar certas matérias na sessão de setembro (9).

O binômio 2 + 20 em posição C me falava espontaneamente de uma defesa (20) de dissertação (2). À luz dessa combinação de arcanos, parecia evidente que seus textos (2) seriam homologados por um exame oral (20). Com efeito, o Julgamento materializa um júri, uma banca de examinadores que ouve o que a eles se tem a dizer. Essa associação também me fez pensar em pesquisas via internet (20).

O binômio 17 + 4 em posição D traçava um consulente (4) cheio de esperanças (17) e bastante seguro de si (4). Ele me pareceu sereno e descontraído (17) e me deu a impressão de dominar (4) as matérias.

O binômio 5 + 16 em posição E evocava tanto os estudos universitários (5) estressantes (16) quanto uma decepção (16). Poderia tratar-se aqui de um fracasso (16) em uma entrevista (5) ou de um relatório ruim (16) de estágio (5).

RETORNO DE EXPERIÊNCIA. Sylvain voltou a entrar em contato comigo em novembro de 2011 para me anunciar que tinha conseguido seu mestrado em medicina em setembro. Havia obtido média 14* na defesa de sua dissertação e recuperado outras duas matérias com peso 2, nas quais havia sido reprovado, respectivamente, em fevereiro e junho. Essas notas foram suficientes para que ele compensasse o boletim (8) desfavorável (13), obtido nos exames de fevereiro. Muito feliz por ter conseguido seu diploma (8), pensava em especializar-se definitivamente na área da pesquisa (9). Também me informou que queria inscrever-se no doutorado após as férias.

b) Vou sair vitorioso em meu processo?

Michel, de 54 anos, veio me consultar no início de 2013 por conta de um processo que desejava instaurar contra seu ex-empregador. Perguntou-me se tinha bons fundamentos para se lançar em todas essas etapas jurídicas. Pedi-lhe, então, que escolhesse cinco cartas, que dispus da seguinte maneira:

---

* Nota considerada boa em um total de 20 pontos. (N.T.)

Fiel ao hábito, comecei por colher minhas primeiras impressões sem demora. Nem sombria, nem luminosa, essa tiragem oferece um conjunto harmonioso, exaltado pela presença de lâminas positivas em sua totalidade. O arcano 20 em A anunciava, *a priori*, um veredicto favorável, enquanto o arcano 8 em negativo evocava divergências relativas ao salário. No topo dessa tiragem em cruz, o Diabo por certo pressagiava conflitos latentes, mas também exprimia a agressividade e a motivação de Michel. Bem no centro, a presença do Carro me falava espontaneamente de um processo em andamento no terreno profissional. Apenas o Louco no presente me indicava um moral com altos e baixos. A fim de sondar as profundezas abissais dessa tiragem, parti para a análise dos quatro pontos cegos. Após o cálculo, obtive o esquema abaixo:

Para exprimir toda a quintessência dessa tiragem, iniciei minha análise interpretando cada arcano individualmente, em função de sua posição, a saber:

- o arcano 20 (o Julgamento) em posição A evocava espontaneamente um veredicto favorável. Esse arcano sugeria que inúmeros argumentos jurídicos seriam usados em seu favor. Afinal, o Julgamento é o arcano emblemático da Justiça! Posicionada em A, essa lâmina de tarô me indicava que o consulente tinha bons fundamentos para sua solicitação. À primeira vista, fiquei otimista com a sequência dos acontecimentos. Se Michel entrasse com o processo no tribunal trabalhista, ganharia a causa;

- o arcano 8 (a Justiça) em posição B dava ensejo à confusão. Poderíamos facilmente imaginar uma justiça pouco clemente com ele. Nessa posição, a senhora Justiça falava essencialmente de imbróglios administrativos e conflitos salariais. Nesse caso, remetia a um vício processual, a um contrato doloso, ao não pagamento de salários... O arcano da Justiça materializava um bloqueio ligado a indenizações, uma divergência (8) relativa a um montante (8);
- o arcano 15 (o Diabo) em posição C anunciava conflitos latentes em curto e médio prazos. O Diabo determinava o ritmo dessa tiragem e, de imediato, posicionava-se no plano das negociações. Imaginei, portanto, que o consulente tenderia para uma transação financeira com seu empregador;
- o arcano 22 (o Louco) em posição D me informava que Michel queria prosseguir. O Louco também me indicava uma forma de assédio moral, um indivíduo profundamente ferido;
- o arcano 7 (o Carro) em posição E situava a ação jurídica no plano profissional. Esse arcano também informava a respeito do estado de espírito do consulente: insuflava energia e dinamismo ao conjunto da tiragem. Era bem provável que Michel decidiria levar o processo até o fim.

MINHA INTERPRETAÇÃO. Ao percorrer o ponto cego do passado, constatei um conglomerado de arcanos que me orientava diretamente para uma rescisão contratual (13). A princípio, observei uma angústia (6) ligada a uma interrupção (13) do trabalho (7). A supressão (13) de cargos (7), acompanhada por demissões (22), havia sido anunciada (20) às equipes (6) de trabalho (7). A presença do binômio 13 + 22 agravava a situação, uma vez que pressagiava sistematicamente uma onda de rescisões contratuais. O Louco me traçava o retrato de um consulente que se sentia enganado. Presumi, portanto, que Michel havia sido vítima de uma rescisão contratual (13) abusiva (22). Contudo, ele parecia decidido (7) a dar a volta por cima (10) e seguir em frente (22). O ponto cego do presente evocava o envio (22), com aviso de recebimento (8), de correspondências (3) administrativas (8), relativas a indenizações (8) e, sobretudo, a uma retrocessão (10). Tratava-se de calcular (8) as indenizações com efeitos retroativos (10). Intuí que Michel encontraria uma mulher (3) jurista (8) muito em breve, a fim de fazer evoluir (10) sua situação em benefício de seus interesses. Portanto, seu presente parecia sobrecarregado. Ao partir para o futuro próximo, notei uma consulta (5) médica (12). Muito provavelmente se tratava da consulta com seu clínico (5) geral (12) ou de medicina (12) do trabalho (7). Em todos os casos, era possível concluir que Michel elaboraria um histórico (5) médico. Pressenti que ele receberia um tratamento médico ligado a um estado depressivo (22 + 13 no passado). Por experiência, também sei que o arcano 12 materializa uma traição, nesse caso uma traição (12) profissional (7). De todo modo, o Pendurado evocava espontaneamente um bloqueio e uma estagnação nos meses futuros. Portanto, preveni Michel de que em breve ele se encontraria em uma situação sem grandes mudanças (8). Entretanto, logo o tranquilizei quanto ao desfecho da história: ao me projetar em seu futuro mais distante, constatei com satisfação que negociações (15) salariais (8) seriam levadas à ordem do dia. Caso Michel levasse a questão ao Tribunal do Trabalho, obteria a indenização financeira (8) ao final de uma decisão (20) judicial (8). À luz desse conjunto de indícios, exortei Michel a partir para o terreno das negociações (15) e, se isso não fosse possível, mover uma ação para obter a reparação. Assegurei-lhe de que teria ganho de causa, bem como receberia uma indenização à altura do dano sofrido. Previ um desfecho para julho (7) ou agosto (8), datas em que notei a presença repetida do Diabo, arcano emblemático do dinheiro e das transações financeiras.

A fim de aprimorar minhas previsões, pedi a Michel que extraísse cinco novas lâminas de tarô e cobrisse as anteriores. A tiragem se apresentou como segue:

O binômio 20 + 5 em posição A evocava argumentos jurídicos (20) esclarecidos (5). À primeira vista, Michel me pareceu ter uma natureza bastante conciliadora (5) e acreditar firmemente nas virtudes do diálogo (20). Suas propostas (20) eram pertinentes e sensatas (5). Na eventualidade de um conflito, ele se beneficiaria de uma verdadeira imunidade (5) no plano jurídico (20). Esse binômio também falava de um julgamento clemente.

O binômio 8 + 12 revelava um bloqueio (12) financeiro (8). Anunciava um atraso (12) no pagamento (8) ou um desvio qualquer de dinheiro. Nesse caso, presumi que era a expressão de um contrato (8) doloso (12).

O binômio 15 + 19 pressagiava um acordo (19) de conciliação (15). Tentava-se chegar a um entendimento (19) quanto ao montante da indenização (15). Diante dessa conjunção de arcanos, presumi que Michel não teria de recorrer à justiça. Conseguiria fazer um acordo.

O binômio 22 + 3 me falava espontaneamente do envio (22) de correspondências (3). Esse binômio também evocava a presença de uma mulher nesse processo de conciliação.

O binômio 7 + 13 era inequívoco: representava tanto uma interrupção (13) no trabalho (7) quanto fortes tensões (13) em nível profissional (7). Demonstrava sobretudo a que ponto o consulente estava bem encaminhado para enfrentar o conflito (13).

RETORNO DE EXPERIÊNCIA. Michel informou-me sobre sua situação com bastante rapidez. Relembrou o contexto da consulta e o fato de ter sido vítima de uma rescisão contratual abusiva. Acusaram-no de erros (12) que ele não havia cometido. Comunicou-me que havia conhecido uma jurista (3), a quem confiara seu caso. Ela enviou (22) uma correspondência (3) jurídica (8) a seu ex-empregador, com o qual a comunicação (20) havia sido interrompida (13) vários meses antes. Após três meses de silêncio e a ameaça crescente de levar seu caso para o Tribunal do Trabalho, ele foi convidado para uma reunião de negociação. Ao final de um verdadeiro *tour de force*, seu advogado conseguiu regularizar sua situação financeira, fazendo com que ele embolsasse uma bela quantia, desde que desistisse de toda ação judicial. Ele me agradeceu calorosamente, assegurando-me de que nosso encontro lhe fizera muito bem tanto do ponto de vista moral quando do ponto de vista humano.

APÊNDICE

1) O tarô e os animais

Um verdadeiro bestiário se evidencia nas cenas ilustradas nos 22 arcanos maiores, a saber:

- os animais domésticos são materializados essencialmente pelos arcanos 11 (a Força), 18 (a Lua) e 22 (o Louco). Segundo as sucessivas versões do Tarô de Marselha, os animais representados nesses arcanos ora assumem a aparência de felinos, ora de canídeos. A Lua mostra dois cães que uivam para a morte (no inconsciente coletivo, remetem a uma alcateia); a Força evoca um adestrador de cães (o animal também remete a um leão); o Louco é perseguido por um animal que se assemelha muito a um cão (o grafismo de algumas versões também evoca um gato);
- os pássaros. Na iconografia do arcano 17, a Estrela, encontra-se um espécime de pássaro empoleirado em um arbusto. De cor preta, faz pensar em uma gralha, um corvo e até em um melro. Outra espécie de pássaro também é visível no alto do arcano 21, o Mundo. Trata-se, antes, de uma ave de rapina, como a águia-real. Por outro lado, o arcano 3, a Imperatriz,

e o arcano 4, o Imperador, apresentam uma cabeça de águia em seus escudos;
- os cavalos. Sua presença se manifesta no arcano do Carro. Aparecem em dois. A carta do mundo materializa um touro (centauro), que, no entanto, dá a impressão de partilhar algum parentesco com o cavalo;
- o mundo aquático e o fundo do mar são materializados pelo arcano 18 (a Lua). A lagosta que aparece sob a superfície dessa grande extensão de água evoca a fauna que povoa nossos oceanos. Como é natural, a Lua é o arcano emblemático dos marinheiros e dos peixeiros.

2) O tarô e os transportes

Todos os meios de transporte estão representados na simbologia do Tarô de Marselha, a saber:

- os transportes terrestres são materializados pelo arcano 7, o Carro. Esse estranho veículo, munido de duas rodas, evoca tanto um automóvel moderno ou um trem quanto um veículo de alta cilindrada ou uma bicicleta;
- o transporte aéreo é materializado pelo arcano 14, a Temperança. Com as asas abertas, tal como uma águia-real, a Temperança costuma evocar os planadores e as aeronaves de grande capacidade. Em menor grau, o arcano 20, o Julgamento, também encarna as viagens aéreas devido ao anjo alado, porém mais por causa do trompete, que evoca o sopro, portanto, o ar e o vento;
- os transportes marítimos são materializados pelo arcano 18, a Lua. Com efeito, a carta apresenta uma lagosta em um tanque. Esse animal marinho evoca os oceanos e mares, portanto, os

cruzeiros e todos os meios de transporte marítimos (navio de cruzeiro, barco de pesca, traineira, barco...).

Certo número de arcanos participa dessa semântica da viagem, a saber:

- o Carro materializa um deslocamento. É o arcano emblemático dos transportes. Também simboliza a equitação e, em menor grau, os passeios em lombo de mula ou dromedário;
- o Louco, que transporta sua trouxa de roupas nos ombros, materializa os viajantes (os excursionistas, os *globe-trotters*...). Também representa os fluxos migratórios e os êxodos;
- o Mundo materializa o globo terrestre e pressupõe viagens para lugares distantes. Esse arcano encarna as viagens longas quando aparece próximo da Temperança ou do Louco.

3) O tarô e a política

Para todos os efeitos, gostaria de apresentar ao leitor os principais partidos políticos da França sob o prisma do Tarô de Marselha. Essa breve informação complementar mostra a que ponto o simbolismo dos arcanos maiores é de grande riqueza divinatória.

- O arcano 15 materializa a UMP (*Union pour un Mouvement Populaire* – União por um Movimento Popular) pela seguinte razão: o Diabo representa o universo das finanças e do empreendedorismo; encarna os investidores e os empregadores de todos os setores.
- O arcano 19 materializa o PS (*Parti Socialiste* – Partido Socialista) pela seguinte razão: o Sol representa a coesão social e as

solidariedades ativas. Materializa todos os auxílios sociais, é o arcano da família e das crianças.

- O arcano 13 materializa invariavelmente o FN (*Front National* – Frente Nacional) e o *Front de Gauche* (Frente de Esquerda) em razão de seu nome e de sua iconografia: único arcano a representar uma "frente", no caso, um guerreiro que parte para a linha de frente, esse anjo da morte simboliza a política de terra queimada. É o arcano dos extremos.
- O arcano 6 materializa o PC (*Parti Communiste* – Partido Comunista) pela seguinte razão: aqui, o importante é notar a predominância da cor vermelha no arcano, que remete ao Partido Comunista.
- O arcano 12 materializa o EELV (*Europe Écologie Les Verts* – Europa Ecologia – Os Verdes) pela seguinte razão: do mesmo modo, a predominância da cor verde evoca o partido dos ecologistas. Conforme foi lembrado na primeira parte desta obra, esse arcano encarna o meio ambiente. É suficiente para representar o partido dos verdes e seus temas.

Os diferentes ministérios são materializados pelo arcano 21, seguido de suas especificidades. Assim, o Ministério da Justiça corresponde ao binômio 21 + 8; o da Cultura, ao binômio 21 + 17; o do Meio Ambiente, ao binômio 21 + 12; o do Interior, ao binômio 21 + 15; e o da Defesa, ao binômio 21 + 13.

AGRADECIMENTOS

Eu gostaria de prestar uma homenagem a Edmond Mozogo Mbega, homem de rara inteligência, por ter me encorajado desde o início.

Também dedico meu mais sincero e cordial agradecimento a Laurence Nadolny, por ter se preocupado em reler toda a obra. Os meus pensamentos mais afetuosos também vão a Guy Cassiot e Didier Remer pelo indefectível apoio.

De igual maneira, agradeço a todos os amigos com os quais conversei incansavelmente sobre o tema, entre eles Édith Thiercelin e Murielle Gerbeau...

Por fim, expresso minha gratidão a todos os consulentes, sem os quais este livro não poderia ter sido realizado!